빅벳

어떻게 세상을 바꾸는가

Rajiv Shah(록펠러 재단 회장) 지음 | 이시내 옮김

초록우산

발간사

세상을 바꾸는 힘, 빅벳

가장 많은 생명을 구할 수 있는 가장 효과적인 방법은 무엇인가. 아이들을 위협하는 치명적인 질병을 종식시킬 수 있을까. 굶주림과 영양실조에 시달리는 아이들이 없는 세상은 그저 꿈에 불과한 것일까. 복잡한 사회 문제, 전 지구적 문제들을 '해결했다'라고 말하는 순간이 올 수 있을까. 과연 이러한 일들을 개인의 노력만으로 해낼 수 있을까.

거대한 질문을 마주할 때마다 우리는 종종 압도되기 쉽다. 복잡하고 광범위한 문제 앞에 서면 근본적인 해결책을 찾는 시도보다는 현상을 개선하는 쉬운 길을 택하게 되는 경우가 많다. 하지만 록펠러 재단의 회장인 라지브 샤Rajiv Shah의 『빅벳: 어떻게 세상을 바꾸는가』는 확신에 찬 답변을 제시한다. 빅벳, 즉 하나의 큰 문제에 대한 집중적인 노력을 통해 세상을 바꾸는 거대한 변화가 가능하다고. 그리고 모든 개인에게는 세상을 바꿀 힘이 있다는 것을 일깨워 주고자 한다.

2023년 우리나라의 기부금 총액은 16조 원을 넘어섰고, 그중 개인 기부는 70% 이상이었다고 한다. 개인 차원의 기부금이 이처럼 많다는 것은 우리 공동체에도 세상을 바꿀 수 있는 동력이 이미 충분하다는 사실을 보여준다. 문제를 거대하게만 바라보면 개개인의 참여는 미미해 보일 수 있다. 하지만 개인들의 굳건한 연대가 문제 해결이라는 하나의 방향을 향해 움직인다면 어느 순간 세상은 달라져 있을 것이다. 겉보기에는 심오하고 해결할 수 없어 보이는, 하지만 지속가능한 미래를 위해 반드시 다뤄야 하는 긴급한 문제를 연대적 노력을 통해 근본적으로 해소해 나가는 과정. 그것이 라지브 샤가 이 책에서 강조하는 '빅벳'의 실천이다.

라지브 샤는 이 책에서 게이츠 재단, 미국 국제개발처USAID, 록펠러 재단에서의 경험을 공유하면서 어떻게 전 지구를 무대로 '빅벳'이 실천될 수 있었는지를 보여준다. 그는 아프리카 기아 문제, 에볼라 발병, 코로나19 등 중대한 도전 과제들을 극복해 나가는 과정을 통해 빅벳의 실현 가능성을 설득력 있게 설명한다. 실패와 시행착오도 분명히 존재한다. 하지만 담대한 목표를 향한 지속적인 의지, 그리고 문제를 해결할 수 있다는 믿음을 공유하는 개인들의 연대를 통해 난관을 극복해 나갈 수 있음을 생생한 사례들을 통해 그려낸다.

라지브 샤가 보여준 빅벳은 현상의 점진적 개선에 만족하지 않는다. 문제의 핵심을 관통하는 단순한 질문을 던지는 것부터 시작하여 그 답을 구하기 위해 먼저 뛰어든다. 거대한 목표를 추구하면서 더 많은 개인이 동참할 수 있도록 하고, 외부 의견에 귀 기울이며 유연하게 연대를 확장해 나간다. 그리고 목표에 동참한 이들에게는 신뢰를 보인다. 빅벳의 동지를 늘려가는 과정에서 중요한 것은 개인 간의 인간적 교류이다. 과할 정도로 소통하고, 필요하다면 중재자를 통해 믿음을 더해가면서 빅벳을 실현할 수 있는 연대를 만들 수 있다고 라지브 샤는 말한다.

"사명을 위한 하나의 목소리가 합창이 된다." 처음부터 끝까지 자신이 주도하려 하거나, 혼자 해내려는 마음을 멀리하라는 것이다. 또한 라지브 샤는 빅벳의 소유권은 개인에게 있지 않다는 점도 강조한다. 종국에는 사업을 내 손에서 떠나보내고 공동체의 손에 맡겨야 지속가능성을 확보할 수 있다는 것이다. 이는 빅벳의 거대한 목표에 관한 이야기를 넘어 우리의 일상과 업무에도 적용해 볼 수 있는 의미 있는 지점이 아닌가 생각된다.

초록우산은 우리나라에 충분한 빅벳의 가능성이 있다고 믿는다. 2024년 초록우산의 한 후원회장은 후원자들과 지역 주민들 앞에서 "우리 지역에 눈물짓는 아이가 한 명도 없도록 하고 싶다."라고 말했다. 이 짧은 다짐에는 빅벳의 핵심이 담겨 있다. 한 지역의 다양한 아동 문제를 해결한다는 것이 어찌 쉬운 일이겠는가. 그리고 한 사람의 힘으로 가능한 일이겠는가. 그러나 아이들과 관련한 문제들을 완전히 해결하겠다는 담대한 목표, 그리고 이를 실현할 수 있다는 믿음의 연대를 만들어 가는 것에서부터 빅벳은 시작될 수 있다.

시야를 전국으로 돌려보면, 빅벳을 통해 해결해야 하는 과제는 곳곳에 산재해 있다. 자립할 나이가 되어 아동양육시설이나 위탁가정 등을 떠나야 하는 '자립준비청년' 문제가 대표적이다. 현재 자립준비청년에 대해서는 자립지원금 등의 지원이 이루어지고 있기는 하나, 일시적이라는 아쉬움이 남는다. 반면에, 장기적 지원을 통한 근본적 문제 해결 관점에서 생각해 보면 다른 아이디어가 떠오를 수 있다. 이들이 20년 뒤 사회에 잘 정착하여 직장을 갖고, 결혼해 아이까지 낳아 행복한 가정을 꾸려 안정적으로 살고 있는 모습을 상상해 보자. 매년 약 2,000명씩 발생하는 자립준비청년 중 최소 80%는 이러한 미래를 살아가도록 만들겠다는 목표, 바로 그런 빅벳을 상상해 볼 수도 있을 것이다.

매년 증가하는 이주배경아동 문제도 빅벳적 관점에서 접근해 볼 수 있는 영역이다. 이 아이들에게 시급한 과제는 언어 발달의 격차 해소이다. 이를 해결하기 위해 "부모의 이주 배경과 무관하게 우리나라 모든 초등학교 3학년 아이들의 한국어 능력에 격차가 없도록 하겠다.", "공평한 학습, 사회적 참여 기회를 넓혀 이 아이들이 공동체의 일원으로 존중받고 기여할 수 있도록 만들겠다." 등의 담대한 목표를 세워볼 수도 있을 것이다.

아동과 관련한 거대한 사회 문제를 해결하기 위해서는 정부의 지원도, 기업의 기부도, 개인의 십시일반 기부도 필요하다. 아프리카 속담에 "한 아이를 키우려면 온 마을이 필요하다."라는 말도 있지 않은가. 하지만 여기서 강조하고 싶은 점은 이러한 과제를 해결하려는 의지, 이를 소명으로 생각하며 뜨거운 열정으로 문제에 뛰어드는 개인이 거대한 사회 변화를 촉발할 수 있다는 것이다. 이 책에서 라지브 샤가 만들어 간 빅벳의 사례들처럼 말이다.

초록우산은 이 책을 번역하는 과정에서 재단의 사명과 활동을 더 깊이 성찰할 수 있었다. 또한 1948년 재단 설립 이래 77년이라는 시간 동안 만들고자 했던 '어린이가 행복한 세상'이라는 담대한 목표는 빅벳을 통해 반드시 실현될 수 있다고 다시 한번 확신하게 되었다. 라지브 샤가 경험한 거대한 변화의 사례들이 한국의 독자 여러분들께도 빅벳에 대한 믿음과 영감으로 다가왔으면 한다. 더 나아가 독자 중에서 자신만의 빅벳을 발견하고, 이를 현실로 만들기 위한 실천에 나서는 분이 나오기를 기대해 본다. 그리고 그 길을 가장 깊이 고민하고 있는 초록우산과 동행해 주신다면 더욱 좋겠다.

끝으로, 흔쾌히 이 책의 번역을 수락해 주신 라지브 샤 록펠러 재단 회장께 감사드린다. 충실한 번역을 위해 애써주신 이시내 번역가님과 박영스토리의 기획·편집 담당자님들, 출간에 이르기까지 애써준 초록우산 임직원들에게 거듭 사의를 표한다.

2025년 5월
초록우산 회장 황영기

한국어판 서문

역동적인 세상 속, 빅벳

세계는 지금 빠르게 변화하고 있습니다. 그중에서도 인공지능AI을 포함한 기술의 발전은 우리가 할 수 있는 일의 범위를 급속도로 확장시키는 동시에, 새로운 기회와 도전 과제를 함께 만들어 내고 있습니다. 기후 변화는 거센 폭풍, 폭염, 가뭄 등 다양한 형태로 인류의 삶을 더욱 어렵고 짧게 만들고 있지만, 동시에 식량 생산 방식, 지역사회 전력 공급 등 다양한 영역에서 혁신적인 기술 개발을 유도하고 있습니다. 국가 간 정치, 지정학적 질서 역시 분열과 재편을 거듭하며 새로운 연합, 정부, 리더십을 탄생시키고 있습니다.

이처럼 역동적으로 움직이는 세계 속에서 대규모 변화를 이루고자 한다면, 이제는 그 어느 때보다 더 큰 꿈을 꾸고, 더 빠르게 행동하며, 더 넓은 범위에 손을 뻗어야 합니다. 『빅벳: 어떻게 세상을 바꾸는가』는 바로 이러한 시대에 필요한 실천 전략을 제시합니다. 단기적 개선에 그치는 대신, 크고 시급한 문제에 맞서기 위한 낙관과 결단력, 그리고 뜻을 함께할 동료를 모으는 법을 보여줍니다. 그것이 대한민국이든, 아시아 전역이든, 혹은 전 세계를 무대로 하든 말입니다. 빅벳에 나서는 이들은 기존의 해결책을 새롭게 응용하거나, 전혀 새로운 해법을 찾아야 하며, 때로는 예상 밖의 다양한 파트너들과 협력해 나가야 합니다. 그리고 끝까지 데이터를 추적하며 실제 변화가 일어날 때까지 나아가야 합니다.

이 책에서 다루는 주요 빅벳 중 하나는 '전력 접근성'입니다. 이 과제는 이 책의 집필 속도보다 더 빠르게 진전되고 있기에, 책 안에 전부 담지 못한 내용도 있습니다.

제가 직접 참여한 가장 큰 빅벳 중 하나인 '지구와 인간을 위한 글로벌 에너지 얼라이언스Global Energy Alliance for People and Planet, GEAPP'는 2021년 유엔 기후협약 당사국총회COP26에서 출범한 이후, 현재까지 40개국 130개 에너지 접근 프로젝트에 총 4억 6,400만 달러를 투자하고 지원하고 있습니다. 인도에서만 60만 개의 일자리와 생계를 지원했으며, 500기가와트 규모의 재생에너지를 감당할 수 있도록 대용량 에너지 저장소 구축을 돕고 있습니다. 해당 프로젝트는 전 세계적으로 61억 2,000만 달러의 자본을 유치하고, 5,000만 명 이상의 사람들과 기업에 새로운 혹은 개선된 접근방법으로 에너지를 공급하며, 210만 명의 생계를 향상시키고, 4,300만 톤의 탄소배출을 줄이거나 방지할 것으로 예상됩니다.

그리고 이제 이 전력 접근성에 대한 빅벳은 더욱 커졌습니다. 제가 2017년부터 이끌고 있는 록펠러 재단은 GEAPP, 그리고 공공, 민간, 필란트로피 부문의 다양한 협력자들과 함께 '미션 300Mission 300'이라는 대규모 프로젝트를 시작했습니다. 우리의 목표는 2030년까지 3억 명의 사람들에게 지속가능한 전력을 제공함으로써 전기를 공급받지 못하는 아프리카인의 수를 절반으로 줄이는 것입니다. 세계은행World Bank, 아프리카 개발은행African Development Bank, 지속가능한 모든 사람을 위한 에너지Sustainable Energy for All 등과 함께 이 목표를 향해 빠르게 나아가고 있습니다.

이러한 발전은, 빅벳이 변화하는 세상 때문에 어려워지는 것이 아니라, 변화하는 세상 덕분에 가능한 일이라는 사실을 보여줍니다. 오늘날 우리는 새로운 기술과 연결망을 통해 과거에는 상상할 수 없었던 범위와 규모의 협력 관계를 구축할 수 있게 되었습니다. 국가와 부문, 경계를 넘어 자원과 전문성을 공유할 수 있는 시대가 열린 것입니다. 기술은 우리가 새로운 방식으로 협력할 수 있도록 도울 뿐 아니라, 발전의 기회도 함께 열어주고 있습니다. 예컨대, 이 책에서 소개하는 소형 전력망의 발전은 배터리 에너지 저장 기술의 급성장과 함께 이루어지고 있습니다.

대한민국의 독자 여러분께, 지금 이 변화의 시대는 다양한 도전에 대한 빅벳을 실행할 기회가 될 것입니다. 이 책을 통해 여러분이 보게 될 것은 단지 '가능성'만이 아닙니다. 그 가능성을 믿는 힘 또한 발견할 것입니다. 변화의 순간마다 우리는 무엇이 가능한지 쉽게 알아보지 못하고, 비관과 분열은 진정한 변화는 불가능하다고 느끼게 만듭니다. 모든 리더는 어느 시대에나 의심의 순간을 마주합니다. 하지만 이 책을 통해 결국 모든 빅벳은 '자신을 믿는 것'에서부터 시작된다는 사실을 기억해 주시길 바랍니다.

2025년 5월
록펠러 재단 회장 Rajiv Shah

추천사

라지브 샤는 세상을 더 나은 곳으로 만들기 위한 실용적인 안내서를 집필했습니다. 그는 그 일을 직접 해낸 사람이기에 그의 말에 더욱 신뢰가 갑니다. 이 책은 세상을 변화시키고 싶거나 자신의 삶에 변화를 원하는 누구에게든 큰 도움이 될 것입니다.

– 마이크로소프트 공동 창립자, 게이츠 재단 의장 **빌 게이츠**

저는 라지브 샤가 아이티에서의 활동, 기아 문제 해결 등 다양한 영역에서 긍정과 끈기의 특별한 리더십으로 큰 변화를 이끄는 모습을 직접 목격했습니다. 이 책은 우리가 21세기에 극복해 낸 가장 어려운 도전들을 상기시키고, 다가올 미래를 향한 새로운 영감을 선사합니다.

– 전 미국 국무장관, 상원의원 **힐러리 로댐 클린턴**

사람들은 정부나 기업이 사회 문제를 해결해 주기를 기대하지만, 혁신적인 변화는 시민 사회와 민간이 주도하고, 정부와 기업이 이에 협력할 때 비로소 가능해집니다. 이 책은 공공과 민간이 협력하여 사회 혁신을 이루는 방법을 보여줍니다. 막대한 자본과 권력이 없더라도 대담한 목표를 설정하고 협력하면 우리는 큰 변화를 함께 만들 수 있습니다. 이 책은 세상의 변화를 꿈꾸는 이들에게 실질적인 지침이 될 것입니다.

— 사회복지공동모금회 회장 **김병준**

비즈니스는 단순히 물건을 판매하는 것을 넘어 고객의 문제를 해결하는 방향으로 변화하고 있습니다. 필란트로피 영역 또한 측은지심을 넘어 사회 문제를 해결하려는 큰 흐름이 나타나고 있습니다. 즉, 문제를 정의하고, 작은 규모로 빠르게 검증한 후 여러 주체의 협력과 더 큰 규모의 자금을 통해 문제를 해결해 나가는 방법을 말합니다. 이 책이 빅벳의 관점에서 사회 문제를 해결하고자 하는 분들에게 유익한 가이드가 되기를 기대합니다.

— 배민 창업자, 그란데클럽 대표 **김봉진**

차례

발간사	3
한국어판 서문	7
추천사	10
서문	13

01	질문에서 시작하기	33
02	과감하게 움직이기	63
03	협력의 회전문 열기	93
04	문제를 나의 일로 받아들이기	121
05	함께할 사람 선택하기	147
06	끊임없이 도전하기	171
07	통제를 내려놓고 나아가기	203
08	변화의 순간, 방향 전환하기	229

맺음말	258
감사의 글	274
참고문헌	280

서문

포부를 현실로 만드는 법

　이 책을 집어 들었다면, 당신은 세상을 크고 지속적인 방식으로 변화시킬 가능성에 끌린 것이다.
　그건 좋은 일이다. 이 세상은 변화가 필요하다. 인류는 매 순간 위기에 직면하고 있으며, 우리는 지구가 재앙의 문턱에 아슬아슬하게 서 있는 와중에도 서로를 물어뜯으며 대립하고 있다.
　어쩌면 당신이 그것을 더 나은 방향으로 바꾸는 사람일 수도 있다. 당신에게 그런 주체성이 있다는 사실이 놀랍게 느껴질지도 모른다. 큰일을 할 만한 능력과 수단을 가지고 있는가에 대해 스스로 회의적인 마음이 들 수도 있다. 수 세기 동안 세상의 문제들을 해결할 수 있는 한 개인의 능력은 두 가지에 의해 결정되었다. 하나는 신성함, 다른 하나는 부$_富$였다. 당신은 마치 살아 있는 성인처럼 특별한 능력을 부여받은 사람이거나, 아니면 단순히 선을 행하는 데 있어 천부적인 재능과 남다른 인내심을 타고난 사람일 수 있다. 혹은 백만장자(그리고 그 후에는 억만장자)가 되어, 막대한 부를 축적하거나 상속받은 경우일 수도 있다. 이렇게 성인이거나 부자라면, 당신의 생각이나 행동을 통해 자신이 살고 있는 시대 또는 머지않은 미래에 세상에 큰 변화를 몰고 오기를 기대할 수도 있다.
　더 최근의 역사에서는 비슷한 권한이 국가의 대통령이나 국가 원수,

그리고 큰 사업가들에게 주어졌다. 그들은 종종 광범위한 사람들에게 대대적인 변화를 만들어 낼 수 있는 거대한 메커니즘을 가지고 있다.

그러나 아마도 당신은 세상의 가장 가난한 지역에서 살아가며, 다른 이들의 삶을 개선하기 위해 고난을 기꺼이 감수하는 성인은 아닐 것이다. 그런 사람은 아주 드물다. 장담하건대 세상의 가장 큰 문제들을 해결하기 위해 수표를 써줄 만큼 대단한 재력을 갖고 있지도 않을 것이다. 사실 그런 사람은 없다. 하나의 예로 기후 변화만 보더라도 수조 달러가 필요한 과제이기 때문이다. 그리고 '대통령'이나 '총리' 같은 직책은 자주 공석이 되지 않으며, 쉽게 앉을 수 있는 자리도 아니다. 반가운 소식은 당신이 세상에 큰 변화를 만들어 내기 위해서 성인도, 억만장자도, 아니면 대통령도 될 필요는 없다는 것이다.

내가 바로 그 사실을 입증하는 산증인이다. 나는 디트로이트Detroit 근교의 중산층 가정에서 자랐고 학교 공책에 자동차 디자인을 그리곤 했다. 어쨌든 그곳은 자동차 도시Motor City였으므로. 그리고 의사가 되었으면 하는 엄청난 압박을 받으며 자랐다. 스물두 살이 되었을 때 나는 내가 성인이 될 사람은 아니라는 것을 깨달았고, 스물네 살에는 억만장자의 가능성도 희박하다는 사실을 깨달았다. 나는 헛발질을 하는 실수를 반복하며 세상에서 내 길을 찾고 더 나은 세상을 만들기 위해 노력했다.

하지만 용기와 행운, 그리고 변화를 만들어 내겠다는 깊은 헌신을 바탕으로 나는 21세기 큰 변화 중 그 일부에 기여한 팀들과 함께 일하게 되었다. 우리는 거의 10억 명의 어린이들에게 예방접종을 실시해 예방 가능한 사망을 줄이는 데 기여했다. 아프리카의 농촌 공동체를 변화시킴으로써 기아와 기근을 완화하는 프로그램을 이끌었다. 아이티, 아프가니스탄, 그리고 아프리카 전역에서 대규모 구호 및 개발 캠페인을 조직해 활동했다. 서아프리카에서의 끔찍한 에볼라 발병을 종식시키기 위한 결연한 노력을 주도했고, 이후 미국에서의 코로나19 팬데믹과 맞서 싸우는 데도 앞장섰다. 동시에 우리는 단순한 전등 하나의 빛조차 누리지 못했던 사람들에게 전기를 공급하는 길을 열었다.

　이 가운데 어떤 것도 쉽지 않았다. 만일 내가 그렇게 느끼게 했다면 그건 기억이나 글쓰기의 실수일 뿐이다. 이 모든 도전들은 복잡하고 위험이 따랐으며, 우리의 성공도 일정하지 못했다. 실패한 적도 있었고, 어떤 경우에는 아직도 진전을 이루기 위해 애쓰는 부분도 있다. 그럼에도 불구하고 나는 그 과정 속에서 변화를 일으킬 수 있는 가능성이 있다는 것을 깨달았다. 그리고 그것은 특정한 어떤 사고방식을 충실히 받아들일 때 가능한 일이라는 것을 알게 되었다.

　앞으로 내가 할 이야기에서는 바로 그렇게 한 사람들을 만나게 될 것이다. 그들 중 누구도 진정한 성인은 아니었다. 몇 사람은 큰 재력가였고, 한 사람은 대통령이었다. 하지만 그들 중 대부분은 그저 당신이나 나처럼 평범했다. 생각이 깊고 헌신적이지만 세상에 변화를 만들어 내기 위해 무엇이 필요한지 처음에는 거의 아무런 확신도 가지지 못했던 사람들. 그들은 실수하면서 헤매고 잘못된 길로 들어서기도 했지만, 그래도 실패를 뒤로 하고 계속해서 앞으로 나아갔다.

　그들이 다른 사람들과 달랐던 이유는 바로 '빅벳적 사고'라 칭할 수 있는 사고방식에 있었다. 문제에 직면했거나 의심이 들 때, 그들은 단순한 개선이 아니라 해결을 위해 나섰다. 그들은 몇몇 사람들의 삶을 자선이나 위안을 통해 조금 더 나아지게 하는 데 목표를 두지 않았다. 대신, 기아를 종식시키고, 질병을 퇴치하며, 인종 간 관계를 개선시키는 것과 같은 거대하고 대담한 목표를 세웠다. 이러한 도전 과제들이 오늘날에도 여전히 어느 정도 존재하기는 하지만, 그간 이루어진 변화들이 훨씬 더 크고 광범위했던 것은 문제를 해결하고자 한 사람들이 있었기 때문이라고 생각한다. 그들은 점진적인 개선에 만족하기보다는 문제 해결을 추구했다. 그렇게 함으로써 그들은 함정에 빠지지 않고 포부를 현실로 만들어 낼 수 있었다.

　당신도 그렇게 할 수 있다. 은행, 정부 기관, 대학, 그리고 지역 사회 모임 등 어떤 조직에 속한 누구라도 인턴부터 대통령에 이르기까지 이 빅벳적 사고의 혜택을 누릴 수 있다. 이 책이 인류의 가장 난해한 문제들과 씨름하려는 당신에게 필요한 지식과 전략, 그리고 무엇보다 사고의 틀을 제공할 것이다.

그 방법은 다음과 같다. 먼저, 특별히 어려운 도전 과제 하나를 떠올려 보자. 논의를 시작하기 위한 끝없는 목록이 여기 있다. 수십억 명의 사람들이 빈곤에 빠져 있으며, 영양실조에 시달리거나 존엄성과 기회에 대한 접근이 제한된 공동체에서 살아가고 있다. 민주적인 절차는 위협받고 있다. 우리의 생활 방식은 그 자체로 기후 위기를 초래하며 지구의 생태계에도 영향을 미쳐 점점 더 많은 지역이 사람이 살기 어려운 환경으로 바뀔 가능성도 있다. 또한 기술 발전은 피할 수 없을 정도로 빠르게 우리 삶을 변화시키는 중이며, 그 변화는 흥미롭기도 하지만 동시에 두려운 방향으로 우리를 이끌고 있다.

이 단락을 읽으면서 느끼는 답답함은 바로 포부의 함정이 당신에게 다가오고 있다는 신호이다. 세상을 바꾸고자 하는 사람들은 종종 어려운 문제의 복잡함에 너무 얽매여, 그 문제의 근본 원인이나 해결되지 않은 핵심적인 이유를 찾아 그에 대해 고심하기를 잊어버리고 만다. 그들은 진정한 변화를 이루는 과정에서 누군가를 불편하게 만들까 걱정하며 목표를 너무 낮게 설정하거나 문제의 작은 부분만 해결하는 데 만족한다. 또 그들은 대규모 변화를 이루기에는 충분한 자금이나 지원이 없다고 생각해 다른 사람들에게 너무 적은 것을 요구하기도 한다. 혹은 방향을 잃고, 자신의 노력이 성공하고 있는지, 아니면 부족한지를 정확하게 파악하지 못하는 경우도 있다.

포부의 함정은 너무 많은 사람을 너무 자주 덫에 걸리게 한다. 이것이 바로 많은 이들이 냉소적이거나 무관심해지고, 심지어 무기력해지는 이유이다. 누군가 "우리는 빈곤을 종식시켜야 해."라거나 "우리가 일으킨 재앙으로부터 지구를 구해야 해."라고 할 때, 어떤 이들이 비웃는 이유도 마찬가지이다. 사람들은 이로 인해 충분히 대담한 목표를 향해 나가는 대신, 그냥 적당히 괜찮은 선행으로 만족해 버린다. 또한 우리가 직면한 문제의 근본 원인을 해결하기 위해 과감한 해결책을 찾기보다는, 단순한 원조나 자선을 제공하는 등 점진적인 개선에 그치고 다음 단계로 넘어가 버리는 이유가 되기도 한다.

빅벳적 사고는 이런 포부의 함정을 피하기 위해 필요한 헌신을 이끌어낸다. 이 사고방식은 당신이 만들어 낼 수 있는 영향력의 규모에 대한 기대치를 높여준다. 진정한 진전을 이루기 위해 필요한 긴 시간의 여정에 대비할 수 있게 해준다. 개선되는 부분을 지속 가능한 해결책을 향한 이정표로 여기게 해준다. 또한 문제의 근본 원인을 파악하고 해결하기 위해 무엇이 필요한지 고민하는 지적 도전을 감당하게 도와준다. 무엇보다, 매일 아침에 일어나 하루를 시작하는 것을 활기차고 즐겁게 만들어 준다. 왜냐하면 당신은 크고 의미 있는 일에 진정한 진전을 이루고자 노력하고 있기 때문이다.

그리고 빅벳적 사고는 당신이 인류를 위한 빅벳을 계획하고 실현할 수 있게 도와줄 것이다. 빅벳이란 어떤 공동체나 이 세계에서 긴급한 하나의 문제를 근본적으로 해결하기 위해 집중된 노력이다. 빅벳은 겉보기에는 심오하고 달성할 수 없어 보이는 목표를 설정하고, 그것이 달성 가능하다고 믿는 것을 필요로 한다. 빅벳은 새로운 사고방식과 실행을 요구하는데, 이는 종종 기술 발전이나 다른 사람들의 노하우, 재산, 에너지를 효과적으로 활용하는 독창적인 방법에서 영감을 받는다. 빅벳을 위해서는 정부와 기업처럼 서로 어울리지 않을 것 같은 파트너들 사이에서도 광범위한 연합을 이루어 나가야 한다. 이를 통해 종종 사회 발전을 가로막는 제약을 뚫고 나갈 수 있는 충분한 자원과 다양한 역량을 한데 모을 수 있다. 그리고 빅벳은 사람들과 공동체가 혜택을 받을 때까지, 측정 가능한 결과를 오랫동안 지속적으로 추구하는 것도 요구한다.

당신은 아마 궁금해질지 모른다. 과거에 어떤 사람들이 그랬던 것처럼 말이다. 이 사람, 너무 순진한 이상주의자인가? 아니면 그냥 순진한 건가? 과연 빅벳이 정말 성과를 낼 수 있을까? 세상에 빅벳을 둘러싼 연합을 위해 동참할 준비가 되어 있는 사람이나 기관들이 정말 충분히 있을까? 대부분의 사람들은 그저 자기 자신에게만 관심이 있는 것 아닌가?

나는 수년간 그런 질문들을 수없이 들어왔다. 큰 변화를 추구하는 사람들의 동기나 심지어 정신 상태까지 의심하는 것은 쉽다. 그리고 오늘날, 회의감은 그 자체로 편리한 피난처가 되곤 한다. 소셜 미디어는 불평이나 비난을 위한 열린 광장이 될 수 있고, 정치인들의 말과 행동, 기업 임원들의 과도한 급여 보상은 만연한 냉소주의를 더욱 강화시킨다.

하지만 나는 또한 대담한 포부를 설정하고, 우리의 가장 큰 문제들을 해결하고자 하는 지속적인 헌신이 사람들을 행동으로 이끌어 낼 수 있음을 보아왔다. 나는 세상의 가장 큰 문제들을 해결하려는 시도와 노력이 예상 밖의 다양한 파트너들에게서 에너지와 열정, 그리고 협력을 이끌어 내는 것을 여러 차례 목격했다. 만약 "당신이 결코 갈 일이 없는 나라에서 절대 만나지 않을 몇몇 아이들에게 예방접종하는 것을 도와줄 수 있나요?"라고 묻는다면 사람들은 움직이지 않을지도 모른다. 하지만 "어떻게 하면 다시는 어떤 아이도 소아마비에 걸리지 않게 할 수 있을까요?"라고 묻는다면, 그들의 귀가 번쩍 뜨이고, 열망이 꿈틀대며, 심장이 더 빠르게 뛸 것이다.

'크다'는 것은 중요하다. 큰 문제를 해결하고자 하는 열망이 있다면 사람들은 (가끔은 한 명씩 천천히) 당신과 함께할 것이다. 그들은 기대 이상의 역할을 할 것이다. 어쩌면 상상하지 못한 놀라운 일을 해낼지도 모른다. 당신의 목표가 클수록 문제를 해결하기 충분한 파트너와 협력자, 그리고 지지자들을 모을 가능성도 더 커진다.

세상을 변화시키고자 하는 바람을 언제 처음 갖게 되었는지는 중요하지 않다. 어떤 사람들은 처음부터 소명을 타고나기도 하고, 또 다른 사람들은 삶의 후반부에 세상을 변화시킬 부름을 듣게 되기도 한다. 세상에 뛰어들기 위해 정교한 인생 계획이나 가족의 전적인 지지가 필요한 것도 아니다. 나는 열일곱 살 때 운명의 변곡점을 계기로 세상을 더 나은 곳으로 만들고 싶다는 소망을 품었다. 그러나 그때도, 그리고 오랜 시간이 지나서도, 나는 그 부름에 명확한 방향성을 부여하려고 애쓰며, 이 길이 미국에서 중산층의 삶을 일구는 이민자 부모의 장남으로서의 기대와 어떻게 조화를 이룰지 고민했다.

내가 '다다dada'라고 불렀던 할아버지 나트워랄 샤Natwarlal Shah, 내가 '바Ba'라고 불렀던 할머니 마두칸타Madhukanta는 네 명의 자녀를 두셨다. 나의 아버지 자나르단Janardan이 그중 하나였고 가족은 인도 서부의 대도시 아메다바드Ahmedabad에서 살았다. 그들은 도시에서 가장 부유한 지역에 살지는 않았지만, 가장 가난한 지역에 살지도 않았다. 다다는 학교 교육을 받았고 지역 은행에서 회계사로 일하셨다. 비록 인도에서의 생활 환경이 종종 너무 비좁고 건강에 해로우며 힌두교와 이슬람교 간의 폭력적인 충돌로 인해 고통받았지만, 아버지네 가족은 상대적으로 형편이 좋은 편이었다.

내 증조할아버지와 할머니는 자녀들이 여러모로 열악한 인도의 삶을 살아가야 한다고 생각하지 않으셨다. 학교는 다다의 삶에 사다리가 되어주었다. 그래서 바와 같이 그들의 아이들도 같은 길을 걷게 하기로 결정하고 자녀들에게 열심히 일하고 공부하라고 강조하셨다. 1967년 아버지가 미국에서 대학원 과정을 공부할 수 있는 장학금을 받았을 때, 다다는 자신의 퇴직금의 상당 부분을 현금화하셨다. 내 조부모님께는 생명줄 같은 돈이었지만, 그걸로 애리조나Arizona로 가는 편도 항공권을 구매하여 아버지에게 건네셨다.

어머니의 배경은 조금 달랐지만 비슷한 도전과 모험의 이야기가 어머니 가족에게도 있었다. 외가는 좀 더 부유한 편으로 인도 전역에서 여러 개의 면직물 가공 시설을 소유하고 있었다. 당시 인도에서 여성들은 직업과 교육에 대한 접근이 제한적이었지만 어머니의 부모님(내 '다디Dadi'와 '다다Dada')은 깊은 헌신을 통해 당신들의 두 딸이 앞으로 나아갈 수 있도록 만들어 주셨다. 더 나은 교육을 받을 수 있었던 어머니는 해외로 나갈 기회도 얻었다. 어머니는 당시 전자공학과 기계공학 석사 학위를 마친 아버지를 따라 캘리포니아로 갔다. 타이밍이 아주 좋은 때였다. 미국이 남아시아와 더 넓은 세계의 이민자들에게 문을 연 직후였기 때문이다.[1]

나의 부모님은 그 기회를 최대한 활용하셨다. 캘리포니아에서 아버지는 아폴로 우주 미션에 사용되는 과학 장비를 개발하는 데 참여했고 이후 부모님은 미시간Michigan에 자리잡았다. 미시간에서 아버지는 포드 자동차 Ford Motor Company의 엔지니어로 일했으며, 어머니는 몬테소리 학교를 운영하셨다. 몇 년 후 내가 태어났고, 곧이어 동생 아미Ami가 세상에 나왔다.

몇 년 후 다다와 바는 처음으로 미국을 방문하셨다. 이 방문은 마치 왕족이 오는 것처럼 중대한 행사였다. 아버지는 항공 요금을 조사한 후 환율과 항공사 규정 때문에 인도에서 티켓을 구매하는 것이 더 저렴하다고 할아버지께 추천하셨다. 그리고 부모님은 파란색 매버릭Maverick(당연히 포드 자동차!)에 나를 태워 디트로이트의 웨인 카운티 공항Wayne County Airport으로 향하셨다.

아버지와 함께 공항에서 할아버지, 할머니의 도착을 기다리며, 나는 아버지가 한 명 한 명 도착하는 승객들을 유심히 살피는 모습을 지켜보았다. 그러다 익숙한 두 사람의 모습이 출입구에 나타나자, 아버지 얼굴에 걱정하는 빛이 스쳐 지나가는 것이 보였다. "무슨 일 있으셨어요?" 아버지가 창백한 표정의 할아버지에게 물으셨다.*

아버지는 할아버지를 벽 쪽의 벤치로 안내하셨다. 그러자 할아버지는 아버지가 인도에서 티켓을 사시라는 부탁을 해서 걱정스러웠다고 설

---

* 이 책 전반에 친구들, 가족, 동료들로부터의 발언으로 간주될 수 있는 인용문 notional quotes이 포함되어 있다. 이러한 인용문을 직접 인용문verbatim으로 받아들이면 안 된다. 당시 상황을 실시간으로 남긴 것은 아니기 때문이다. 하지만 모든 인용문들은 내 기억과 당시의 생각을 최대한 성실히 되살리려는 노력에서 나왔음을 밝혀둔다. - 저자 주

명했다. 할아버지는 아들이 부모님의 방문 비용을 감당하지 못할 것이라 생각하고, 비행기 표를 사기 위해 또다시 퇴직금 통장을 비웠다고 하셨다. 할아버지는 아들이 미국에서 더 나은 삶을 살게 하고 싶었던 자신의 계획이 실패한 것은 아닌가 하는 걱정에 시달리셨던 것이다.

아버지가 즉시 상황을 설명했다. 처음부터 할아버지에게 티켓값을 돌려드릴 생각이었고, 단지 환율을 고려해 약간의 비용을 절약하려 했을 뿐이라고 말이다. 부모님은 형편이 궁하지 않았고, 할아버지, 할머니를 편하게 맞이하기에 충분한 여유가 있었다. 할아버지는 안도하며 미소를 지었고 자존심 강한 두 남자는 서로를 끌어안고 조용히 눈물을 흘렸다. 나는 여행 가방 옆, 바닥에서 놀고 있었는데, 할아버지가 자랑스러운 눈빛으로 나를 내려다보셨다. 그러고는 곧 미국에 사는 손자인 나를 들어 올려 안고서 공항을 나섰고, 아버지는 짐가방들을 드느라 끙끙거리며 따라오셨다.

그 짐가방들처럼 나의 할아버지, 할머니가 시도한 도전은 때로 내가 감당하기에 너무 버거웠다. 매일 나는 가족이 제공해 준 기회를 제대로 살려야 한다는 압박을 느꼈다. 우리가 이를 잊어버릴 때면, 부모님은 저녁 식탁에서 아미와 나에게 우리의 문화적 유산을 상기시켜 주셨다. 우리만 그런 것이 아니었다. 거의 모든 인도계 친구들도 열심히 일하고 규칙을 따르며, 좋은 성적을 받아야 한다는 압력을 받으며, 부모님의 눈에 가장 안전한 성공의 길로 여겨지는 의사나 엔지니어가 되어주기를 기대하는 분위기에서 컸다. 그런 기대는 내가 의사가 되기로 결심하고 미시간대학교University of Michigan에서 학부 과정의 공부를 시작한 이유 중 하나였다.

그렇지만 나에게는 모험을 감수하고 싶다는 강한 끌림도 있었다. 현금을 인출할 퇴직금 통장이 나에게는 없었는데도, 모든 것을 걸어야 할 것만 같은 느낌이 들었다. 할아버지는 모든 것을 걸었고, 아버지는 자신이 알던 것은 다 버리고 원하는 삶을 찾기 위해 떠났다. 나는 어떤 위험을 감수해야 하는 것일까?

내가 열일곱 살 때, 넬슨 만델라Nelson Mandela는 미국을 순회하며 디트로이트를 찾았다. 그는 남아프리카공화국에서 아파르트헤이트apartheid*에 맞서 싸우다 수십 년간의 투옥 생활을 마치고 몇 달 전 석방된 상태였다. 나는 가족 거실의 소파 가장자리에 걸터앉아 만델라가 타이거 스타디움Tiger Stadium에서 연설하는 모습을 모두 지켜보았다.[2] 그곳은 우리 가족이 야구 경기를 보러 자주 가던 곳이기도 했다. 그가 디트로이트를 자동차 도시라고 다정하게 부르며 인종 평등과 인권을 위한 투쟁에 동참해 준 것에 대한 감사의 말을 전할 때, 나는 전율을 느꼈다.

우리 가족과 나는 미국에서 인종차별을 어느 정도 겪어왔다. 증오 어린 시선, 모욕적인 말, 그리고 어린 시절에는 가끔 밀쳐지고 맞는 일도 있었다. 주로 백인들이 사는 지역에서 마른 몸집을 가진 공부벌레 스타일의 갈색 피부를 가진 아이로 지내면서 겪는 일들이었다. 나는 이러한 경험 때문에 만델라가 외쳤던 평등에 대한 요구뿐만 아니라, 고난에 처한 자신의 민족에 무관심했거나 심지어 반대했던 이들에 대한 그의 관대한 마음에 매료되었다.

그 방문은 내가 내 삶으로 의미 있는 무언가를 하고 싶게 만들었다. 그것이 무엇을 의미하는지, 어떻게 해야 할지도 전혀 몰랐다. 부모님이 어떻게 생각할지도 전혀 알 수 없었다. 하지만 만델라가 자신의 신념과 인격의 힘을 통해 세상을 변화시킨 것처럼, 나 역시 더 큰 범위에서 변화를 만들어 낼 방법이 있을지도 모른다고 생각했다.

---

* 남아프리카공화국에서 1948년부터 1994년까지 시행된 인종차별 정책을 말한다. 남아프리카공화국의 백인 정부가 법적으로 인종을 분리하고, 비백인 인구 (특히, 흑인)의 권리를 극도로 제한한 제도였다. 국제 사회의 압력과 내부의 저항 운동이 결합되면서 1990년부터 점진적으로 폐지되기 시작했고, 1994년 넬슨 만델라가 남아프리카공화국 최초의 민주적 선거를 통해 대통령으로 선출되면서 공식적으로 종료되었다. (이하 '저자 주'로 표기되지 않은 주는 모두 '역자 주'이다)

세상을 크게 변화시키기 위해서 당신은 만델라처럼, 즉 인류 역사상 독보적인 성인 같은 인물이 되어야만 한다고 생각할지 모른다. 아니면 그처럼 30년 가까이 독방에 수감되어 무거운 돌을 깨는 형벌을 통해 고통을 겪어야 한다고 생각할 수도 있다. 또는 현장으로 가서 당신이 돕고자 하는 사람들 곁에서 함께 지내야 한다는 생각을 할 수도 있다. 대부분의 성인들이 하는 일이 바로 그것이다. 그들은 세상을 바꾸기 위해 어떠한 대가를 치른다.

하지만 나는 곧 깨달았다. 다른 이들을 위해 모든 것을 희생하겠다는 새로운 신념을 갖게 되었지만, 나는 성인이 될 수 있는 사람은 아니라는 사실을 말이다.

대학 시절, 나는 프리메드pre-med* 과정을 열심히 이수하는 동시에 경제학을 공부했다. 정치와 함께 경제학은 사회적 변화에 대한 나의 열정을 키우는 동력이 되었다. 나는 세상에 대해 배울 것이 많다는 것을 알고 있었기 때문에 1년 동안 영국으로 가 런던정치경제대학교London School of Economics, LSE에서 공부하기로 했다. 나는 그곳에서 변화를 만드는 데 필요한 지정학적, 경제적 역학 관계에 관한 기반 지식을 쌓고 싶었다.

그곳에서 나는 그런 배움만이 아니라, 그 이상을 얻었다. 런던에서 나는 훗날 내 아내가 될 시밤 말릭Shivam Mallick을 만났다. 조지타운대학교George Town University 3학년이었던 시밤도 나처럼 런던정치경제대학교에서 1년간 유학 중이었다. 멋진 모자, 커다란 안경, 환한 미소, 그리고 호탕한 웃음소리를 가진 시밤은 어디서든 사람들의 눈에 띄었고 가까이 가기는 더 어려운 사람이었다. 주변이 항상 친구들의 무리로 둘러싸여 있었기 때문이다. 그럼에도 나는 계량경제학 수업에서 시밤을 종종 볼 수 있었고, 그녀의 자신감과 귀여움에 반해 곧바로 그녀를 좋아하게 되었다.

---

* 미국과 캐나다 등에서 의과대학Medical School에 진학하려는 학생들이 준비하는 과정이나 전공을 말한다. 특정한 전공이 아니라 의과대학 입학 요건을 충족하기 위한 과정을 뜻하며, 보통 생물학, 화학, 물리학, 수학 등의 과목을 포함한다.

시밤은 내 인생의 방향을 명확하게 해주는 중요한 존재가 되었다. 그녀의 부모님도 그녀가 의대에 가기를 바랐지만, 지금도 그러하듯 그녀는 자신만의 길을 찾았다. 대학 시절, 지역의 교도소 봉사 활동을 했던 그녀는 런던에서 정부를 공부하며 목적의식과 모험심 두 가지를 모두 품고 있었다. 그때나, 지금이나 그녀는 사명감이 있는 여자이다. 시밤은 내가 나만의 사명을 찾고 그것을 위해 행동하도록 격려해 주었다. 런던의 펍과 카페에서 끝없이 대화하며, 우리는 더 이상 큰일을 하겠다고 말로만 하지 않고, 그것을 실행에 옮기기로 결심했다.

집으로 돌아온 후, 나는 직접 행동에 나설 기회를 찾았다고 생각했다. 어느 모금 행사에서 부모님은 하누마파 수다르샨Hanumappa Sudarshan이라는 의사를 만났다.[3] 그는 인도의 가장 가난한 지역 중 한 곳에서 살며 일한 전설적인 인도주의자였다. 닥터 H로 알려진 수다르샨 박사는 솔리가Soliga 사람들을 위해 펼쳐온 헌신적인 노력으로 전 세계에 알려졌다. 솔리가 부족은 빌리기리 랑가나 힐스Biligiri Rangana Hills, B. R. 힐스에 거주하는 부족이다. 15년 동안 그곳에서 일하면서 그는 약 7만 명이 사는 그 지역의 한센병Leprosy 발생률을 거의 100분의 1로 줄였다. 한센병 발생률은 1,000명당 21.4명에서 1,000명당 0.28명으로 감소했으며, 사실상 이 문제를 해결하고 그 지역에서 한센병을 근절시켰다.[4]

나는 대학교 도서관에서 그의 이야기를 접하면서, 내가 바로 그다음의 수다르샨 박사가 되기 위한 운명이라고 확신하게 되었다. 시밤의 격려와 부모님의 지원으로, 나는 의대 입학 전인 1995년 여름 그의 클리닉에 인턴으로 지원했다. 그렇게 나는 B. R. 힐스에서 이쑤시개처럼 날카롭게 깎은 플라스틱 막대를 가지고, 오두막을 하나씩 돌아다니며 한센병의 징후 중 하나인 각질이 벗겨지는 피부를 확인하러 다니는 일을 하게 되었다. 날씨는 숨 막힌 듯이 더웠고, 일은 어려웠다. 또한 나는 우리 부모님의 모국어이자 인도의 주요 언어 중 하나인 구자라트어Gujarati를 약간 알고 있었지만 그곳 사람들은 완전히 다른 방언을 사용했기 때문에 그 언어는 전혀 도움이 되지 않았다.

한센병은 이미 찾아보기 어려웠다. 그만큼 수다르샨 박사의 노력이 성공적이었기 때문이다. 결국 우리가 가장 자주 발견한 건 텅 빈 식재료 찬장과 굶주린 아이들이었다. 가장 효과적인 우리의 치료는 종종 약이 아니라 음식이었다. 저녁 식사 때는 환자들과 배고픈 솔리가 아이들이 대식당 바닥에 함께 앉았다. 식사로 영양가 높은 기장 가루로 만든 맛없는 라기볼ragi balls*과 매운 카레 국물이 제공되었다. 이 라기볼은 종종 이 아이들이 굶주림에서 죽음으로 이어지는 위험한 상황에 처하지 않도록 막아주는 유일한 음식이었다.

저녁 식사 후에는 초가지붕이 있는 작은 오두막으로 돌아갔다. 잠들려고 뒤척이며 나는 스스로에게 속삭이듯 고백하곤 했다. 이건 내 길이 아닌 것 같아. 나는 수다르샨 박사의 놀라운 봉사의 삶에 깊은 존경심을 느꼈고, 작게나마 그 봉사에 참여할 수 있어 영광스러웠다. 하지만 동시에 내가 그와 같은 삶을 살 수는 없다는 것을 알았다. 사실 어느 정도는 B. R. 힐스 같은 곳에서 사는 어려움 때문이기도 했다. 내 오두막은 모기향 연기로 가득했지만, 끊임없이 물어대는 모기를 막는 데에는 거의 효과가 없었다. 그리고 더위도 극심했다. 나는 그 여름 동안 몸무게가 약 4.5킬로그램이나 빠졌다. 현대 문명과 그것이 주는 편안함이 그리웠다.

더 나아가 마음 깊은 곳에서는 우리가 단지 문제의 증상만 치료하고 있으며, 인류의 아주 작은 부분에만 위안을 주고 있다는 생각이 떠나지 않았다. 수다르샨 박사는 내가 만나본 사람 중 가장 성인에 가까운 인물이었다. 그는 수만 명을 한센병의 공포에서 구해냈다. 매일, 그와 그의 팀은 솔리가 부족의 복지를 개선하기 위해 할 수 있는 모든 것을 하고 있었다. 그러나 1993년 당시 전 세계에서는 7억 명 이상, 전 세계 인

---

* 라기Ragi, 즉 핑거 밀렛finger millet이라는 곡물로 만든 인도의 전통적인 주식으로 철분, 칼슘, 단백질과 같은 영양소가 풍부하다. 열악한 영양 상태를 겪는 사람들에게 효과적인 영양 공급원으로 알려져 있다.

구의 12퍼센트가 여전히 굶주리고 있었다. 이는 수다르샨 박사가 활동했던 지역 인구의 1만 배에 달하는 숫자였다.[5] 그 해에 5세 미만 어린이 1,100만 명이 사망했는데, 거의 모두가 가난한 나라에 사는 아이들이었다. 이들 중 56퍼센트는 만성 영양실조를 겪고 있었다.[6] 우리에게는 그 아이들을 모두 구할 만큼의 라기볼은 없었다.

그 여름을 보내고 집에 돌아와, 처음으로 조부모님을 만났던 바로 그 공항에 도착했을 때, 나는 몹시 지쳐 있었다. 내 침대에서 푹 자는 하룻밤과 아메리칸 스타일의 푸짐한 한 끼가 간절했다. 동시에 나는 무력감에 짓눌린 상태였다. 우리가 할 수 있는 최선은 받아들이기 힘든 현실의 가장자리에서 인간의 고통을 조금씩 덜어주는 것뿐이라는 생각이 들었기 때문이다. 나는 스스로에게 계속해서 질문을 던졌다. 어떻게 하면 누구든지, 아니 내가, 세계적 빈곤, 기아, 예방 가능한 질병과 같은 인류의 가장 큰 문제들을 해결할 수 있다는 희망을 가질 수 있을까? 그것이 과연 가능하기나 한 일일까?

당신도 비슷한 질문을 던지면서 세계를 변화시키기 위한 자신만의 길을 찾고 있을지 모른다. 큰 문제를 해결하려 하거나, 아니면 그냥 그것들을 조금이라도 개선하려 애쓰는 중일 수도 있다. 처음부터 완벽하게 해낼 필요는 없다. 사실 타인을 위해 봉사하는 길을 추구한다면 실수와 잘못된 출발은 불가피할 수 있다. 나는 B. R. 힐스를 떠난 후 내 길을 찾기까지 거의 10년 동안 고군분투했다.

나는 의대를 다니며 경제학 박사 과정을 공부했던 펜실베니아대학교 University of Pennsylvania에서도 그 길을 찾지 못했다. 환자를 보는 일이 즐거웠고, 심지어 시체 해부 실습도 좋아했지만, 많은 시간을 다른 일들을 시도하면서 보냈다. 에이즈의 위험성을 아이들에게 교육하기 위해 필라델피아 서부 빈곤 지역에서 일했고, 정치 캠페인에서 자원봉사를 하며 직접 정치에 나설까 고민하기도 했다. 시밤과 함께 우리 같은 남아시아계 미국인 청년들에게 지역 사회 봉사와 정치적 참여를 권하는 비영리 단체도 설립했다.[7] 또 대학원 동기와 함께 작은 데이터 분석 회사를 시작했고, 워싱턴 D.C.에 있는 싱크탱크*에도 합류했다.

나는 점점 더 큰 변화를 이끌어 낼 길이 정치에 있다는 생각이 들었다. 2000년 앨 고어Al Gore 부통령의 대선 캠페인에 두 번 지원했지만 두 번 모두 거절당했다. 하지만 캠페인에서 일하고 있는 친구한테 다시 한 번 지원해 보라는 연락을 받았고 세 번째 시도는 성공이었다. 대선 캠페인의 단순 업무를 제안받았을 때 나는 선택의 기로에 섰다. 펜실베니아대학교에서 의학사와 박사MD/PhD 과정을 계속하며 의사로서의 경력을 쌓을 것인가, 아니면 장학금을 잃을 위험을 무릅쓰고 차기 대통령이 될 것이라 믿고 있는 후보를 위해 일해볼 것인가.

보드 시험board exams**을 본 다음 날 새벽, 나는 14시간을 달려 내슈빌Nashville에 있는 고어 캠페인 본부로 향했다. 시밤이 운전대를 잡았고, 나는 시험이 끝나고 맥주를 너무 많이 마신 탓에 뒷좌석에서 자고 있었다. 경영대학원을 졸업한 지 몇 달 된 시밤은 늘 그랬듯이 이번에도 내가 길을 찾도록 도와주고 있었다. 그녀 덕분에 충분한 휴식을 취한 나는 내슈빌에 도착한 첫날부터 나라를 변화시킬 준비가 되어 있었다.

그러나 불행히도, 내가 변화시켜야 한다고 생각했던 것에 대해서 아무도 별 관심이 없다는 것을 알게 되었다. 나는 거의 의학 학위를 취득한 상태였지만, 운전면허증이 내가 가진 가장 중요한 자격증이 되어버렸다. 나는 거의 매일을 내 낡은 머큐리 쿠거Mercury Cougar를 몰고 캠페인 직원과 자원봉사자들을 여기저기로 데려다 주거나, 내슈빌 공립 도서관에서 옛 신문 기사를 복사하는 데 보냈다. 그러면서 1970년대 치명적인 론 다트Lawn

---

*   특정한 분야에서 연구를 수행하고 정책을 개발하는 연구 기관이나 자문 단체를 말한다. 주로 정치, 경제, 사회, 과학, 기술 등의 다양한 주제를 다루며, 정부, 기업, 비영리 단체 등에 정책적 아이디어와 전략을 제공한다.
** 미국의 의사 자격 시험을 말한다.

Dart 게임* 규제에 있어 고어의 역할에 대한 종합적인 파일을 작성했다.

모든 것이 너무 하찮게 느껴져 그 상황을 견디기 힘들었다. 어느 날 밤, 여동생 아미에게 전화를 걸어 아무래도 큰 실수를 한 것 같다고 털어놓았다. 아무 성과도 없고 아무도 돕지 못할 것 같은 굴욕적인 고생길을 선택했다고 생각했다. 내 하소연을 들어준 아미는 내가 어릴 때부터 이러한 분야에 관심을 가져왔고, 그래서 캠페인에 정말 참여하고 싶어 했다는 사실을 상기시켜 주었다. 동생은 나에게 시간을 좀 더 가져보라고 조언했다.

정말로, 캠페인이 본격적으로 진행되면서 곧바로 내 역할도 커졌다. 나는 '케이지'라 불리는 공간, 즉 칸막이로 둘러싸인 책상들 사이에서 정책 문서를 준비하며 많은 시간을 보냈고, 거기서 평생 친구가 될 사람들을 만났다. 마지막 몇 주 동안, 캠페인의 흥분과 열기는 점점 고조되었다. 그리고 플로리다Florida의 투표 결과와 대선의 승리가 고어의 것으로 발표되었을 때, 나는 내 길이 백악관으로 이어질 것이라고 믿었다.

그러나 역사적인 재검표 끝에 고어 부통령이 패배했을 때, 나는 완전히 길을 잃은 기분이었다. 대통령과 함께 일할 수 있는 기회가 코앞에서 사라진 것 같았다. 미국 대통령은 세계가 필요로 하는 큰 변화들을 만들어낼 수 있는 엄청난 권한을 가지는 역할이었다. 하지만 이미 백악관에서 세상의 문제를 해결하기 위해 일할 기회는 사라진 상태였다. 그렇다고 의사로 민간 부문에서 일하는 길도 여전히 나한테는 잘 맞지 않는 것처럼 느껴졌다. 사회와 더 넓은 세상을 위해 큰 변화를 이루고자 하는 사람들에게 그런 진로 외에도 다른 선택지가 있다는 생각은 그 당시 전혀 들지 않았다.

나에게 새로운 기회가 찾아온 것은 고어 캠페인에서 만난 친구로부

---

* 1970년대에 인기를 끌었던 다트 게임으로 1970년대 후반에서 1980년대 초까지 심각한 사고 사례가 다수 보고되며 어린이들에게 큰 위험을 초래했다. 어린이 장난감과 레크리에이션 장비에 대한 엄격한 안전 규제의 필요성을 상징적으로 보여주는 사례로 남았다.

터 전화를 받았을 때였다. 그는 빌과 멜린다 게이츠Bill and Melinda Gates가 설립한 비교적 신생 재단에서 일하고 있었다. 나에게 그곳에서 일해보지 않겠느냐고 제안했는데 그 제안이 내 인생의 방향을 완전히 바꾸어 놓았다. 게이츠 재단에서의 몇 년, 이후 오바마Obama 행정부, 그리고 지금 록펠러 재단Rockefeller Foundation에 이르기까지, 나는 놀라울 만큼 열정적인 사람들과 빅벳을 함께해 왔다. 그중에는 수십 년 전 디트로이트를 방문해, B. R. 힐스, 내슈빌, 그리고 그 너머에서 내 삶의 의미와 목적을 찾도록 영감을 준 넬슨 만델라도 포함된다.

당신도 정의감과 연민을 불러일으키는 문제들에 대해 빅벳을 주도하거나 기여할 수 있다. 현 상태status quo가 지속되는 이유 중 하나는 우리가 세상을 있는 그대로 받아들여야 한다고 여기기 때문이다. 하지만 이 책을 집어 든 것만으로도 당신은 세상을 있는 그대로가 아니라, 마땅히 그래야 할 모습으로 바꾸는 데 관심이 있다는 것을 보여준 것이다. 그리고 여기까지 읽었다면, 당신 자신, 당신의 지역 사회와 나라, 그리고 우리의 세계와 지구를 위해 더 나은 미래를 기대하고 있음을 분명히 하고 있는 것이다.

다행히도, 지금도 기회가 있다. 오늘날 큰 변화를 일으킬 수 있는 힘과 도구는 누구에게나 열려 있다. 거의 한 세기 동안 사람들은 새로운 해결책을 만들고 배포하기 위해 정부나 자유시장에 의존해 왔다. 그러나 지난 30년 동안, 기술 발전과 더불어 점점 더 커진 연결된 세상은 개인과 기관들에게 더 많은 힘을 실어주었고, 그들의 영향력을 확장시켰다. 이러한 기술적 변화는 협력을 확대하고, 모금의 속도를 가속화하며, 대규모 운영을 실행할 수 있는 기회를 거의 모든 사람에게 제공했다. 이는 더 이상 정부와 기업만의 특권이 아니게 된 것이다.

그 결과 성인, 억만장자, 대통령뿐만 아니라 공공 및 민간 부문도 더 이상 큰 변화를 독점할 수 없게 되었다. 갑자기 당신과 나 같은 사람들도 세계 문제를 해결하고자 시도할 수 있는 힘을 갖게 된 것이다. 단지 휴대폰만 가지고도 정치 캠페인을 시작하거나, 어떤 문제에 대한 수백만 명의 사고방식을 변화시킬 다큐멘터리를 제작하거나, 중요한 대의에 관심을 끌기 위한 청원을 시작하거나, 수백만 달러의 지원금을 제공할 모금 캠페인을 시작할 수 있다.

더 나아가, 긴밀히 연결된 세상은 몇십 년 전에는 불가능했던 방식으로 파트너십을 촉진하고 후원자와 투자자를 찾을 수 있는 역량을 제공한다. 당신, 당신의 팀 또는 당신의 조직은 지구 반대편에서 일어나는 활동을 지지하며 다양한 방식으로 지원해줄 수 있다. 데이터를 분석하거나, 구글을 통해 트렌드를 살펴보거나, 전 세계에서 필요한 물품을 배송하면서도 보고타Bogota, 브루클린Brooklyn 또는 베이징Beijing의 편안한 책상 뒤에 앉아 있을 수 있게 된 것이다. 이러한 수단들은 당신과 같은 사람들이 대규모 변화를 만들고 이끌어 가는 최선의 방법인 빅벳을 시작할 수 있게 도와준다.

당신은 세상이 '왜' 변해야 하는지, 또는 '누구'를 위해 변해야 하는지 이해할 필요는 없다. 당신이 알아야 하는 것은 세상을 '어떻게' 변화시킬 수 있는가 하는 것이다.

나는 나의 경험과 그간 배운 교훈을 나눔으로써 당신이 어떻게 당신의 지역, 사회, 그리고 우리의 세상을 근본적으로 새롭게 상상할 수 있는지 보여주고, 이를 통해 당신의 비전을 이루도록 돕고 싶다. 앞으로 이 책에서 제공할 교훈들은, 게이츠 재단에서 걸려온 전화를 받은 이후 내가 지나온 성공과 실패에서 수집된 것들로, 어떤 조직의 어떤 수준에서든 누구나 활용할 수 있는 내용들이다.

그 모든 교훈과 경험에서 나온, 시작과 중단을 반복하는 시행착오 끝에 탄생한 실행 전략서가 바로 이 책이다. 먼저, 당신은 대담한 목표를 설정하는 법을 알게 될 것이다. 사람들은 너무 자주 문제를 해결하겠다는 결단을 내리는 것을 주저한다. 그 문제에 필요한 막대한 노력(높은 비용, 복잡성, 그리고 압도적인 규모)만 보고 뒤로 물러서고 만다. 이런 주저함이 모든 아이들에게 백신을 접종하거나, 기아를 근절하거나, 코로나19를 종식시키기 위해 무엇이 필요한지 파악조차 하지 못하게 만든다. 이 책은 당신이 빅벳을 분명하게 인식하고, 앞으로 나아갈 경로를 선택해 계속해서 전진할 동력과 자신감을 유지할 수 있도록 도와줄 도구가 될 것이다.

둘째, 당신은 새로운 사고방식을 발견하고 혁신을 적용하여 우리가 직면한 어려운 문제들을 해결하는 방법을 배우게 될 것이다. 지금 우리는 과학, 기술, 혁신, 그리고 사회적 이해가 크게 진보하는 놀라운 시대에 살고 있다. 하지만 이러한 획기적인 발전이 할 수 있는 일보다 더 중요한 것은 그것이 얼마나 광범위하게 적용될 수 있는가이다. 이건 무슨 뜻일까? 즉, 혁신이 이루어진 후에는 이론상 누구든지 혜택을 받을 수 있다는 뜻이다. 누구나 백신을 맞거나 투표하는 것이 그 예이다. 하지만 시스템적 제약은 종종 여성, 빈곤층, 유색인종, 취약한 지역 사회 등 많은 사람을 배제한 채 부유하고 사회적인 관계가 탄탄한 사람들에게만 혜택을 주는 경우가 많다. 이 책은 당신이 그러한 제약을 극복할 전략과 경로를 알아보는 법을 배우게 해줄 것이다.

셋째, 당신은 지역 사회나 어쩌면 전 세계적으로 실질적인 변화를 만들어 내기 위해 필요한 폭넓은 (종종 뜻밖의 파트너들 간에 이루어지는) 연대를 구축하는 방법을 보게 될 것이다. 오늘날 많은 사람들처럼 당신도 우리 사회의 기관, 정부, 기업, 비영리 단체들이 우리가 직면한 가장 큰 문제들을 해결할 수 있을 것이라는 믿음이 없을지도 모른다. 나도 그런 마음을 이해한다. 그러나 나는 각각의 개인들과 소통하고 협력하며 그들이 어떤 사회적 배경을 갖고 있는가와 상관없이, 변화를 원하는 이들의 열망을 이끌어 낸다면, 생각지 못한 엄청난 결과를 이루어 낼 수 있다는 것을 경험했다.

마지막으로, 당신은 자신의 빅벳을 명확히 정의하는 방법을 배우게 될 것이다. 그렇게 해야만 목표가 달성될 때까지 끈질기게 결과에 집중할 수 있게 된다. 결과를 측정하는 일은 생각보다 어렵다. 그리고 더 나은 세상을 만들고자 하는 사람들은 이를 충분히 하지 않는 경우가 많다. 우리가 사회적인 영향을 위해 일할 때, 기업이 이익을 측정할 때만큼이나 성공을 측정하는 데 있어서도 철저해야 한다.

당신은 학생일 수도 있고 은퇴한 사람일 수도 있고 기업가일지도 모른다. 규모가 작은 조직에서 큰 팀을 이끄는 사람일 수도 있고 대규모 모금 단체나 기업, 정부 기관에서 작은 팀의 일원으로 일하는 중일 수도 있다. 하지만 이 지침서는 누구나 사용할 수 있다. 나는 이러한 전략들이 다양한 환경과 여러 수준에서 작동하는 것을 보았다. 그리고 이 가이드가 당신이 속한 기관 자체를 더욱 대담하고 효과적이며, 우리의 신뢰를 받을 만하게 만드는 데 도움이 된다고 진심으로 믿고 있다.

바로 그런 이유에서 내가 길을 찾던 25년 전에 이 실행 전략서가 있었다면 얼마나 좋았을까 생각한다. 이제 나는 당신 또한 포부의 함정에 빠지지 않고 크고도 지속적인 방식으로 세상을 변화시킬 수 있기를 바라며 내가 배운 것들을 나누려 한다.

지금 기억해야 할 것은 단 하나뿐이다. 인류를 위한 모든 빅벳은 당신 자신을 믿는 것에서 시작한다는 사실이다. 당신은 오늘날 필요한 혁신적인 해결책을 확장하고 지속하기 위해 필요한 연대를 구축할 의지와 기술, 열정과 지혜를 모두 갖추고 있다. 이 책의 교훈들을 활용한다면 당신은 빅벳이 다양한 방식으로 성과를 내고, 세상을 새롭게 상상하는 것만이 아니라 그 안에서의 우리의 자리도 새로이 자리매김하게 도와준다는 사실을 발견할 것이다. 그렇기에 당신이 세상을 바꾸는 동안 당신의 빅벳 또한 당신을 변화시킬 것이다.

01
질문에서 시작하기

# 01

질문에서 시작하기

"한 아이를 예방접종하는 데 드는 비용은 얼마인가?"

단도직입적이고 아주 기본적인 이 질문과 함께, 나는 단순히 문제의 개선이 아닌 문제의 해결을 추구하는 빅벳을 향한 배움의 여정을 시작하였다.

해결책에 도달하려면, 문제를 가장 본질적인 형태로 이해해야 한다. 그리고 단순하고 심지어 순진해 보이는 질문을 던질 용기가 필요하다. 나는 이렇게 가장 기본적인 질문들이 사고의 전환을 가져오고 해결의 가능성을 열어주며 이전에는 숨겨져 있던 길을 드러낸다는 사실을 깨닫게 되곤 했다.

그 모든 일은 나에게는 몇 달, 몇 년 뒤에 일어날 일이었다. 그런데 그날 오후, 내 맞은편에 그런 단순한 질문을 던지는 한 남자가 앉아 있었다. 얼굴이 전 세계적으로 알려진 인물이었다.

특정한 누군가를 대상으로 하지 않는 그 질문을 던진 이는 헝클어진 머리에 소년 같은 미소를 띤, 당시 46세였으며 상상을 초월할 만큼 부자인 빌 게이츠였다. 때는 2001년, 컴퓨터 소프트웨어 거대 기업인 마이크로소프트Microsoft의 회장이었던 빌은 거대한 회의실 테이블 한쪽 끝에 앉아 있었다. 아니, 더 정확히는 의자에서 앞뒤로 흔들거리는 중이었다. 그

회의실은 한때 수표 정산소였던 건물로, 게이츠 가문 재단의 본부가 자리한 곳이었다.[1] 빌과 그의 아내 멜린다는 게이츠 재단Gates Foundation을 설립하여 무엇보다 먼저 전 세계 아동의 예방접종을 위해 돕고자 하였다.[2]

당시 의대 진로를 중간에 그만둔 스물여덟 살의 나는 6~7명의 게이츠 재단 공중 보건 담당 직원들과 함께 회의실의 맞은편에 앉아 있었다. 그때까지 나는 인도의 B. R. 힐스와 앨 고어 부통령의 대선 캠페인을 비롯한 다양한 경험을 가지고 있었다. 고어의 2000년 대선 패배 이후 얼마 남지 않은 학점을 채우고 의대를 졸업한 상태였지만 남아 있는 보드 시험을 본다거나 실제로 의사가 되겠다는 생각은 조금도 없었다. 대신 게이츠 재단에서 사실상 인턴 자격으로 동석한 것이었다. 그래도 내 직함은 맘대로 고를 수 있었고, 재단 직원 중 다른 경제학자가 없어서 나는 '경제 수석'을 맡기로 했다.

시애틀에 도착했지만 아직 필란트로피* 쪽으로 진로를 결정한 것은 아니었다. 내가 가진 것은 세상에 큰 변화를 만들 길, 그 방법과 과정을 모두 찾고 싶다는 열망과 추진력뿐이었다. 그러던 중 미 상무부 비서실장을 지내고 앨 고어 선거 캠페인에 참여했던 데이비드 레인David Lane에게 전화를 받았다. 그는 당시 워싱턴 D.C.의 게이츠 재단 사무실을 운영 중이었다. 나는 그때 어떤 일이 일어날지 전혀 알지 못했다.[3] 하지만 결국 제안을 받아들여 그 일을 맡기로 했고 시애틀의 그 참나무 테이블에 앉게 되었다.

빌 앞에는 (당연히) 마이크로소프트 파워포인트로 작성된 게이츠 재단의 백신 프로젝트 프레젠테이션 자료가 놓여 있었다. 2년 전 빌과 멜린다는 백신으로 예방 가능한 질병들로부터 보호하기 위해 지구상 모든 아이를 예방접종하겠다는 원대한 목표하에 7억 5,000만 달러의 지원을 약속

---

* 인류의 복지와 사회적 발전을 위해 자선 활동이나 기부를 실천하는 것을 말한다. 단순한 기부를 넘어, 사회 문제를 해결하고 지속 가능한 변화를 만들기 위한 전략적인 접근을 포함한다.

한 상태였다.⁴ 이 결단을 바탕으로 게이츠 재단은 세계백신면역연합Global Alliance for Vaccines and Immunization, GAVI의 가장 큰 후원자가 되었다. 백신 팀의 새로운 일원으로 회의 전에 프레젠테이션 슬라이드를 살펴봤던 나는 GAVI의 진행 상황이 미미하다는 것을 알게 되었다.

결국 몸을 흔들거리다 멈춘 빌이 비용에 대해 물었다. 테이블 이쪽 편에 앉아 있던 경험이 많은 공중 보건 전문가가 피곤한 목소리로 대답했다. "예방접종은 그렇게 단순하게 접근할 수 있는 문제가 아니라서요." 그의 말에 따르면 가난한 나라 아이들을 대상으로 하는 예방접종은 상당히 복잡한 사안이었다. 단 한 명의 아이를 접종한다고 해도 환자, 백신, 주사기, 훈련된 의료전문가, 그리고 진료소가 모두 한날 한곳에 준비되어야 가능하다는 것이다. 이런 백신 지원을 받는 나라 중에는 공중 보건의 수준이 매우 빈약한 데다 도로와 전기 설비도 부족한 최빈국이 많아 예방접종시 필요한 모든 요소가 제대로 갖춰지기는 생각보다 어렵고 복잡하다는 의미였다.

그 회의실에서 나는 빅벳이 무엇인지도 몰랐다. 그저 회의 참석자들을 둘러보며 누가 누군지 파악하려고 애쓰는 중이었다. 하지만 빌이 던진 질문이 스케일, 즉 규모에 관한 것임은 분명해 보였다. 한 아이의 예방접종에 드는 비용을 알면 거기서부터 아이들 전부를 예방접종하는 데 필요한 예산을 가늠할 수 있었다. 그러면 부족한 자금을 파악하고 문제 해결 방법도 찾아 나갈 수 있었다. 당시 아프리카와 동남아시아 지역 아이들의 경우, 한 번의 접종(또는 몇 차례의 접종)만으로도 충분히 예방 가능한 질병의 접종 비율이 3분의 2에도 못 미쳤다.⁵ 빌의 목표는 이런 예방 가능한 질병들에 대한 분명한 해결책이었으며 결국 생명을 구하는 데 있어 비용 대비 효과가 가장 큰 방법이기도 했다.

빌의 맞은 편에 나와 같이 앉은 사람들이 공중 보건 분야에 오랫동안 종사해 온 전문가 집단이라는 사실이 내가 아는 전부였다. 세계적으로 가장 사려 깊고 헌신적인 공중 보건 전문가라 평가받는 이들이었다. 빌과 멜린다가 전 세계적인 아동 예방접종을 위해 7억 5,000만 달러를 내놓도록 설득하는 데 큰 역할을 한 것도 그들이었다. 그런데 그중 일부는 공중 보건 공동체 전반에서 제기된 우려를 대변하고 있었다. 게이츠 재단이 백신 지원에만 총력을 기울여 너무 거기에만 매달린다는 것이었다. 예방접종의 복잡성을 고려하면, 일반적으로 아이들을 돕는 가장 좋은 방법은 아이들이 사는 국가의 보건 시스템을 개선하는 것이라고 하였다.

당신도 비슷한 입장에 처하게 될지 모른다. 특히나 회의에 참석한 사람 중 낮은 직급에 속한다면 더욱 그렇다. 어떤 문제를 두고 누군가가, 어쩌면 당신이 해결책을 제시할 것이다. 그러면 또 다른 누군가가, 혹은 많은 경우 여러 명이 당신의 아이디어에 대해 이의를 제기하거나 실제 변화를 방해할 수 있는 모든 복잡한 문제들을 나열할 것이다. 누가 정말 맞는지는 사실 아무도 모른다. 그날 회의실에서 우리 중 어느 누구도 모든 아이에게 예방접종이 가능하다고 확신하지 못했다. 회의실 안에서, 그리고 이후 진행된 모든 전화 논의, 회의, 이메일에서, 크고 야심 찬 우리의 계획을 종종 막는 '포부의 함정'이 무엇인지 그 한계가 점점 더 명확해졌고, 어떤 면에서는 더 크게 느껴지기도 했다.

그후 몇 년에 걸쳐 내가 본 것은 빌의 단순한 질문이 우리를 그 함정에서 어떻게 벗어나게 하는가였다. 당신도 그런 질문을 함으로써 가장 노련한 전문가부터 신입인 인턴까지 모두 기존의 가정을 재고하고, 어떤 주제에 대해 실제로 알려진 사실인지, 무엇이 극도로 막혀 있는 제약인지 꼼꼼하게 살펴보게 만들 수 있다. 복잡성은 큰 변화를 만들어 내고 긴급한 과제를 해결하려는 이들에게 걸림돌이 된다. 너무 많은 것들이 한 번에 바뀌어야 하고, 동시에 너무 많은 이들이 동의해야 한다면 어떤 일도 불가능해 보일 수 있다. 간단한 질문과 그에 대한 대답은 혼란을 걷어내 크고 원대한 목표를 드러낼 수 있게 해주며, 바람직한 조직 문화를 형성하고 이를 실현하기 위한 구체적인 길을 밝혀줄 수 있다.

적절한 문제를 적절한 규모로

그 회의실에 들어서기 전까지만 해도 나는 '필란트로피'가 정확히 무엇을 뜻하는지 잘 알지 못했다. 그 말의 개념 자체가 너무 협소하게 다가왔다. 그 단어에서는 부자들의 지원금으로 후원하는 공영 라디오의 교향악 콘서트 같은 프로그램들이 연상될 뿐이었다. "이 공연은 ○○재단의 후원으로 함께합니다."라는 익숙한 멘트가 떠올랐다. 필란트로피는 대부분 현 상태를 더 견딜 수 있게 하는 작은 개선들에 초점을 맞추는 것처럼 보였고, 듣기 좋은 배경음악을 제공하는 데 그치는 것처럼 보였다.

첫 회의를 마친 후, 나는 게이츠 재단에서 뭔가 근본적으로 다른 움직임이 시작되고 있다는 강한 느낌을 받았다. 이는 단지 도움이 필요한 곳에 돈을 던져주는 수동적인 필란트로피가 아니었다. 더 나은 방식을 찾기 위한 진지하고, 어쩌면 급진적인 시도였다. 빌과 멜린다, 그리고 그들의 팀은 존 D. 록펠러 재단John D. Rockefeller foundation을 비롯한 과거의 필란트로피 모델들을 참고하면서도, 인류에게 실질적인 혜택을 줄 수 있는 기술을 대규모로 확산시키겠다는 목표를 갖고, 21세기적 접근 방식으로 그 모델을 재구성하고자 했다.

단순하지만 결코 간단하지만은 않은 빌의 질문에 답하는 것은 이 프로젝트의 핵심이었다. 하지만 대답은 모호할 뿐 아니라 세상이 작동하는 방식에 대한 근본적인 변화까지 수반했다. 주요 기관들이 수년간 예방접종을 확대하려 노력해 왔지만, 1990년대 들어 접종률이 정체되었고, 이로 인해 매년 5세 미만의 아동 1,150만 명 중 거의 절반이 백신으로 예방 가능한 질병에 걸려 사망했다.[6] 이 같은 결과는 해결책이 정치와 경제, 제도적 변화 같은 대규모 변화를 요구할 가능성이 크다는 의미였다. 빌의 단도직입적인 질문은 바로 이러한 변화의 핵심을 겨냥한 것이었다.

빌과의 회의를 몇 번 더 진행하고 팀에서 몇 주를 보내면서 게이츠 재단의 야망과 잠재력의 규모가 나를 완전히 사로잡았다. 그 규모는 나의 관심과 능력을 충분히 확장시켜 주었고 동시에 내가 이미 가지고 있던 경험과 전문성까지도 활용할 수 있었다. 한 예로, 컴퓨터 기반의 데이터 기술 혁명은 대학생과 대학원생 시절 내가 완전히 빠져 살았던 세계였는데 게이츠 재단에서는 이를 활용할 수 있었다. 거기 말고 다른 어디서 DALY 테이블과 같은 데이터 포인트에 대해 열광할 수 있었겠는가. DALY 테이블이란 공중 보건 관계자들이 '장애보정생존연수disability adjusted life year'라고 부르는 것으로, 질병, 장애, 조기 사망 같은 요인으로 잃게 되는 건강한 삶의 연수를 측정한 값이다.[7] 바람직하거나 혹은 그렇지 못한 정책 결정으로 인해 개선되거나 아니면 잃어버린 삶이 얼마나 되는지에 관한 최종적인 수치화가 여기서 이루어진다.

안타깝게도 이러한 데이터의 가능성에도 불구하고, 모든 조직이 새로운 답변을 좋아하지는 않는다는 사실 또한 알게 되었다. 몇 해 전, 공중 보건에 기여할 또 다른 방법을 모색하던 나는 워싱턴 D.C.에 있는 범미보건기구Pan American Health Organization, PAHO의 옷장만 한 크기의 사무실에서 인턴으로 일하며 여름을 보낸 적이 있었다. PAHO는 남미와 중미 지역을 대상으로 한 국제적 지원을 통해 개선된 보건 환경을 조성하는 데 목표를 둔 기구였다. 처음에 PAHO는 공중 보건에 대한 열정과 분석 능력을 갖춘 사람에게 이상적인 장소로 느껴졌다. 마우스 클릭 한 번으로, 책장에 먼지 쌓인 책 한 권만으로도 방대한 공중 보건 데이터를 접할 수 있었다.

어느 날, 나는 국제통화기금International Monetary Fund, IMF이 제안한 새로운 정책의 영향을 조사해 달라는 요청을 받았다. IMF는 국가에 긴급 자금을 제공하는 다자간 기관으로 그에 상응하는 엄격한 규칙과 지침을 따를 것을 요구한다. DALY 테이블과 같은 자원을 활용해 분석한 결과, 나는 새로운 정책이 의료 서비스 축소와 건강 악화의 결과를 초래하고 특히 여성과 어린이들에게 부정적인 영향을 미친다는 것을 발견했다. 해결책이나 개선이 아니라 오히려 그 반대였다. 분석 결과를 상사에게 보고하자 그는 그것을 다시 전달했지만, 아무런 변화도 일어나지 않았다. 정책은 그대로 시행되었고, 내가 작성한 보고서는 아마도 책장에 올라가 먼지를 뒤집어쓰기 시작했을 것이다.

그때 나는 깨달았다. 옳은 답변이라 해도 그것만으로는 변화를 가져올 수 없음을. 그것을 적합한 사람에게 전달할 때 비로소 변화가 일어난다는 것을.

필란트로피 분야에 대해 처음 품었던 의구심에도 불구하고 게이츠 재단에서의 첫 회의들을 하고 나서 나는 내가 해답을 중요시하는 곳에 와 있다는 사실을 알았다. 빌의 질문은 겉보기엔 단순했지만 실은 매우 복잡한 것이었고, 나는 우연히도 결국엔 나한테 딱 맞는 일을 찾았다는 생각이 들었다. 생전 처음 나를 정확히 필요로 하는 곳에 있다는 느낌이었다. 바로 여러 분야에 걸친 풀기 힘든 문제에 대한 답을 찾는 일이었다. 하지만 그보다 중요한 것은 게이츠 재단 사람들이 그 답을 듣고 무엇인가 특별한 일을 해낼 수 있는 곳이라는 느낌까지 들었다는 점이다.

경력 초기에는 특히 권한을 부여받은 곳으로 가야 한다. 좀 더 분명하게 말하자면, 여기서 '권한을 부여받은'이라는 말은 '힘을 가진' 것을 뜻하지는 않는다. 책임자가 될 필요는 없다. 필요한 건 자신에게 맞는 곳에 와 있다고 느끼는 것이다. 거기에서 적절한 문제들을 적절한 규모로 다루는 것이 중요하다. 게이츠 재단이 내가 있어야 하는 곳으로 느껴진 이유는 아이들이 이유 없이 죽는 일이 절대 생기지 않게 하려고 매일 내가 출근한다는 사실과, 그런 상황을 변화시키기 위해 단순한 질문들에 답하며 나의 통찰을 제공해야 한다는 점이었다. 결국 단순한 질문들을 통해 우리는 훨씬 더 큰 해결책으로 나아가게 된다.

돈으로만 결과를 만들어 낼 수 없다

내가 그 회의에 들어간 날로부터 5년 전, 빌은 어느 날 아침 「뉴욕타임스New York Times」를 넘겨보다가 로타바이러스에 관한 기사를 하나 발견하게 되었다. 주로 영유아에게 감염되어 설사와 탈수를 일으키고 때로는 죽음에 이르게 하는 바이러스였다. 매년 7만 명의 미국 아이들이 이 바이러스로 입원했지만 이로 인해 사망하는 경우는 거의 없었다. 그러나 가난한 나라들의 경우, 2000년대 초반 로타바이러스로 인해 사망한 아이들의 수가 매년 40만 명에서 60만 명에 달했다. 이런 불평등이 뉴스로 전해진 이유는 미국에서 테스트 중인 새로운 백신이 있었지만 실제로 아이들이 죽어가고 있는 저소득 국가에서는 사용이 가능하지 않을 것으로 전망되기 때문이었다.

기사에 대해 이야기하던 빌과 멜린다는 이처럼 믿기 힘든 불공정함에 대해 경악할 수밖에 없었다. 미국에서 로타바이러스 백신의 가격은 약 116달러로 아주 저렴하지는 않았지만 국민총소득이 1인당 연간 3만 2,000달러인 나라에서는 최소한 충분히 구입이 가능한 수준이었다.[8] 그러나 이 바이러스로 매년 10만 명의 아이들이 사망하는 인도의 경우, 1인당 소득이 450달러에 불과했기 때문에 이런 비싼 백신을 맞는 것은 생각조차 할 수 없는 일이었다.[9] 빌과 멜린다는 이렇게 엄청난 규모의 불평등을 인류가 어떻게 받아들일 수 있는지 이해하기가 어려웠다. 특히 모든 생명이 동등한 가치를 지닌다고 진심으로 믿었으며 개발된 백신이 있는 상황이라 더 그렇게 보였다.

이 불공정함을 뒤엎기 위해, 두 사람은 간단한 방식을 택했다. 빌과 멜린다는 "가장 많은 생명을 구하는 가장 효과적인 방법은 무엇인가?"라는 질문을 던졌다. 수치를 계산해 보니 답이 명확해졌다. 병원이나 모기장보다 예방접종이 더 효과적이었다. 한 번의 접종 또는 일련의 접종을 통해 아이들은 결핵, 디프테리아, 파상풍, 백일해, 소아마비, 홍역, 그리고 로타바이러스로 인해 고통받는 일이 생기지 않을 것이다. 그들의 질문은 최종 목표를 분명하게 드러냈다. 그들의 빅벳은 매년 태어나는 약 5,000만 명의 아이들이 예방접종을 맞고 있지 않다는 사실을 바꾸는 것이었다.

그 목표는 수십 가지 추가 질문으로 이어졌다. 저소득 국가에서 디프테리아, 파상풍, 백일해를 예방하는 가장 기본적인 DTP3 백신을 맞은 아이들은 몇 명인가? 2000년대 초 WHO는 3,700만 명의 아이들이 DTP3 예방접종을 받지 못한 것으로 추정했다.[10] 질문이 이어졌다. 신생아들의 경우는 어떠한가? 매년 개발도상국에서 태어나는 1억 명의 아이들 중 겨우 절반을 넘는 수가 백신을 맞았고, 결국 매년 약 5,000만 명의 신생아에게 백신 접종이 필요한 상태였다.[11] 만약 이 상황이 유아기까지 지속된다면, 그 아이들 가운데 상당수가 예방 가능한 질병으로 사망하는 것이었다. 얼마든지 살 수 있었던 아이들을 떠나보내는 엄마들이 있다는 건 누가 봐도 명백히 잘못된 일이었다.

1998년 당시 빌의 아버지 빌 게이츠 시니어Bill Sr.가 이끌던 과거 게이츠 재단에서는 앞으로의 방향을 모색 중이었다. 유능한 변호사였던 빌 시니어는 키가 크고 친절하며 겸손한 성격이었고 특유의 유머 감각이 있었다. 어느 날 저녁, 빌이 자택에서 예방접종의 복잡성을 해결할 방안을 논의하기 위해 저녁 식사 모임을 하는 중이었다. 저녁 식탁에서 그가 질문을 던졌다. "이번에도 로타바이러스 백신 같은 고충을 겪고 있다면, 그냥 아예 그 백신을 사버리면 어떤가요?"[12]

처음에 이 질문은 함께 식사 중이던 이들에게 커다란 놀라움을 안겼다. 백신이란 언제나 대량으로 구매되어 왔기 때문이다. 빌이 좀 더 자세히 설명했다. "엄청나게 비싼 백신 관련 지적재산권을 일단 사서 훨씬 더 저렴한 가격으로 저소득 국가에 보급해 제조 판매 유통이 가능하게 만들면 되지 않을까요?" 하지만 이 아이디어는 곧 사그라들었다. 지적재산권은 복잡한 시스템의 극히 일부분에 불과했고 당시 나온 로타바이러스 백신 자체에도 문제가 있었기 때문이다. 빌의 질문은 약간 비현실적으로 들리긴 했어도 아무런 제약이 없다면 어떤 일이 가능할지 상상하게 만드는 것은 빌의 또 다른 방식이기도 했다. 나중에 우리 팀은 그 방법을 채택하게 되었고, 그 방식에 약간의 변형을 더했다.

그날의 저녁 식사 이후 얼마 지나지 않아 빌은 이 문제를 해결하기 위해 7억 5,000만 달러를 투자하기로 했다. 하지만 돈만으로 결과를 낼 수 있는 것은 아니었다. 전 세계 아이들에게 예방접종을 하는 일이 얼마나 중요한가에 대해서는 어떤 이견도 없었지만 재단의 투자는 단순히 7억 5,000만 달러어치의 백신을 구매하려는 것이 아니었다. 빌이 저녁 식사에서 던진 질문에서 명확히 드러나듯, 이 기부에는 그 이상의 목적이 있었다. 그것은 시스템 자체를 재구성하고 너무 많은 아이들이 예방접종을 받지 못하는 문제를 영구적으로 해결하기 위해 필요한 생각을 모으고 협력을 이끌어 내는 것이었다.

이렇게 게이츠 재단의 자금은 공중 보건 커뮤니티 내에서 다음 단계에 대한 진지한 논의를 불러일으켰다. 이 논의에는 세계은행World Bank, 세계보건기구WHO, 유엔아동기금UNICEF처럼 아동 건강에 전적으로 또는 부분적으로 헌신하는 공식 기관들도 포함되었다. 어떤 백신을 우선적으로 접종할 것인가? 어느 나라에서 먼저 시작해야 하나? 직접 백신을 접종하는 것이 더 중요한가, 아니면 저소득 국가에서 수년간 백신 접종과 더불어 기타 건강증진의 성과를 올릴 수 있는 공중 보건 시스템을 구축하는 것이 더 급선무인가?

이런 다양한 사안들을 정리하는 데 도움을 준 사람은 윌리엄 포지 박사Dr. William H. Foege였다. 의사이자 미 질병통제예방센터US Centers for Disease Control and Prevention, CDC 전 국장이었던 그는 1999년 게이츠 재단에 합류한 인물이었다. 조용하고 사려 깊은 성품에 회색 수염을 기른 외모의 포지 박사는 역사상 가장 성공적인 공중 보건 정책 중 하나인 천연두 근절에 기여한 전설적인 존재였다.[13] 포지 박사는 자신만의 독특한 방식으로 우리가 처한 상황에서의 가능성을 상기시켰다. 기본적인 사안들에 대해서 모두가 동의하고 있을 뿐 아니라 백신 접종과 보건 시스템 사이의 논쟁도 사실 의견의 대립이 아니라 같은 문제에 대한 시각차에 불과하다는 점을 그는 강조했다.

내가 재단에 합류한 시기 아동 예방접종 상황의 개선은 미미한 수준이었다. GAVI는 그 해에만 50만 명 이상을 사망에 이르게 한 B형 간염으로부터 1,000만 명의 어린이를 보호하는 데 도움을 주고 있었다.[14] 당시까지 빌의 기여는 주로 공중 보건, 특히 아동 건강 문제와 관련된 엄청나게 복잡한 사안들을 밝혀내는 역할을 했다. 장애물들은 더 명확해졌지만, 그것을 극복할 방법은 여전히 분명하지 않았다.

일을 해나가는 과정에서 깨닫게 되는 사실은 돈이 있다고 문제의 복잡성을 극복하고 결과를 만들어 낼 수는 없다는 것이다. 어떤 면에서는 이것이 좋은 일일 수도 있다. 예상 밖의 큰 소득에 모든 희망을 걸지 않아도 되는 이유가 여기 있기 때문이다. 그러나 단순한 질문은 목표를 설정하는 데 도움을 주고 여러 차례 이를 재확인하면서 모두를 집중시키는 힘을 갖고 있다. 방대한 자원은 헌신하는 사람들이 기존의 시스템을 재고하도록 동기를 부여하고 활력을 심어주는 데 적절하게 투입되어야만 여러 제약과 포부의 함정을 넘어서는 데 도움이 된다.

빈 종이 채우기

복잡성에 승복하지 않은 빌은 게이츠 재단의 공동 의장 겸 이사장 패티 스톤사이퍼Patty Stonesifer에게 이를 극복할 방법을 찾도록 했다. 인디애나 출신으로 짧게 자른 헤어스타일에 깊고 사려 깊은 눈을 가진 패티는 급성장하는 테크놀로지 기업들이 자신들의 이야기를 전달하고 싶어하는 시기에 테크놀로지 라이터technology writer*로 활동하기 시작했다. 마이크로소프트에 입사한 패티는 뛰어난 소통 능력과 전략가로서의 역량을 발휘하며 빠르게 승진했고 빌과 멜린다의 신뢰를 얻었다. 빌 게이츠 시니어 역시 공동 의장으로 계속 활동하고 있었다.

패티는 비즈니스와 테크놀로지 분야에서 최고의 운영자였다. 그녀는

---

* 기술 분야에 대해 전문적으로 글을 쓰는 작가 또는 기자를 말한다.

현재의 세부사항을 완벽하게 파악하는 동시에 새로운 미래를 그려내는 특유의 능력으로 역동적인 테크놀로지 산업에서 뛰어난 성과를 거두고 성공을 이끌어 냈다. 그녀의 강점들은 나도 키워나가려 노력한 부분이었으며, 앞으로 다른 많은 이들에게서도 발견될 특징이기도 했다.

하지만 패티는 무엇보다 봉사에 대한 열정을 가지고 이 일에 뛰어들었다. 그녀는 독실한 가톨릭 집안의 아홉 남매 중 한 명으로 자랐다. 가족의 신앙과 가치관은 패티와 그녀의 형제자매들을 다양한 직업으로 이끌었는데 대부분 각자의 방식으로 지역 사회에 봉사하는 일을 하고 있었다. 패티의 사무실 선반에는 지미니 크리켓Jiminy Cricket 피규어가 놓여 있었다. 피노키오를 올바른 길로 이끌려고 했던 그 캐릭터 말이다. 이는 무엇보다 양심이 안내하는 대로 행동하고자는 다짐의 상징이었다.[15]

빌, 멜린다, 패티, 그리고 빌 시니어에게 필란트로피는 새로운 도전이었지만 자신들의 방식이 성공할 것이란 믿음이 충분했기에 그들은 매번 새롭게 시작하기를 두려워하지 않았다. 그들의 단순한 질문은 전 세계의 전문가들이 문제를 새로운 시각으로 볼 수 있게 해주었다. 똑똑한 사람들은 종종 문제가 얼마나 복잡한지 설명하는 데 급급한 나머지 문제를 해결 불가능한 것처럼 보이게 한다. 이에 반해 빌과 멜린다는 백지 상태에서 대화를 시작하여 가장 기본에서부터 논의를 쌓아나갔다. 사고 과정을 시작부터 다시 설정하여 기존과는 다른 방식의 접근법을 찾아 나가는 방식이었다.

패티의 역할은 그녀의 다양한 책임 가운데서도 그렇게 해결방안을 모색하는 일 또는 그렇게 할 만한 사람을 찾는 것이었다. 몇 년 후, 한 회의에 참석했을 때 새 동료 한 명이 게이츠 재단이 창립자의 지원 외에도 다른 기관들과 차별화되는 점이 무엇인지 궁금해했다. 패티는 망설임 없이, 앞에 있던 파일에서 빈 종이 한 장을 꺼내 들고는 아무렇지도 않게 말했다. "이것이에요." 패티는 우리가 항상 백지 상태에서 시작하려 한다고 설명했다.

백지 상태로 시작해야 하기에 매일은 지속적인 학습의 훈련 과정처럼 느껴졌다. 빌은 엄청난 속도로 관련 도서와 연구, 신문 기사들을 섭렵했고 우리도 모두 그렇게 하도록 요구받았다. 만일 백신이나 다른 분야에서 새롭고 흥미로운 발견이나 성과가 있다면 누가 먼저 그것을 알고 충분히 공부해 팀과 공유할 수 있는지를 두고 경쟁이 벌어지곤 했다.

언젠가 UN에서 아이들의 예방접종을 담당하는 파트인 UNICEF와의 회의를 내가 준비하게 되었다. 어떤 준비가 필요한지 묻자 기초적인 것부터 시작해 보는 것이 좋겠다는 답이 돌아왔다. 나는 UNICEF가 어떻게 운영되는지 알아보는 것으로 시작했다. 이런 방식은 당시의 시기적인 이유와 더불어 시애틀이라는 지리적 조건 때문이기도 했다. 인터넷 초창기 시절의 시애틀은 국제 구호 기관들에 대해 알아보기 쉬운 장소가 아니었고 위키피디아Wikipedia 역시 아직은 초창기 상태였다. 하지만 무엇보다 가장 큰 이유는 남들의 답을 그대로 우리 것으로 받아들이고 싶지 않았기 때문이다. 나는 이런저런 자료를 뒤적이며 온라인상의 관련 자료는 모두 찾아 읽고 공중 보건 분야 종사자들과 이야기하며 UNICEF라는 조직에 대해 하나하나 배워나가기 시작했다. 그 과정에서 우리에게 요구되는 것은 회의적이고 탐구적이며 철저한 태도였다.

강력하고도 활발한 게이츠 재단의 지적 상호작용은 재단의 야망을 더욱 부풀게 했다. PAHO 같은 곳과 비교했을 때, 게이츠 재단의 문화는 정말로 활기찼다. 패티와 빌은 내가 찾는 답이 중요한 역할을 할 것임을 분명히 했다. 당연히 그들 모두 이 분야는 처음이라는 사실이 하나의 이유였다. 재단 주변에는 공중 보건 분야에서 수십 년간의 경험을 가진 사람들이 많았지만, 빌, 멜린다, 패티 셋을 합쳐도 10년이 채 안 되었다. 그리고 나는 아주 확실한 백지 상태였고 배우고자 하는 열망이 있었다.

우리가 공유한 배움의 열망은 자연스레 질문들로 연결되었다. 그것은 어떤 운영과정이나 철학에 관한 것이 아니었다. 우리는 단순한 질문들을 던졌고 그 질문들이 단단한 해결책을 향한 토대가 되었다. 질문들은 논리적이었고 하나의 답변은 또 다른 질문들을 낳았다. 전자 문서와 인쇄물에 그 과정에서 얻은 답을 가득 채웠다. 한 젊은이에게 이것은 매혹적이고도 해방감을 안겨주는 과정이었다. 하지만 저소득 국가의 공중 보건 분야에 커다란 변화를 가져오기가 얼마나 어려운지 이미 알고 있던 나에게 이것은 거의 혁명적인 일이었다.

물론, 게이츠 재단 팀의 단순한 질문들이 순진하다고, 어쩌면 위험할 정도로 순진하다고 보는 이들도 있었다. 우리의 질문을 들은 사람들은 종종 어이없다는 눈빛으로 문제의 복잡성에 대해 설명하거나, 이어지는 소크라테스식 문답에 좌절감을 느꼈다. 어떤 이들은 이 모든 과정이 소중한 자원과 시간의 낭비라며 걱정했고 심지어 목숨을 위협할 수도 있다고 우려하기도 했다.

당시 나는 참석자들 가운데 가장 경험이 없는 편이었음에도 불구하고 그 질문들을 순진하다고 생각하지는 않았다. 내게는 흥미롭게 들리는 질문들이었고, 대답하기 위해 요구되는 지적인 작업 역시 진심으로 좋아했다. 질문들은 그 자체로 기회의 장이기도 했다. 빌의 질문에 대답함으로써 나는 제 구실을 하고 있다고 느꼈다. 질문들이 곧바로 아이들의 접종률 증가로 이어지지는 않았지만 모든 사람이 이 문제에 대해 좀 더 현명해지도록 돕고 있는 것처럼 느껴졌다.

나는 정말로 내 자리를 찾은 느낌이었다. 한 장의 백지만큼 소중하거나 자유로운 것은 거의 없다. 물론 텅 빈 종이가 두렵고 겁이 날지도 모른다. 그럴 때는 세상의 문제를 해결하지 못한 기존의 대답들이 거짓 위안을 안겨줄 수 있다. 하지만 그 백지를 단순한 질문들로 채우고 대답을 찾기 위해 힘든 노력을 기울인다면 주요 사회 문제들에 대한 단순한 개선이 아닌 해결책으로 이어질 수 있는 새로운 사고방식을 발견하게 될 것이다.

문제의 근본 원인

우리는 어떤 질문들의 경우 다시 답을 찾아야 한다는 것을 깨닫기도 한다. 처음 회의실에서 가장 도움이 필요한 아이들을 예방접종 하려면 얼마의 비용이 드는지 물었던 빌의 질문이 그런 경우였다. 1993년, 세계은행은 가난한 나라에서 한 아이에게 백신을 맞힘으로써 건강한 한 해를 선물하는 데 10~25달러가 든다고 보았다. 앞서 언급한 DALY 테이블의 통계에 따른 수치였다.[16] 그러나 10년 정도 지난 뒤 우리 팀이 직접 계산해 보기로 했을 때 그 수치는 이미 유효기간이 지나거나 의심스러운 가정과 자료에 근거한 것임을 깨달았다.

2000년대 초 전문가들은 전 세계 아동의 70~80퍼센트가 가장 널리 보급된 백신을 접종받았다고 추정했다.[17] 그러나 우리 눈에는 이 80퍼센트라는 최대치가 의심스러워 보였다. 어떤 경우에는 보건부와 지역 공무원들이 지역 사회의 예방접종률을 추정하기 위해 의사나 간호사에게 0~25퍼센트, 또는 25~50퍼센트 같은 범위를 선택하도록 요청하여 원본 데이터를 수집했다. 이러한 추정치가 집계를 거쳐 전국적인 비율로 발표된 것이었다.

이러한 데이터는 서류상으로는 정확해 보였지만, 몇 가지 질문만 던져봐도 그 수치가 기껏해야 추정치나 범위, 혹은 평균값에 불과하다는 것이 명확했다. 실제 상황을 파악하기 위해, 게이츠 재단은 프라이스워터하우스쿠퍼스PricewaterhouseCoopers와 딜로이트Deloitte & Touche*의 회계감사팀을 고용해 아프리카 전역의 백신 접종 클리닉을 방문하게 했다.[18] 이런 방식이 비판을 사기도 했으나, 목적은 수학적 오류를 감사하기 위해서가 아니라 원본 데이터를 확보하는 것이었고 이를 위해 장부와 주로 수기로 작성된 일지들을 조사했다.[19]

회계팀이 찾아낸 데이터는 그 종류나 얼마 되지 않는 양과 상관없이

---

* 미국 4대 회계법인 중 두 곳을 말한다.

가공되지 않은 원상태 그대로였다. 대부분 수기로 작성한 장부들을 찾아냈는데, 종종 아무렇게나 클리닉의 서류용 캐비닛에 잊혀져 있던 것들로 충분하고 완전한 데이터 세트substantial or complete data sets*는 거의 없었다. 회계팀은 이 과정에서 수십 년 동안 백신 접종률이 과장된 채 보고되어 온 사실을 빠른 속도로 깨달았는데 그 주된 이유는 데이터의 부족이었다. 감사를 진행한 국가 중 하나인 케냐는 약 63퍼센트의 백신 접종률을 보고하고 있었으나, 감사 결과 실제로는 그 수치가 51퍼센트에 가깝다는 것이 확실해졌다. 조사 대상인 대부분의 지역에서 이와 유사한 불일치가 발견되었다.[20]

데이터를 개선한 후에는 계산을 다시 시작했다. 소프트웨어(당연히 마이크로소프트 엑셀을 사용해서!)를 최대치로 활용했고 컨설턴트와 같이 모델링 작업을 더 깊이 파고들어 정교하게 만들었다. 어떤 경우에는 여러 요소들을 고려해 추정해야guesstimate 했다. 상태가 좋지 않은 도로로 백신을 운반하거나 전력이 부족한 곳에서 백신을 차갑게 보관하기 위해 냉장고를 사용하는 데 드는 비용은 추정할 수밖에 없었다.

거의 1년에 걸친 분석과 계산 끝에, 우리 팀은 빌의 질문에 가장 근접한 것으로 보이는 답을 얻었다. 가난한 국가에서 한 아이를 예방접종해 건강한 1년을 확보하는 데 84달러가 든다는 결론이었다. 솔직히 말하면, 우리의 계산도 여러 가지 가정에 근거해 이루어졌고, 그중 일부는 이후 부정확한 것으로 판명되었다. 하지만 그 가설들을 뒷받침한 것은 우리의 선의와 당시로서 가능한 최상의 데이터였다. 우리는 수학적인 난관을 뚫고 답을 얻었다는 데 흥분했지만, 그 답에는 마음이 무너졌다. 원래의 예상보다 약 5배나 더 높은 금액이었기 때문이다. 분명 우리가 바랐던 답은 아니었지만, 당시로서는 가장 정확한 최선의 답이었다.

하지만 빌은 전혀 흔들리지 않았다. 더 높은 비용에도 불구하고, 예

---

* 분석이나 결정을 내리는 데 필요한 양의 데이터를 포함한 세트, 신뢰할 수 있고 유의미한 결론을 도출하기에 충분한 정보를 제공하는 데이터를 뜻한다.

방접종은 여전히 다른 어떤 대안보다 훨씬 효율적이었다. 또한 수학적 계산과정을 통해 분석 결과가 일정 수준의 엄밀함을 갖추게 되었는데, 이는 그가 수년 동안 모든 질문을 통해 끊임없이 추구해 오던 것이기도 했다. 답은 여전히 복잡했지만, 전체 비용과 그 구성 요소 모두 더 명확하게 나열되었다. 숫자를 통해 우리는 어디에서 병목 현상이 발생하는지, 비용을 증가시키는 요인이 무엇인지, 어느 지점에서 개입해야 가장 큰 변화를 가져올 수 있는지 분명하게 볼 수 있었다.

우리는 거기서 멈추지 않았다. 우리는 계산 작업을 통해 기존의 아동 백신 세트를 생산하고 공급하는 데에 향후 10년 동안 추가로 100억 달러에서 135억 달러가 더 든다는 사실을 밝혀냈다. 여기에 로타바이러스나 폐렴구균 같은 새로운 백신을 추가하려면 이 백신들을 저소득 국가에 도입하는 데만 30억 달러에서 70억 달러가 추가로 필요하다는 예상이 나왔다. 모든 아이들이 모든 백신을 맞게 한다는 우리의 목표를 달성하기 위해선 총 390억 달러에 이르는 비용이 소요될 수 있었다.[21]

빌의 간단한 질문은 우리와 최고의 컨설턴트, 회계사, 연구원들이 다시 계산할 수밖에 없게 만들었다. 그리고 그 결과는 새로운 답변을 제공하는 동시에 하나의 선택을 제시했다. 그 시점에서 아동 예방접종을 하는 데 드는 비용은 7억 5,000만 달러를 훨씬 초과할 것이라는 사실이 명백해졌다. 과연 그 돈을 어떻게 사용하는 것이 최선일까?

어떤 이들은 이러한 숫자가 보건 시스템의 복잡성을 보여주는 증거라고 보았다. 백신 접종 자체에 집중하기보다, 백신 배달 비용을 높이는 주요 원인인 낙후된 보건 시스템에 투자하는 것이 더 나은 선택이라고 생각한 것이다. 그런 의견도 일리가 있었다. 각 나라, 지역 사회, 동네마다 모두 상황이 다르고 백신을 항구나 공항으로 배송한다고 해도 실제로 접종을 실행하려면 인력과 인프라에 대한 투자가 필요했다. 현지의 인력과 인프라는 모두 가격이 높았다. 우리는 이러한 현재 상황에 대해 훨씬 더 잘 이해하게 되었지만, 이를 극복하기 위해서는 많은 노력과 함께 데이터가 입증했듯 실질적인 투자가 필요했다.

결국, 빌이 이 논쟁에 마침표를 찍었다. 우리는 보건 시스템이 얼마나 복잡하고 중요한지 인식하게 되었지만, 결국 그 시스템을 개선하는 최선의 방법은 아동 예방접종처럼 측정 및 달성 가능한 목표를 추구하는 것이라는 결론을 얻었다. 예방접종은 과정과 결과를 추적할 수 있었고, 그 과정에서 보건 시스템의 각 부분에 대한 개선이 요구될 수밖에 없었다. 의료 인력의 채용, 냉장 시설 개선, 백신 운송을 위한 지프차 구입 등이 모두 필요했다. 백신은 생명을 구하는 동시에 보건 시스템 전반에 걸친 개선을 강제할 수 있는 화살촉 같은 존재였다.

아이들의 예방접종에 생각보다 많은 비용이 드는 이유는 저소득 국가들의 보건 시스템이 열악했기 때문이다. 논쟁의 양측 모두 결국 옳았다. 문제에 새롭게 접근하면 새로운 관점을 얻게 되고, 이는 예기치 못한 장애물뿐만 아니라 전에는 보이지 않았던 해결책도 드러나게 했다.

수학적 분석이나 조사에서 얻은 모든 답을 반드시 좋아하라는 법은 없다. 만약 목표 달성에 필요한 자원과 역량이 당신에게 충분하다는 답이 나온다면 세상은 하루아침에 더 나은 곳이 될 것이다. 하지만 해결하려는 문제가 충분히 크다면, 아마도 자원과 역량이 턱없이 부족하다는 결론이 답이 될 것이다. 문제의 본질을 아는 것이 문제 해결을 위한 첫걸음이다. 도전 과제의 근본적인 원인을 찾고 그것을 변화시킬 방법을 찾아야 한다.

마법지팡이가 있다면 어떻게 하고 싶나요?

수학적 분석 작업을 다시 하고도 우리는 여전히 빌과 멜린다의 대담한 목표를 성공적으로 실현하려면 무엇을 변화시켜야 하는지에 대해 고심 중이었다. 조사 결과가 실린 스프레드시트를 보고 난 후에도 보건 시스템의 복잡성에 좌절하지 않을 수 없었다. 백신 물량을 현지에 조달하는 문제만 봐도 접종 체계가 전체적으로 비효율적이라는 것이 드러났다. 다른 면도 그만큼 심란했다. 필요한 모든 아이에게 접종이 가능할 만큼 백신 공급량이 충분하지 않다는 점이었다.

우리의 분석작업이 밝혀낸 사실 중 하나는 예상보다 높은 예방접종 비용이 심각하게 비효율적인 국제 백신 시스템에서 비롯된다는 점이었다. 백신 제조업체들은 규모의 경제를 제대로 활용하지 못해 충분히 많은 양의 백신을 낮은 가격으로 생산하지 못하고 있었다.[22] 또한 최근 백신 생산 방식에 나타난 구조적 변화가 부유한 나라들에 훨씬 유리하게 작용하면서 저소득 국가들이 백신 공급에 접근할 기회가 이전보다 더 줄어들고 말았다. 백신은 자선 단체가 아닌 세계적인 기업에 의해 생산되며 당연하게도 그들의 최대 관심사는 이윤이었다. 따라서 이들이 더 저렴한 백신을 더 빠른 속도로 생산하도록 하는 것은 설득할 문제가 아니었다. 구매가 답이었다.

구매 확대는 수많은 전화 회의의 의제가 되었다. 회의에 참석하는 게이츠 재단의 대표 중 하나였던 나는 내내 수화기를 붙들고 지냈다. 그리고 사실, 내가 빌의 대표라는 역할에 다소 과하게 몰입했던 순간들도 있었다. 특히 초반에는 무례할 만큼 자신감에 넘쳐 적대적인 경우도 많았다. 간단한 질문도 의도가 담긴 이야기와 함께 하기를 좋아했는데 그건 스스로 옳다는 걸 확신하고 있음을 보여주고 싶어서였다. 젊은 시절의 야심과 우리가 쫓는 명분이 정당하다는 신념이 그런 추진력을 불러일으켰다. 예방이 가능한 질병에 걸려 매년 200만 명의 아이들이 죽어가고 있다면 시간을 낭비하는 일은 결국 목숨들을 낭비하는 것과 마찬가지였다.[23] 맞다, 나는 마음이 급했다.

이러한 조급함은 당시 우리의 아이디어가 엄청난 저항에 부딪히자 더욱 커지게 되었다. 나는 전화로 UNICEF의 부지런한 변호사들의 목소리를 자주 들어야 했다. 이해당사자들은 당연히 자신의 이해관계를 보호해야 했고, 그들의 역할은 UNICEF와 그곳 직원들을 지키는 일이었다. 이를 위해 그들은 관련 규정을 샅샅이 숙지하고, 기관이 이를 어기지 않도록 철저히 감시했다. 그들은 그 일을 매우 잘 해냈고, 그만큼 나는 답답함을 느낄 수밖에 없었다.

과거를 지지하는 이들은 언제나 있는 법이었다. 예를 들어, 우리가 규정을 완화하자고 제안하고 백신 계약을 위해 필요한 입찰 수를 변경하려 할 때, 어떤 변호사가 나서서 그러면 규정에 위배된다고 말하는 순간 모든 진행이 멈추는 식이었다. 어떤 면에서는 이해할 만한 반응이었다. UNICEF는 교육, 의료, 영양, 그리고 기타 다양한 분야에 대한 지원을 통해 아이들을 돕고 있었다. 직원들은 당연히 자기 조직과 그들이 하는 중요한 업무와 관련된 사람들을 보호하려 했다. 하지만 자기 기관의 이익을 보호하는 과정에서 그들은 현재 상태를 방어하게 되었고 그 결과 너무 많은 아이들이 예방접종을 받지 못하게 내버려 두고 있었다.

다행히도, 나는 현 상태에서 벗어나고자 열망하는 사람들을 꽤 만났고, 수많은 전화 회의에도 함께했다. 당시, 에이미 뱃슨Amie Batson은 저소득 국가의 개발 프로젝트에 투자하는 세계은행의 보건 전문가였다. 에이미는 사고방식이 좀 독특했다. 그녀는 데이터와 그 데이터에 담긴 의미, 세계은행 및 기타 기관들이 운영되는 방식을 모두 잘 알고 있었다. 에이미는 우리의 세계관에 깊이 공감하면서도 새로운 접근방식을 실험하는 데 열려 있었다. 더불어 그녀는 갈등을 다루는 데 특별한 재능을 가지고 있었다.

에이미는 어려운 대화 상황에 필요한 질문을 하나 가르쳐 주었다. 평소 내가 보인 조급함보다는 좀 더 생산이었다. 우리가 누군가와 대화하는데, 그 사람이 상황의 복잡성을 이유로 신중해야 한다거나 규제를 이유로 행동하려 하지 않았을 때 그녀는 이렇게 물었다. "만약 마법지팡이가 있다면 어떻게 하시겠어요?" 처음부터 에이미가 이런 질문의 기술을 고안해 냈는지는 확실치 않다. 빌도 지적재산권이나 다른 민감한 이슈들을 다룰 때 비슷한 방식의 질문을 던졌다. 어쨌거나 나는 곧바로 이 방식을 빌려왔다. 이 질문은 다른 시각에서 다시 집중하게 해주어 대화를 본질로 돌려놓았다. 변화가 언급될 때마다 생기는 저항을 피할 수 있다면 정말로 필요한 변화가 무엇인지에 관한 조언을 얻을 수 있었다.

마법지팡이 질문은 정말 재미있어서 우리는 모두에게 그 질문을 던졌다. 노르웨이 전 총리이자 WHO 수장으로 GAVI 설립에 중요한 역할을 했던 그로 할렘 브룬틀란트$_{\text{Gro Harlem Brundtland}}$부터 예방접종 현장에서 일하는 젊은이들까지. 이 질문은 모두에게 새로운 가능성을 상상할 수 있는 공간과 기회를 주었다. 또한 자신들의 안전지대와 일상적인 경험에서 벗어나게 했으며, 더 창의적으로 사고하고 새로운 가능성을 그려내게 만들었다. 어떤 백신 제조사들은 마법의 지팡이를 사용해 더 많은 양의 주문을 정기적으로 배송하고, 백신 전달 체계에 대한 투자를 장려하여 규모의 경제를 도입하겠다고 말했다. 현장의 보건 담당자들은 적정한 가격에 충분한 백신 공급을 하고 싶어 했다(안전한 주사기와 더 나은 냉장 시설도 함께). UNICEF는 백신 제조사들과 훨씬 더 큰 규모로 보다 장기적인 구매를 가능하게 할만한 더 크고 일관된 자금을 원했다.

조금씩 다른 방향에서 대답을 내놓았지만 간단한 마법지팡이 질문에 대한 답들은 사실 모두 같은 문제를 가리키고 있었다. 현재의 인도주의 시스템이 가진, '필요한 순간에 필요한 만큼만$_{\text{just-in-time}}$' 속성이었다.

전 세계 가난한 아이들을 위해 백신을 구입하고 배급하는 UNICEF는 항상 자금 부족에 시달렸다. UNICEF는 백신 구입을 위해 기부자들에게 대부분 의존하는 상황이었다. 안타깝게도 기부금이라는 것은 불충분할 뿐만 아니라 제조사들과 장기적인 구매 계획을 세우기에도, 국가들이 예방접종 확대 프로그램에 투자하도록 자신감을 갖게 하기에도 너무 불확실했다. 종종 긴급 상황에서 UNICEF는 노르웨이나 일본 같은 기부자들에게 몇 주 또는 몇 달 동안만 유지되는 '필요한 순간에 필요한 만큼만' 기부금을 요청했지만, 이는 전 세계 제조 역량을 키우거나 새로운 유통 시스템을 세워나가기엔 절대 충분하지 않았다. 이러한 '필요한 순간에 필요한 만큼만' 방식의 지원 시스템은 백신 생산자들이 충분히 계획을 세우지 못하고, 현지 진료소들이 인력을 확보하고 투자할 수 없으며, UNICEF가 예산을 세우지 못하는 이유였다. 자금 조달에 예측 가능성이나 지속 가능성이 없으니 예방접종을 늘려나갈 방법이 아예 없는 것이다. 몇 달 안에 지원자금이 사라지는데 무엇을 위해 투자하고, 고용하고, 헌신한단 말인가?

나는 근본적인 원인을 찾는 것이 해결책을 찾는 데 필수적이라는 사실을 배우게 되었다. 처음으로 전 세계가 왜 그렇게 오랫동안 이 문제로 애를 먹었는지 감이 잡혔다. 불평등은 생산과 유통이라는 시스템 양쪽에 내재되어 있었고, 이를 극복해야 할 주체는 터무니없이 자원이 부족했다. 이 근본 원인이 해결되지 않는 한 진정한 진전이 이뤄지기는 불가능했고, 진전이 있다 하더라도 지속되기가 어려웠다.

당신도 마법지팡이를 사용할 수 있다. 사실 때로는 그게 유일한 희망이 되기도 한다. 대규모 변화를 이루어 내고자 한다면 언제 어디서나 현 상황을 좋아하지는 않지만 변화에 대한 두려움은 훨씬 더 큰 개인이나 단체들과 마주칠 수밖에 없다. 그래서 사람들이 그들의 안전지대에서 벗어나 단순한 질문들에 대해 창의적인 대답을 하게 하는 것조차 아주 어려운 일이 된다. 변화에 대한 두려움은 문제의 근본 원인을 더 모호하게 만들어버릴 수 있다. 이런 악순환을 끊기 위해 마법지팡이가 있다면 어떻게 할지 묻는 것이다. 그 질문에 답함으로써 우리는 가능한 일들을 새롭게 그려내면서 문제의 근본 원인을 파악하고 행동을 위해 필요한 일은 무엇인지를 보게 된다.

이 일이 중요한 이유

2002년 가을 나는 게이츠 재단에서 일한 지 1년이 되어가고 있었고, 매 순간이 즐거웠다. 가끔 조급한 마음이 들긴 했지만, 빌의 질문들과 패티의 빈 종이들, 대규모 전화 회의, 그리고 상세한 스프레드시트에 이르기까지 그 모든 것을 즐기면서 일했다. 분명 지적으로 단련되는 생활이었다. 하지만 우리는 현장에 나가 우리가 도우려는 사람들을 만나 그들에게 무엇이 필요하며 왜 그런지 살펴보는 것도 소홀히 하고 싶지 않았다. 상대적으로 초보적인 수준의 보건 시스템을 갖춘 지역에서의 백신 관리가 얼마나 복잡한 문제인지 이해하기 위해 나는 세네갈 다카Dakar, Senegal로 가는 비행기에 올랐다.

이번 방문에서 나를 안내해 준 사람은 몰리 멜칭Molly Melching이었다. 몰리는 미국에서 태어났지만 1970년대에 세네갈로 이주했다.[24] 수십 년 동안, 여러 마을에서 몰리와 그녀의 NGO인 토스탄Tostan에 의해 조직된 세네갈 팀은 하나의 프로그램을 이끌고 있었다. 이 프로그램을 통해 9,500개 이상의 마을이 여성 할례라는 전통적인 관습을 중단하기로 약속했다. 소녀들과 여성들의 건강에 신체적·심리적으로 악영향을 미치고 있는 구습을 중단시키기 위함이었다. 이러한 진전을 이루기 위해 토스탄은 지역 사회 리더들의 목소리에 귀 기울였고, 소녀와 여성의 건강과 복지를 위한 투자를 증가시키기 위해 노력했다. 언제나 스카프를 두른 차림의 몰리는 활력이 넘쳤고 활동적이었으며 어디를 가든 사람들이 그녀를 알아보는 듯했다.

몰리의 오래된 랜드로버에 올라타자, 거의 10년 전 B. R. 힐스에서 수다르샨 박사와 비슷한 차를 타고 다녔던 기억이 떠올랐다. 그때도 여러 마을을 오갔던 여정이 떠오르며 추억이 밀려들었다. 몰리와 수다르샨 박사는 거친 차를 몰고 다니는 것 외에도 공통된 사명을 가지고 있었다. 자신이 섬기는 사람들과 함께, 그들을 위해 사는 소명을 두 사람은 공유했다. 나는 다시 한번 어떻게 그리고 왜 상황이 그렇게 작동하는지 질문을 던지는 사람이 되었다. 예방접종 확대가 어렵고 비용이 많이 드는 이유 중 하나는 세네갈과 다른 여러 지역에서 백신이 여성들을 불임으로 만든다는 잘못된 믿음 때문이었다. 나는 몰리와 토스탄 팀이 어떻게 그렇게 많은 사람들의 태도와 행동을 바꾸도록 설득할 수 있었지 배우고 싶었다.

해 질 무렵, 우리는 한 마을에 도착했고, 도착하자마자 많은 이들이 몰려들었다. 세네갈의 그 지역에서 가장 널리 쓰이는 언어인 월로프어wolof에 능통한 몰리는 그곳 사람들 모두의 이름과 개인사를 꿰고 있는 것처럼 보였다. 이는 수십 년간 이 마을을 비롯한 여러 마을을 꾸준히 방문하며 쌓아온 유대감 덕분이었다. 환영 인파를 뚫고 몰리와 나는 작은 마을 회관으로 들어갔다. 마을 원로들과 예방접종에 대해 논의할 계획이었다.

회의를 시작하기 전, 우리는 어둑한 옆쪽 방에서 잠시 재정비 중이었다. 갑자기 삐걱거리는 소리와 금속이 가볍게 부딪치는 소리가 나더니, 임시로 조립한 휠체어가 눈앞으로 미끄러져 들어왔다. 몰리는 나에게 어린 시절 소아마비에 걸렸던 10대 후반의 소녀 압사 세이Absa Sey를 소개했다. 치명적일 수 있는 이 바이러스에 척수가 감염된 그녀는 팔다리가 심각하게 약해진 몸이었다. 몰리는 압사가 쓸 만한 휠체어와 토스탄에서 수업을 들을 수 있는 자리를 마련해 주었다. 압사는 거기서 읽고 쓰는 법을 배웠고, 예방접종의 이점을 설명하는 책을 월로프어로 출판할 정도로 성장했다.

압사와의 만남은 우리가 하는 예방접종 프로젝트가 얼마나 큰 영향력을 갖고 있는지 상기시켜 주었다. 첫 번째 소아마비 백신은 압사가 태어나기 수십 년 전인 1950년대 초에 개발되었지만 그녀는 백신을 한 번도 맞은 적이 없고 바이러스에서 살아남았지만 삶은 말할 수 없이 힘들어졌다. 또한 압사와의 만남은 끈기 있게 노력하는 것이 얼마나 중요한지 일깨워 주었다. 그녀와 몰리는 사람들의 이야기를 들어주고 그들의 언어와 문화에 부합하는 방식으로 앎의 기회를 제공하면서 포기하지 않고 노력을 이어왔다.

세네갈에서 몰리와 함께한 경험을 통해 나는 스프레드시트나 텅 빈 백지보다 더 중요한 것이 있음을 깨달았다. 이 일은 결국 전 세계 마을에 존재하는 압사와 같은 아이들을 위한다는 사실이었다. 그 방문은 나에게 답답한 전화 회의들을 어떤 태도로 대해야 할지 가르쳐주었다. 단지 좀 더 인내심을 가져야 한다는 것뿐만 아니라 돌파구는 반드시 존재한다는 사실을 잊지 말아야 한다는 것이었다. 올바른 접근법과 인내심을 통해 많은 이들의 삶을 변화시킬 수 있었다. 당신도 그런 순간들을 만나게 될지 모른다. 행동의 긴급함과 인내의 필요성이 서로 모순되는 것처럼 보일 때 말이다. 나는 이러한 순간마다 초심으로 돌아가 이 일이 왜 중요한지를 떠올리는 것이 최선임을 배웠다.

해결 지향적인 태도

2002년 근로자의 날 주말에 나는 덴버국제공항Denver International Airport에서 멀지 않은 칠리스Chili's에서 시밤Shivam과 앞날에 관한 이야기를 나누고 있었다. 우리의 관계가 7년간의 연애를 거쳐 2000년 결혼한 후에도 더 풍성해진 이유 중 하나는 두 사람 모두 공공 서비스에 대한 열정과 헌신을 가지고 있었기 때문이다. 우리는 정책을 분석하거나 정치 토론을 하고 세미나와 토론회에 참석하는 것을 즐겼다. (가끔 클럽에도 가긴 했지만 나는 춤보다는 정치분석에 소질이 있었다!)

많은 것을 공유했지만 시밤과 나는 한 번도 같은 도시에서 일해본 적이 없었다. 학교 때문에 연애는 장거리로 했다. 결혼하고 나서는 필라델피아Philadelphia에 살았지만 맥킨지 앤 컴퍼니McKinsey & Company에서 일했던 시밤은 뉴욕으로 출퇴근했고, 나는 비행기로 게이츠 재단이 있는 시애틀을 오가야 했다. 거리가 만만치 않았지만 우리는 잘 조율하며 지냈다.

그러던 어느 날 동부와 서부로 헤어지기 위해 덴버의 공항으로 가는 길에 이제 우리는 함께 살 곳을 결정해야 하는 때가 되었다는 데 뜻을 모았다. 칠리스의 냅킨 뒤에다 시애틀, 워싱턴, 그리고 뉴욕의 장단점을 적어가던 우리는 게이츠 재단에 올인하기로 하고 시애틀로 옮기기로 결정을 내렸다. 결국 아내도 게이츠 재단에 합류해서 그녀의 열정이 큰 교육 분야에서 일하게 되었다.

덴버에 다녀온 직후, 나는 패티와 만나 '필요한 순간에 필요한 만큼만' 시스템을 어떻게 깨뜨릴 수 있을지에 대해 논의하고 있었다. 더 많은 양의 더 많은 양과 정기적인 지원이 필요하다는 점은 명백했다. 나는 '지속 가능한 재정 지원'의 필요성에 대해 적고 있었다. 바로 그 순간, 패티가 펜을 들어 그 단어들에 밑줄을 치고는 이렇게 말했다. "어쩌면 여기서 크게 도전해볼 수 있겠어요."

빌은 나중에 이렇게 말했다. "변화를 가로막는 건 너무 적은 관심이 아니라 너무 많은 복잡성이다."[25] 사람들이 원하지 않아서 아이들의 예방접종을 못하는 것이 아니었다. 복잡한 여러 시스템을 질서 있게 정리해 그 일이 가능하게 만드는 법을 아무도 찾지 못했기 때문이었다. 빌은 단순한 질문들을 통해 복잡성을 꿰뚫었다. 그는 우리 팀과 더 많은 이들에게 근본적인 불평등에 대한 해법을 찾도록 끊임없이 독려했다.

그 과정에서 나는 단순한 질문의 힘뿐만 아니라 해결책과 개선책의 차이도 배웠다. 빌과 멜린다는 인류의 가장 불공정한 문제 중 하나를 완전히 해결하고 싶어 했다. 모든 아이가 예방 가능한 질병에 대해 예방접종을 받도록 보장하는 것이었다. 다른 사람들은 그들만큼 단호하게 목표에 집중하거나 문제 해결을 목표로 하지 않았다. 예방접종과 보건 문제 전반을 좀 더 광범위하게 개선하는 것이 더 나은 투자라 여겼다.

2002년이 되자 빌의 질문들은 차이를 만들어 냈다. 또 그 질문들은 세상을 변화시키는 존재인 헌신적인 사람들의 집단에 새로운 동력을 불어넣었다. 게이츠 재단 팀은 해결책이 가능하다고 믿게 되었다. GAVI의 다음 단계를 그려보며 큰 변화를 이루어 낼 방법을 모색했다. 그리고 그 과제에서 깨달은 것은 전 세계 아이들에게 예방접종할 방법을 찾기 위해서는 단순한 질문 그 이상이 필요하다는 점이었다.

단순한 질문을 하는 법

단순한 질문들은 겸손에서 출발한다. 우리 중 아무도 모든 해답을 갖고 있지 않으며, 모든 해답을 찾을 수도 없다.

세상이 안고 있는 과제들의 목록은 길고 복잡한 게 사실이다. 코로나19 팬데믹은 여전히 진행 중이다. 전 세계 너무 많은 사람들이 굶주린 채 잠자리에 든다. 기후변화는 실존적인 위협이다. 너무 많은 여성과 유색인종들이 배제되거나 뒤처지고 있다. 이런 문제들은 단순하지 않은 여러 층위로 되어 있으며 다양한 이해관계자가 존재한다. 이런 도전 과제들을 해결하고 싶다면 단순한 질문들이 도움이 된다. 겸손함에서 출발하고, 다음 단계들을 활용해 단순한 질문들을 던져볼 수 있다.

- ✓ 당신을 가장 불편하게 만드는 것이 무엇인지 물어봐라.
  큰 목표는 강렬한 감정이 개입될 때 나온다.
- ✓ 빈 종이를 앞에 두고 시작하라.
  당신은 어떤 문제를 해결하고자 하는가? 당신과 당신의 조직이 바람직한 방식으로 진화, 성장, 변화하는 것을 방해하는 요소는 무엇인가? 조직의 번영을 가로막고 있는 것은 무엇인가?
- ✓ 근본 원인을 찾아봐라.
  변화를 방해하는 가장 큰 한 가지 요인은 무엇인가?
- ✓ 다시 계산해 봐라.
  무엇을 바꾸고 싶은가? 그것이 영향을 미치는 사람의 수가 얼마인가? 그들을 도울 최선의 방법은 무엇인가? 그 목표를 이루기 위해 얼마가 필요한가? 필요한 비용과 현재 가용한 자원과는 얼마나 차이가 나는가?
- ✓ 마법지팡이를 사용하라.
  변화의 필요성을 확신하지 못하거나 변화에 저항하는 사람들에게 질문하라. 마법지팡이가 있다면, 그래서 완벽한 세상이라면 당신은 어떻게 할 것인가?

02
과감하게 움직이기

02

과감하게 움직이기

2004년 게이츠 재단에 합류한 지 3년이 지난 나는 아주 오래되고 엄청 딱딱한 의자 끝부분에 걸터앉아 있었다.

우리는 마침내 아동 예방접종이 기대만큼 진전이 없는 이유를 알아낸 상태였다. 문제를 정말로 해결하기 위해서는 자금을 대폭 늘려야 할 뿐만 아니라 전 세계 아이들이 백신을 맞을 수 있도록 시스템을 개혁해야 했다. 몇몇 동료들과 나는 사회 성과 연계채권social-impact bond, SIB*이라는 아이디어를 떠올렸다. 그 방식이라면 가난한 아동들의 예방접종을 위한 자금 마련과 비용 결제, 그리고 유통에 이르기까지 모든 과정을 재구성할 수 있을 것 같았다.

하지만 이 아이디어가 제대로 작동하려면 이를 현실로 만드는 여정에 동참하고 심지어는 주도할 뜻이 있는 파트너들이 필요했다.

빌 게이츠와 내가 파리 엘리제궁Élysée Palace의 온통 금으로 된 것 같은 방 안에서 금박을 입힌 딱딱한 의자들에 앉아 있었던 이유가 거기 있었

---

* 사회 문제 해결을 위한 공공 프로젝트에 민간 투자를 통해 자금을 조달하는 방식으로 설계된 채권이며, 긍정적인 사회적 결과를 달성하는 것을 목표로 한다. 목표한 사회적 결과가 성공적으로 달성되면 정부 또는 공공 기관이 민간 투자자에게 원금과 성과에 따른 이자를 지급하고, 결과가 목표에 미달할 경우에는 투자자가 손실을 감수할 수 있다.

다. 에펠탑Eiffel Tower에서 가까운 그곳에서 우리는 프랑스 대통령인 쟈크 시라크Jacques Chirac에게 동참을 호소하는 중이었다.

말할 기회를 기다리면서 나는 시계 생각을 하고 있었다. 하나는 벽난로 위에 놓인 금시계, 그리고 또 하나는 내 머릿속의 시계로 시라크 대통령과의 소중한 시간이 재깍재깍 줄어들고 있다는 사실을 상기시켰다. 프랑스가 동참한다면 실제로 엄청난 탄력을 얻게 될 것이 분명했기에 우리에게 굉장히 중요한 순간이었는데, 나는 시간이 부족해서 자세한 부분들을 다 다루지 못하거나 더 심한 경우 시라크 대통령이 결정을 망설일까 걱정했다. 사실 마음속으로는 더 깊은 두려움도 있었다. 만일 이 새로운 아이디어를 순조롭게 실행시키지 못한다면 아동 예방접종 문제를 해결하려는 우리의 원대한 목표와 함께 게이츠 재단에서의 내 경력도 흐지부지 사라져버릴 수 있었다.

그 이유는 그 황금빛 방으로 가기 전에, 내가 몇 차례 위험한 도약을 했기 때문이었다. 큰일을 성사시키고 다른 이들을 동참하게 하기 위해선 반드시 가끔은 먼저 뛰어들어야 한다는 사실을 나는 배워가고 있었다. 우리가 해결책으로 내세운 것이 다른 사람들 눈에는 너무 막연하고 비현실적이거나 또는 위험해 보일 수 있으므로 그들을 파트너로 삼기 위해서는 현재의 해결책에 대한 우리의 온전한 헌신을 보여줄 필요가 있었다. 가장 먼저 뛰어드는 것은 위험하지만 다른 사람들이 따라오게 하고 성공을 위해 필요한 더 큰 연대를 구축하는 핵심 요소가 될 수 있다.

이제 내가 그동안 쌓아온 위험 평가 능력risk-assessment skill을 시험할 순간이었다.

민간 부문에서 기업가가 제일 먼저 빅벳에 나서는 이유는 그것이 가장 큰 수익으로 이어지기 때문일 것이다. 그러나 필란트로피와 같이 사회적 영향력이 있는 분야에서는 참신한 해법을 제시하고 그에 필요한 자원을 투입하는 것은 종류가 다른 위험이며 보상 역시 같은 방식으로 이뤄지지 않는다. 더 나은 세상에서 살아간다는 만족감을 제외한다면 인류를 위한 빅벳에서 얻는 인센티브는 훨씬 덜 구체적이고 덜 개인적인 차원이다. 하지만 실패에 뒤따르는 결과들, 이를테면 주위의 비난, 관계의 단절, 그리고 앞으로의 경력에 드리워지는 그늘 같은 것들은 하나같이 너무 현실적이다.

빌의 단순한 질문들과 패티의 백지는 우리가 점진적인 개선에 그치는 대신 모든 아이가 확실히 예방접종을 받게 하는 해결책에 집중하게 만들었다. 또 이러한 집중력이 우리가 포부의 함정에 빠지는 것을 막아주었다. 우리는 전 세계 모든 아이에게 백신을 접종하겠다는 목표를 향해 흔들림 없이 나아가기 위해, 같은 뜻과 각오를 지닌 사람과 기관을 (필요하다면 한 명, 한 곳씩) 직접 찾아나서며 새로운 연합을 세워야 했다.

어떤 대의를 추구하는 일에 누군가를 동참시키려면 성공의 청사진을 제시하고 직접적인 이익과 불이익을 감수하며 무엇보다 가장 먼저 나서서 그런 위험이 가치 있다는 것을 보여줘야 한다. 빌과 내가 시라크 대통령의 집무실에 도착했을 때쯤, 나는 이미 먼저 결단을 내리고 내 말과 게이츠 재단의 신뢰도를 걸었으며 다른 이들도 따르도록 이끌었다. 하지만 그런 노력들이 결실을 맺으려면 우리가 전 세계 아이들에게 백신을 맞힐 수 있는 분명한 길을 열었다는 사실을 프랑스를 비롯해 다른 부유한 국가들에게 설득시켜야 했다.

인류를 위한 크고 혁신적인 베팅은 전 세계적으로 최대한 많은 사람들을 돕기 위한 시도이다. 당신이 속한 조직이 그런 변화를 위한 위험을 감수하지 않는 분위기거나 함께 위험을 감수하고자 하는 파트너를 찾지 못할 수도 있다. 성공을 위해 다른 이들이 당신과 함께 위험을 감수하도록 만들기 위해서는 당신이 먼저 위험을 무릅써야 한다. 때로는 위험 앞에 스스로 나서야 하는 순간이 분명히 찾아온다.

틀을 깨는 사고방식

시라크 대통령에게 함께 빅벳에 나서기를 요청하기 위해 빌과 같이 황금의자에 앉아 있기 훨씬 전부터 나는 이미 뛰어들 준비가 되어 있었다. 패티가 이끄는 우리 팀은 백신 부족 문제를 다시 검토했고 그 근본 원인을 발견했다. 인도적 기부와 지원에 있어서 '필요한 순간에 필요한 만큼만' 접근방식은 효과가 없다는 것이었다. 그 깨달음은 우리가 어디에 집중해야 할지 알려주었다. 또한 해법이 가능할 수도 있다는 새로운 확신을 느끼게 해주었다.

단지 가능성을 보는 것만으로 전 세계 아동 예방접종과 같은 큰일이 가능해지는 것은 아니었다. 목표를 달성하려면 백신 시장과 유통 구조를 동시에 완전히 뒤바꿔야 했다. 그러기 위해서는 즉각 사용이 가능할 뿐 아니라 장기간에 걸쳐 지속될 만한 대규모의 자금 지원이 필요했다. 이는 가능성을 보고 그 가능성을 실현시키기 위해 위험도 감수할 수 있는 주요 이해관계자들을 우리가 설득해야 한다는 의미였다.

그것은 일단 우리가 이미 익숙한 규모보다 훨씬 더 큰 전화회의가 필요하다는 뜻이었다. GAVI의 작업 그룹들도 늘어났다. 브뤼셀Brussels의 공중 보건 전문가들, 킨샤사Kinshasa와 기타 지역의 인도주의 활동가 및 현장 활동가들, 워싱턴 싱크탱크에서 근무하는 정책 담당자들, 전 세계 백신 제조업체들, 그리고 월스트리트의 투자자와 애널리스트들이 포함되었다. 우리는 이외에도 잠재적인 해결책에 대해 논의할 의향이 있는 모든 사람들과 대화를 했다.

어느 날 회의에서 패티는 또 하나의 혁신적인 아이디어를 제안했다. 우리가 창의적 사고그룹Out of the Box Group이라 부르게 된 이 비공식 모임에는 백신 프로젝트를 위한 자금 지원이 가능한 경로를 찾아내기 위해 모인 세계 최고의 지성인들이 속해 있었다. 모임의 리더는 세 명이었는데 패티, 세계은행의 제프 램Geoff Lamb, 그리고 글로벌 채권 거래 기업인 핌

코PIMCO의 명석한 경제학자 모하메드 엘-에리안Mohamed El-Erian이었다. 월스트리트의 자본 시장 전문가들과의 소통은 아직 누구도 제안하거나 시도하지 않은 해결책을 찾는 과정에서 우리가 틀을 깨는 아이디어와 새로운 파트너를 발견할 수 있도록 도와주었다.

게이츠 재단의 연락망도 점점 늘어나는 중이었는데 이건 어느 정도 재단의 최고운영책임자인 실비아 버웰Sylvia Burwell 덕이었다. 웨스트버지니아West Virginia 출신인 실비아는 믿기 힘들 정도로 빠른 머리와 옳은 일을 하려는 확고한 신념을 가진 인물로 로즈장학생Rhodes Scholarship을 거쳐 맥킨지 앤 컴퍼니에서 근무한 뒤 클린턴 행정부에서 미 재무부 비서실장까지 했던 경력의 소유자였다. 그녀는 어떤 아이디어를 듣고나서 잠재적인 위험과 보상을 철저하게 분석하는 데에 대단한 재능이 있었다.

또한 실비아는 세계적인 수준의 운영 능력을 갖춘 전문가로, 아마 게이츠 재단에서 가장 폭넓은 인맥을 갖고 있었다. 워싱턴이나 수십 개 다른 주요 도시에서 새로운 제안을 철저히 검증stress-test*할 만한 가장 적합한 인물들을 그녀는 정확히 알고 있었다.

어느 시점이 되자 그녀는 우리 팀을 펜타곤Pentagon**의 예산 전문가에게 소개해 주었고, 그는 군이 어떤 식으로 동맹국들의 막대한 기여금을 더해 차세대 전투기인 F-35[1]를 개발했는지 설명해 주었다. 그건 아주 인상적인 메커니즘이긴 했지만 우리한테 적용할 수는 없었다. 미군은 백신 사업에 비해 예산지원이 훨씬 더 많았다.

서른 살의 나는 다른 사람들에게 가능성을 보여주고, 나아가 상황이 필요로 하는 재정적 위험까지 감수하도록 설득하는 데 그리 적합한 인물이 아니었다. 디테일에 강했던 나는 눈을 감고도 스프레드시트의 한 줄 한 줄을 모조리 외울 수 있었다. 그렇지만 내가 분명하다고 생각하는 답

---

*   어떤 시스템, 계획, 아이디어 등이 극한의 조건에서 얼마나 잘 작동하는지 평가하는 과정을 말한다.
** 미 국방부의 본부를 말한다.

02 과감하게 움직이기

을 보지 못하는 이들을 대할 때는 어려움을 겪었다. 더 안 좋은 건 누군가가 해답을 알고 아동 예방접종의 중요성에도 공감하면서도 여러 제약을 극복하기 위한 위험을 감수하기 꺼릴 때 느끼는 좌절감이 내 표정에서 눈에 띄게 드러난다는 점이다.

운이 좋게도 나는 앨리스 울브라이트Alice Albright라는 친구이자 협력자를 얻게 되었다. 금융 쪽에서 오랜 경험을 쌓아온 앨리스는 헌신적이고 똑똑하며 혁신적인 탁월한 인물이었다. 내가 게이츠 재단에 합류할 즈음에, 그녀는 GAVI의 재정을 관리하는 백신 펀드Vaccine Fund의 최고 재무 및 투자 책임자로 임명되었다. 앨리스는 전 미국 국무장관인 매들린 울브라이트Madeleine Albright의 딸이었다. 나는 처음 앨리스를 통해 매들린을 알게 되었는데 그녀가 왜 그토록 상징적인 아이콘인지 곧바로 깨달았다. 매들린은 강력하고 정의로운 목소리를 내는 사람이었으며 언제나 도움을 아끼지 않았다.

앨리스는 내가 흑백논리로 파트너들을 바라보는 경향에서 조금 벗어나게 해주었다. 우려를 표하는 사람들을 나는 처음에는 너무 조심스럽거나, 창의적이지 못하거나, 그도 아니라면 헌신할 줄 모른다고만 생각했다. 사람들이 주저하거나 의심하는 것을 마치 나에 대한 반대나 불신으로 받아들였다. 그러나 앨리스의 도움으로 사실 대부분의 사람은 자기의 이익이나 평판, 가치에 대해 걱정하고 있다는 사실을 깨닫게 되었다. 우리가 원하는 규모의 성과를 이루려면, 우리의 대의나 그 외 어떤 대의에도 동참하지 않는 많은 사람들을 설득해 그들이 이전과는 다르게 행동하고, 심지어 자신의 이익이 위험에 처하는 상황도 무릅쓰게 만들어야 했다. 영감을 주는 것만으로 가능한 일은 아니었다.

한 백신 제조업체의 경우가 좋은 예였다. 우리는 개인별로 또 작업 그룹별로 백신 시스템을 더 잘 이해할 수 있도록 도와줄 이해관계자들과 이야기를 나누었다. 우리의 목표에 공감한다고 들었던 한 제약사 임원에게 질문한 적이 있었다. 게이츠 재단과 GAVI가 백신 배송 문제를 해결할 것이라는 약속에 따라 생산을 그냥 늘리면 되지 않느냐고 물었다. 제약사의 입장에서는 엄청난 수익을 낼 만한 상황으로 보였기 때문이었다. 나는 이 질문이 빌이 평소에 던지는 단순한 질문 같은 것이라고 생각했다.

내 질문(백신 생산을 늘리기 위해 무엇이 필요한가)에 돌아온 대답은 매우 차분하면서도 길고 상세한 설명이었다. 생산을 늘리려면 새로운 공장을 설계하고, 허가받고, 지어야 했다. 아무 공장에서나 백신을 생산할 수 있는 것이 아니었다. 특별한 설비와 규제 승인, 또 절차가 요구되는 일이었다. 이 모든 것에는 시간과 돈이 요구되었다. 가난한 나라의 백신 시장에서는 그런 공장 설립에 비용을 대기는커녕, 새로운 공장의 필요를 정당화할 만큼 충분히 안정적인 수요가 나올 리 없다고, 그는 내 입장을 반박하듯 이야기했다.

처음에는 이 대화가 답답하게 느껴졌다. 이미 '안 돼'라는 대답이 정해진 사안에 대해 그 이유를 배우는 걸 누군들 좋아하겠는가? 이런 경우 나는 주로 소통을 그만둔 채 누군가가 현상 유지에만 집착하는 데 화가 나고 좌절해 상황을 곱씹는 쪽이었다. 그런데 앨리스는 이해당사자들과의 이런 대화를 거절로 받아들이기보다는 배움의 기회로 삼는 것이 바람직하다고 일깨워 주었다. 상대방의 이해관계를 전체적으로 볼 기회였으니 이후에도 유용한 정보가 될 수 있었다.

우리의 대담한 도전을 성공시키려면, 이를 회의적으로 바라보는 사람들과 대화해 보는 것이 필수적이다. 우리 팀의 핵심 목표와 무관하면서도 역동적인 사고의 소유자들이 모이면 퍼즐을 푸는 데 꼭 필요한 관점을 제공할 수 있다. 이후로도 문제를 풀어줄 열쇠가 필요한 순간마다 나는 이것을 전략으로 삼았다. 가장 중심이 되는 기발한 아이디어가 종종 거기서 나왔다. 당신의 사고를 자극하고, '아니요'라고 답하며 그 과정에서 배움을 선사하는 사람들을 향해 열려 있을 때 당신도 같은 결론을 얻을 수 있다.

완벽하든 아니든

2003년 6월 어느 날 밤, 나는 런던으로 가는 밤 비행기에 탑승했다.[2] 별로 특별한 일이 아니었다. 나는 자주 아침에 집을 나와 온종일 재단 사무실에서 일한 뒤, 마지막 순간에 서둘러 해외나 동부로 가는 밤 비행기를 타러 가곤 했다. 이날은 런던에서 남쪽으로 약 60마일 떨어진, 550년 가까이 된 부지에 위치한 윌튼 파크Wilton Park에서 열리는 공중 보건 회의에 참석하러 가는 길이었다. 마치 해리포터Harry Potter의 호그와트 마법학교에 있어도 전혀 어색하지 않을 듯한 풍경을 선보이는 곳이었다.[3]

같이 간 사람은 나의 새로운 상사 릭 클라우스너Rick Klausner였다. 덥수룩한 콧수염에 커다란 안경을 쓴 얼굴은 필란트로피 재단 회의실보다 실험실 작업대에 더 어울릴 것 같았다. 의사이자 과학자인 릭은 놀라울 정도로 대단한 에너지의 소유자로 국립 암 연구소National Cancer Institute를 이끌며 많은 변화를 불러일으킨 사람이었다. 릭은 게이츠 재단의 글로벌 보건 사업을 새로 이끌게 되었고 우리는 금방 떼려야 뗄 수 없는 사이가 되었다. 우리는 지적 에너지와 일에 대한 열정을 공유했다.

릭은 자신감을 보였다. 그는 당연히 우리가 지구상 모든 아이에게 백신을 접종하고 에이즈를 근절하며 말라리아가 수십만 명의 생명을 앗아가는 사태를 막아낼 것이라고 말했다. 과학적인 돌파구, 새로운 아이디어, 그리고 훌륭한 팀들이 큰일을 이루기 위해 필요한 지원을 얻어낼 것이라는 믿음이 릭에게 있었다. 백신 사업을 위한 재정을 충당할 방법을 찾기 위해 애쓰던 우리는 어떤 아이디어를 듣고, 그에 대해 살펴보고, 받아들일지 말지 결정하기까지의 전 과정이 고작 몇 분밖에 걸리지 않는 단계에 이르렀다.

런던행 비행기에서 나는 백신에 대한 국제적인 재정 구조를 재구성할 세 가지 안을 제시할 생각이었다. 대부분 창의적 사고그룹 회의에서 고안된 방법들로 모두 더 부유한 나라들로부터 새로운 장기적 지원 약속을 받은 다음 적절한 방법(보험이나 보증을 담보로 하는 대출)을 찾아 자금을 선지급하고 부족분을 채우는 것에 기반을 두고 있었다. 세 가지 아이디어 중 하나는 미래 국가 약속future national commitments을 바탕에 둔 새로운 형식의 채권으로, 투자자들은 즉시 자금을 제공하고 GAVI가 저소득 국가의 아이들을 더 많이 접종하면 부유한 국가들로부터 상환을 받는 식이었다.

즉각성이 핵심이었다. 노르웨이가 향후 20년 동안 매년 500만 달러를 약속한다면, 총 1억 달러가 되는 셈이었다. 하지만 매년 그 돈을 기다리는 대신, 채권이 즉각적으로 1억 달러를 제공해 백신 회사와 계약하고 저소득 국가에 투자해 모든 아이들에게 완전한 백신 접종을 하는 과정을 시작하도록 촉진할 수 있었다.

히드로 공항에 도착한 릭과 나는 윌튼 파크까지 80분 정도 차로 이동하는 여정을 위해 몇 개의 신문을 집어 들었다. 뒷좌석에 앉아 신문을 읽다 보니 노동당 의원이자 국가의 재무 장관(기본적으로 부통령과 재무부 장관의 역할이 결합된 직위)인 고든 브라운Gordon Brown에 대한 여러 기사들이 눈에 띄었다. 나는 무심코 브라운이 추진 중인 한 가지 구상을 살펴보고 있었다고 말했다. '국제 금융 기구International Finance Facility, IFF*라고 부르는 이 개념은 그가 저소득 국가들을 더 안정적이고 효과적으로 지원할 수 있는 방안을 제공할 수 있다고 믿는 정책이었다.[4]

그리고 나서 다른 신문을 넘기고 있는데 릭이 관심을 보이며 브라운의 제안에 관해 더 들어보고 싶다고 했다. 나는 그 제안이 영국과 같은 기부국들의 장기적인 약속을 기반으로 채권을 발행하고, 이를 시장에서 투자자들에게 판매하여 즉각적인 자금을 조달받아 건강과 교육, 기타 시급한 분야에 투자하는 방식이라고 설명했다. 아직 브라운과 그의 팀이 세부적인 부분을 모두 해결한 것은 아니었으나, 이 접근 방식은 혁신적이면서 성과 중심적인 방식이었다. 부유한 국가들은 오직 결

---

* 국제 개발 및 금융 지원을 위해 설립된 기구이다. 장기적인 개발 프로젝트나 긴급한 재정 지원이 필요한 분야에 자금을 조달하는 역할을 한다.

과가 달성되었을 때만 투자자들에게 채권을 상환하게 되어 있었다. 릭은 곧바로 한 가지 결함을 지적했다. 어떤 채권이든 투자자들이 성과를 측정할 방법이 필요한데, '인적 개발'이란 개념은 너무 모호하다는 것이었다. 하지만 곧 탁월한 관찰력으로 예방접종은 측정이 가능하기 때문에 그러한 채권에 적합한 목표임을 간파했다. 마치 전구에 불이 들어오는 듯한 순간이었다. 우리는 거의 '아하!'라고 외칠 뻔했다. 릭과 나는 곧바로 서로를 향해 질문들을 쏟아내며 이 아이디어를 검증하기 시작했다.

밤 비행기를 탔음에도 불구하고, 월튼 파크에 도착한 릭과 나는 에너지가 넘쳤다. 성 안의 르네상스풍 복도에서 우리는 프레젠테이션 내용을 즉석에서 수정했다. 세 가지 아이디어를 모두 얘기하는 대신, 나는 금융 증권화 개념 concept of securitization에만 집중하기로 했다. 나는 브라운의 제안까지 언급하며 백신 사업이 이러한 종류의 채권을 어떻게 작동할 수 있는지에 대한 대표적인 사례라는 점을 강조했다. 세부적인 여러 사항을 해결하지 않은 상태에서, 모든 과제를 끝내지 않고, 빌과 상의하거나 브라운을 아는 누군가와 이야기하지도 않은 채 나는 이미 예방접종을 위한 IFF를 제안하고 있었다. 때때로 어떤 제안에 진정한 추진력을 부여하는 유일한 길은 그것을 아이디어 상태로 제시하고 다른 사람들이 이를 실현하도록 초대하는 것이다. 아이디어가 충분히 무르익지 않았더라도, 다른 이들이 그것을 완성하는 데 도움을 줄 수 있다. 기업가들은 사람들이 새로운 가능성을 상상하도록 돕기 위해 정기적으로 이런 방법을 쓴다. 토머스 에디슨도 먼저 뛰어들어 자신의 백열전구의 가능성에 대해 잠재 투자자들에게 반쯤만 진실인 이야기를 했다. 나는 그렇게까지는 하지 않았다. 물론 나는 에디슨 과가 아니었다. 어쩌면 빌은 그랬는지도 모른다.

하지만 꼭 의도적이지 않더라도, 먼저 뛰어드는 것은 필수였다. 우리의 상당한 기금과 재단의 확장되는 네트워크와 접근성에도 불구하고, 우리는 이 새로운 아이디어의 모든 측면을 고민하고 고군분투하는 작은 팀에 불과했다. 우리는 성공을 그려나가야 했다. 하지만 동시에 다른 리더와 전문가들이 우리의 비전에 반응하고 그것을 실질적으로 가능하게 만드는 것을 돕게 하려면 충분히 크고 대담하게 나서야 했다. 당신도 그렇게 해야 한다. 많은 사람들이 아이디어가 완벽하게 다듬어질 때까지 그것을 붙들고 있고 싶어 한다. 마치 몇 주만 더 생각하고 몇 번의 수정작업만 거치면 제대로 된 아이디어가 완성될 거라 생각한다. 하지만 때로는 완벽하든 아니든 아이디어를 세상에 내보내는 편이 훨씬 더 낫다. 그 아이디어가 사람들 앞에서 발표될 때 어떻게 들리는지 듣고, 청중의 얼굴에 나타나는 반응을 보고, 아이디어를 제대로 다듬는 데 필요한 피드백도 훨씬 더 빨리 받을 수 있다.

대화를 이어나가기 위한 약속

청중 중 한 사람은 IFF의 개념을 누구보다 잘 알고 있었다. 슈리티 바데라Shriti Vadera는 영국 재무성 내 고든 브라운의 경제 자문위원회Council of Economic Advisers 소속이었다. 슈리티는 40세로, 나와 마찬가지로 인도 이민자 집안의 자녀였다. 우간다에서 태어난 그녀는 영국에서 학교를 다니고 옥스퍼드Oxford를 졸업했다. 매우 명석하고 솔직한 스타일로, 브라운의 IFF 제안과 관련된 모든 세부 사항 및 결점까지도 꿰고 있는, 영국 관료제에 능숙한 인재였다.

내 프리젠테이션이 끝난 후, 슈리티와 동료 하나가 한잔하자고 우리를 초대했다. 윌튼 파크 바에 앉아 칵테일 냅킨을 앞에 놓고 릭과 나는 예방접종을 위한 IFF의 기본 골격을 구상했다. 국가 차원의 약속이 충분히 보장된다면, GAVI는 이러한 약속을 증권화하여 투자자들에게 예방접종 채권을 제공할 수 있었다. 투자자들이 이 채권을 구매함으로써 GAVI는 장기 계약을 체결하기 위한 자본을 확보하고, 목표한 결과가 달성되면 투자자들은 자본과 이자를 다시 돌려받는 구조를 이루게 된다. 그 결과 기부의 주체인 정부는 그들의 조건부 약속을 이행할 수 있게 되는 것이다.

슈리티는 즉시 이 아이디어를 이해했다. 이것은 결국 그녀가 이전부터 해오던 작업을 기반으로 한 것이기 때문이었다. 그녀는 또 예방접종 채권이 타당성을 갖고 있다는 데 동의했다. 하지만 투자자들이 조심스러울 수 있다고 경고했다. GAVI의 실적은 제한적이었고, 이런 종류의 혁신적인 금융 상품에 대한 경험이 없었다. 투자자들은 채권이 각 국가 재무부의 완전한 신뢰와 신용에 의해, 즉 정부가 제공하는 강력한 신용 보증이 있는 경우에만 구매할 것이다. 부유한 국가의 경우 실제로 AAA 신용등급[5]을 다수 보유하고 있지만 문제는 불행히도 선거가 정책의 큰 변화를 초래할 수 있기 때문에 거의 10년 또는 20년의 기간을 이어가는 재정적 약속을 정부가 하지 않는다는 것이었다.

슈리티는 다시 한번 냅킨을 쳐다보더니 채권을 보증할 방법이 필요하다고 했다. 보증이 필요하단 말이 우리에게 그다지 충격은 아니었다. 채권 관련 프레젠테이션을 위해 완벽히 준비된 건 아니었지만, 우리는 이런 종류의 금융 상품에 대해 많이 알아봤기 때문에 일반적으로 채권이 스스로 판매될 수 있다는 것이 증명될 때까지 보증인이 필요하다는 것을 알고 있었다. 우리가 제안하는 것은 수십억 달러 규모의 혁신적인 사회 성과 연계채권이었기 때문에 일이 계획대로 진행되지 않을 경우 어떤 보증인도 상당한 경제적 손실을 감당할 각오가 되어 있어야 했다.

이 상황이 내게는 기회로 느껴졌다. 냅킨에 보증인을 나타내는 화살표를 그리며 나는 게이츠 재단이 그 역할을 할 수 있다고 말했다. 물론, 나에게 그런 약속을 할 권한은 없었다. 특히 게이츠 재단이 수십억 달러의 책임을 지게 될 위험도 있었기 때문에 조심스러운 일이었다. 그러나 나는 우리가 먼저 참여한다면 영국 정부도 따라올 가능성이 높을 것이라는 것을 직감적으로 알았다. 더 나아가 우리가 어떤 형태로든 직접적인 위험을 감수할 수 있다는 것을 보여주지 않으면, 이 아이디어는 아마도 그 자리에서 바로 사라질지도 모른다는 확신이 들었다.

게이츠 재단의 명성이 커지긴 했어도, 우리는 이 개념을 처음으로 개척한 리더의 지지 없이는 다국적이면서 전에 없던 종류인 최초의 사회 성과 연계채권을 단독 추진할 만큼 신뢰를 얻지는 못한 상태였다. 또한 세계 4위 경제 대국이자 국제 개발의 선두 역할을 하는 영국의 지원 없이는 그런 규모를 달성할 수 있을 것이라 기대할 수도 없었다. 우리는 고든 브라운이 필요했다. 그리고 내가 먼저 움직이고 심지어 내 권한을 넘어서는 제안을 함으로써, 우리는 슈리티와 브라운의 정부로부터 참여를 이끌어 낼 수 있었다.

그 순간은 짜릿했다. 오랫동안 상상해 왔던, 큰 변화를 이루어 낸 바로 그 모습이었다. 칵테일 냅킨까지도 말이다. 슈리티 같은 위상과 지성을 갖춘 인물이 게이츠 재단뿐만 아니라 개인 차원의 나까지 신뢰하게 만들었다는 사실이 기분 좋았다. 그날 밤 바가 문을 닫은 후에도 나는 이 일이 대단히 의미를 가지는 순간이라고 느꼈다.

하지만 다음 날 아침이 밝자 그 합의의 규모가 무겁게 다가오기 시작했다. 분명히 내 권한을 넘어버린 느낌이었다. 당시 나는 100만 달러, 어떤 경우에는 그 이상의 협약을 승인할 수 있었다. 그러나 그 냅킨에 그린 선은 잠재적으로 수십억 달러 규모의 낙서였다. 나는 갑작스런 메스꺼움을 가라앉히기 위해 대규모 연합이 형성되는 방식과 외교가 성사되는 방식을 떠올렸다. 그리고 메스꺼움이 거의 공황으로 바뀔 때쯤 칵테일 냅킨에 적힌 낙서가 법적으로는 구속력이 없다는 사실을 스스로에게 상기시켰다.

핵심 파트너와 이해관계자들은 성공을 그려 보이는 것만으로는 충분하지 않다. 그들은 자신의 것들을 걸기 위해 당신도 직접 위험을 감수하고 있음을 확인하려고 한다. 슈리티가 처음 했던 "아니오"라는 대답은 채권 아이디어를 바로 그 자리에서 끝내버릴 수도 있었다. 재정적인 위험은 현실이었다. 나의 평판과 경력이 위험해질 수 있는 것도 사실이었다. 그러나 그 순간, 기회를 놓치는 것이 훨씬 더 큰 위험이라고 믿었다. 모든 약속과 보장들은 그저 "아니오"를 피하게 하는 것이 아니라 충분히 많은 사람들이 "예"라고 말하게 한다는 것을 배웠다.

당신도 때때로 먼저 뛰어들어야 할 순간이 있을 것이다. 전략적으로 접근해야 한다. 파트너들이 함께 모여 해결책을 모색할 수 있도록 여지를 만드는 것과, 선을 넘어 법적 구속력이 있는 약속을 하는 것은 차이가 있다. 어떤 경우에는 그저 대화를 이어나가기 위해 약속을 해야 하는 경우도 있다.

우려 사항은 하나의 이정표

내가 그렇게 불안해진 이유는 빌, 패티, 그리고 재단의 다른 사람들이 준비가 되기 전에, 심지어 우리 생각을 알기도 전에 먼저 뛰어들었다는 것을 깨달았기 때문이다. 이제 그들을 이 아이디어에 동참하게 해야 했다. 패티는 팀원들이 위험을 감수할 만한 권한을 주는 환경을 조성했지만, 그렇다고 해서 우리가 일단 저지르고 보는 스타일의 조직은 결코 아니었다. 당시 저지르고 본 것은 바로 나였다. 그럼에도 패티는 내가 허락을 구하는 절차를 소홀히 한 것을 이해해 주었다. 우리의 아이디어를 믿은 그녀는 내가 메모를 작성해 나중에 IFFIm International Finance Facility for Immunization, 국제예방접종금융기구이라 부르기로 한 아이디어를 빌에게 제안할 준비를 하도록 격려해 주었다.

몇 주 후, 나는 맨해튼의 역사적인 플라자 호텔Plaza Hotel, Manhattan에 도착해 다른 사업차 뉴욕에 있던 빌을 만나기로 했다. 그의 이름이 새겨진 건물에서 18개월 동안 일한 상태였지만, 이것이 빌과의 첫 번째 일대일 회의이자 내가 낸 큰 아이디어에 대한 첫 발표였다. 너무 긴장한 나머지 거의 3마일은 걸어온 것 같은 기분으로 로비에서 서성이던 나는 뭔가 도움이 될 만한 것에 집중하기로 하고 패티, 릭, 실비아와 함께 몇 주에 걸쳐 작성한 메모를 다시 읽어보았다.

빌과의 미팅이 시작되기 몇 분 전, 나는 거울을 보며 넥타이를 점검하고 엘리베이터 쪽으로 향하다가 실비아의 조언을 떠올렸다. 실비아는 내 블랙베리*를 버리라고 충고했었다. 빌은 디지털 세계를 우리 손가락 끝으로 가져오는 데 도움을 주었을지 모르지만, 그에게는 우선순위가 있었다. 당연하게도 그는 마이크로소프트의 핸드헬드를 선호했다. 내 블랙베리를 호텔 안내 직원에게 맡긴 후, 나는 빌의 스위트룸으로 가는 엘리베이터를 탔다.

빌은 시간을 낭비하지 않았다. 내가 앉자마자 가방에서 내 메모를 꺼냈는데 뭔가가 가득 적혀 있었다. 분명 내 메모를 읽어본 그는 말을 가리지 않았다. "내가 들어본 것 중 가장 멍청한 소리인데." 그가 말했다. "이건 미국에서 불법이에요. 이렇게는 작동하지 않아. 너무 복잡해." 빌이 문제의 소지를 줄줄이 나열하는 동안 나는 약간 당황했지만, 나도 논의에 중요한 반론과 데이터를 준비해 간 상태였다. 빌은 그만이 할 수 있는 방식으로 메모의 여백과 우리 대화의 대부분을 할애해 내 아이디어를 절묘하게 비판했다. 나는 정신없이 필요한 것들을 메모했고, 시간은 순식간에 흘렀다. 우리는 이러한 장기적이고 조건부적인 국가의 약속이 법적으로 가능한지에 대한 논의로 시간을 다 썼다. 보증에 대한 논의는 거의 이야기할 틈도 없었다.

그럼에도 나는 묘하게 뿌듯한 마음으로 빌의 스위트룸을 걸어나왔다. 빌이 재단 회의실에서 질문을 주고받는 모습을 봐온 나는 그가 존중하지 않는 사람과는 토론하지 않는다는 것과 아무 가치가 없는 아이디어에 한 시간이나 투자하지는 않으리란 걸 알고 있었다. 미팅 후 머리가 빙빙 돌아 블랙베리를 호텔 안내 직원에게 맡기고 나오긴 했지만, 빌이 나에게 시간을 주고, 주의를 기울이며, 전적으로 집중해 준 만큼 나를 존중한다는 걸 확신하면서 건물을 나섰다. 얼마 후 나는 다시 호텔로 돌아가

---

*   캐나다의 RIM_{Research In Motion}(후에 BlackBerry Limited로 변경)이 개발한 스마트폰이다. 1999년에 처음 출시되었으며, 특히 비즈니스 활용 및 보안성이 뛰어나고 물리적 쿼티 키보드를 강점으로 내세운 기기이다.

블랙베리를 찾은 뒤 5번가로 나서며 또 다른 것을 깨달았다. 나의 제안에 대한 빌의 비판에는 그의 우려가 담겨 있었다. 그것은 보증 때문은 아니었다. 빌은 채권의 작동 방식을 충분히 알고 있었다. 그가 걱정한 건 국가적 약속이라는 부분이었다. 그는 어떻게 우리가 그런 약속을 주권 국가들로부터 받을 수 있을지, 그것이 과연 가능하긴 한 것인지를 우려했다. 그리고 몇 가지 다른 걱정도 있었다. 나는 그것들을 재빨리 기억 속에 새겼다.

그때까지는 모르고 있었지만 빌이 제시한 우려 사항 리스트는 굉장히 소중한 것이었다. 한 시간 만에 그는 내 프레젠테이션의 약점들을 다 파악했다. 내가 해야 하는 일은 빌의 어조에 대해 걱정하기보다 그의 리스트를 '예스'로 가는 길로 활용하는 것이었다. 이러한 우려 사항들은 사실 이정표 같은 존재였다. 한 번에 하나씩 해결하면 되는 거였다.

필요할 때마다 다듬고 반복하기

우려 사항을 '예스'로 가는 이정표로 사용하는 것은 중요한 전환점이다. 정말 존경하는 사람이 제기하는 우려는 위장된 로드맵이나 마찬가지이다. 그 이정표는 아주 귀하고 소중히 여겨야 하는 존재이다. '노'는 '예스'로 가는 길에서 처음 듣게 되는 말일 수도 있다. 실망감은 자연스러운 반응이지만, 계속 나아갈 수 있게 만드는 피드백을 듣는 법을 배우는 것은 꼭 필요하다. 나는 그것을 바로 십여 년 전 뉴욕New York에서 배웠다.

1989년 나는 미시간 버밍엄Birmingham, Michigan에 있는 와일리 E. 그로브스Wylie E. Groves 고등학교 2학년이었고, 그곳에서 존 로슨John Lawson을 만났다. 나는 신입생 때부터 토론팀에 있었고, 새로운 학년을 준비하고 있을 때 존이 새 토론 코치로 부임했다. 우리 팀은 화술보다는 리서치에 더 중점을 두는 편인 미시간주 정책 토론에서는 경쟁력이 있었지만, 실력이 쟁쟁한 동부 학교들의 팀과 붙는 전국 대회에서는 아직 검증되지 않은 상태였다. 존은 자신이 그런 상황을 바꿀 수 있다고 생각했다.

전직 변호사이자 챔피언십 우승 경험이 있는 토론 코치인 존은 프로그램에 새로운 에너지를 불어넣었다. 그는 토론이 연습과 훈련이 필요한 일종의 대학 스포츠 같은 것이라고 생각했다. 첫 번째로 존이 한 일 중 하나는 우리가 사용하던 토론 기술서를 없앤 것이었다. 대신 그는 우리에게 도서관에 가서 책, 신문 기사, 기타 자료를 가지고 입장을 세워 보라고 지시했다. 그가 내린 지시가 바로 나에게 필요한 것이었다. 나는 도전을 좋아했지만 동시에 배움에 대한 끝없는 집착을 해소할 수 있는 출구도 필요로 했다.

　　예를 들어, 정책 토론에서는 "미국이 우주 탐사에 대한 투자를 상당히 증가시켜야 한다."와 같은 주제가 일 년 내내 사용되었다. 각 토론에서 우리 팀이 주장한 입장이 찬성 또는 반대로 달라졌다. 토론자들은 시즌을 준비하는 몇 주간, 그리고 각 대회 사이 기간을 찬반 양측의 입장을 정리하는 데 보냈다. 나는 몇 시간 동안 3×5 사이즈 인덱스 카드에 메모를 쓴 다음 입장별로 정리해 파일에 넣어 여러 개의 바퀴 달린 서류 가방을 가득 채웠다.

　　그해 한 대회에서 나는 인덱스 카드들을 챙겨 비행기를 타고 뉴욕에 갔고, 그랜드 센트럴역Grand Central Station 근처의 하얏트 호텔Hyatt Hotel에 묵었다. 부모님 없이 뉴욕을 방문하는 건 처음이었는데, 말하기 좀 그렇지만 뉴욕이란 도시에는 거의 관심도 없었다. 내가 신경 쓰는 것은 오직 우리의 토론 대회와 내 인덱스 카드들뿐이었다. 대회 장소인 컬럼비아 대학교Columbia University의 여러 타워 중 하나로 걸어갔을 때, 나는 긴장되면서도 준비된 느낌이었다.

　　대회의 첫 번째 라운드에서 파트너인 마크 헨더슨Mark Henderson과 나는 우리의 상대팀과 함께 놀라운 상황을 겪었다. 세 명의 심판이 토론 대회 경험이 거의 없었고, 그중 한 명은 정책 토론을 심사한 적이 아예 없었다. 심지어 우리는 심판들이 적을 수 있도록 토론의 결의안(환경 위협을 모니터링하기 위해 위성을 사용하는 것에 대한 장점)을 칠판에 써야 했다.

세션이 시작되자, 상대는 우리를 압박하려는 전략으로 사실과 주장을 퍼붓기 시작했다. 그들은 우리가 완전히 압도되기를 바라고 있었다. 하지만 우리는 침착함을 유지하며 각 공격을 하나의 도전으로 여겼다. 우리는 카드들을 이용해 그들의 속사포 같은 주장들을 반박한 뒤, 우주에서 수집된 데이터를 기반으로 정책을 수립해야 한다는 주장을 펼쳤다. 우리의 차례가 되었을 때, 우리는 상황에 맞게 즉석에서 발표 방식을 조정했다. 주장의 강도를 높여가는 대신 간단하게 접근해 우려 사항들을 하나씩 해결하며 논쟁을 이어나갔고, 그렇게 토론이 끝났다.

치열한 논의를 거쳐 심사위원들은 우리 팀을 승자로 호명했다. 존은 우리가 심사위원들이 이런 형식에 익숙하지 않다는 점을 이해했기 때문에 이긴 거라고 했다. 우리의 승리는 존이 자주 했던 조언이 옳았음을 증명했다. 당일의 심사위원들에게 먹힐 만한 가장 설득력 있는 논거를 쌓아 지지를 얻으라는 것.

그 시절의 훈련은 내 안에 단단히 자리잡고 있었다. 플라자 호텔에서 빌과 했던 토론은 고등학교 시절 키운 토론의 기술을 다시 불러냈다. 빌이 질문을 던지면 나는 거기 맞서는 세 가지 사실로 답했고, 그렇게 계속 이어졌다. 재미있었다. 그리고 그 과정에서 나는 빌과 같은 상대에게 우려되는 점들을 하나씩 설득해 나가는 방법을 깨닫게 되었다.

다른 사람들이 아이디어에 반대할 때, 개인적으로 받아들이지 말아야 한다. 앞으로 나아가는 유일한 방법은 최고의 자료를 모아 가장 설득력 있는 방식으로 제시하고, 필요할 때마다 다듬고 반복하는 것이다. 토론에서의 경험은 단순히 거절에 대한 방어력을 키워준 것뿐 아니라, 한 번에 하나씩 사람들의 우려를 해결하며 설득하고 배우는 방법을 내게 가르쳐 주었다.

모든 사실을 알기 전에

빌과의 만남 이후, 나는 마치 토론 대회를 준비하듯 IFFIm 제안을 준비할 생각이었다. 물론 이번에는 3×5 인덱스 카드 없이 말이다. 아이디어를 얻기 위해 다시 학교로 돌아갔다. 구체적으로는 워싱턴 D.C.에 있는 존스홉킨스대학교 고등국제학대학원John's Hopkins University School of Advanced International Studies, SAIS* 2층의 현대 미술 작품들로 가득한 사무실로 갔다. 실비아는 이곳 학장이자 전 세계은행 재무 책임자 겸 상무이사였던 제시카 아인혼Jessica Einhorn이 IFFIm을 추진하는 데 조언을 줄 수 있을 거라 생각했다.

소파에 앉은 나는 제시카가 브라운의 원래 구상과 우리가 하려는 일을 전부 알고 있음을 깨달았다. 그녀는 또한 우리 계획의 가장 큰 장애물도 이해하고 있었다. 미국은 대상에서 제외였는데, 미국의 법 체계상 의회가 우리 계획을 승인하는 것이 사실상 불가능했기 때문이다. 하지만 부채 한도를 넘지 않으면 유럽 국가들은 가능할 수도 있다는 우리 의견에 그녀도 동의했다. 유럽연합EU은 각 회원국이 보유할 수 있는 부채 한도를 설정해 두기 때문이었다.[6] 우리는 그렇게 할 가능성은 거의 없었지만 전 세계적인 예방접종 사업이 부채 한도를 넘어서는 위험을 감수할 만큼 가치 있다는 것을 나라마다 설득하거나 아니면 다른 방법을 찾아야 했다.

내가 우리의 현재 아이디어를 설명하자 제시카는 아무 말 없이 일어나 책장 쪽으로 향했다. 커다란 책 한 권을 꺼낸 그녀는 소파 쪽으로 가져와 커피 테이블 위에 올려놓았다. 세계은행의 규정집이었다. 제시카는 약속을 조건부로 만들 수 있는 방법이 있다고 설명했다. 이는 특정 사건이나 전제 조건에 따른다는 의미였다. 무척 다행인 건 '조건부 원조'가 한 나라의 공식 회계장부에 추가되지 않는다는 점이었다. 적어도 이론상으로는 지급받지 못할 수도 있기 때문이다. 결과적으로, 유럽 국가의 조건

---

* 국제 관계, 경제학, 외교, 정책 연구 등의 분야에서 세계적으로 인정받는 대학원으로, 본교는 워싱턴 D.C.에 위치하고 있다.

부 약속은 그 나라의 부채 비율에 포함되지 않았다.

하지만 불행히도, 예방접종 목표치를 조건으로 사용하는 것은 효과가 없었다. 결과가 너무 먼 미래의 일이고, 투자자 입장에서는 독립적으로 이를 검증하기가 어려웠기 때문이다. 세계은행의 내규를 살펴보던 제시카가 한 조항을 가리켰다. 그 조항에 따르면, 어떤 국가가 국제통화기금IMF과 같은 국제기구에 대한 지불이 연체되어 채무 불이행 상태에 있다면, 해당 국가에 대한 지원은 보류될 수 있으며, 따라서 이를 조건부로 처리할 수 있었다. 이는 IFFIm 지원을 받는 조건을 IMF와 해당 국가 간의 건전한 신용 상태와 연결한다면, IFFIm에 필요한 수십억 달러가 법적으로 장부 외 항목으로 처리될 수 있다는 것을 의미했다.

이는 또 다른 깨달음의 순간이었다. 빌의 우려를 넘어서는 방법이자, 충분히 큰 나라들이 동참하기만 한다면 보증을 피할 수 있는 방법이었다. 하지만 또 한 번 도약하기 위해서는 더 많은 정보가 필요했다. 단순히 난해한 법규 일부를 인용한다고 해서 기술적인 세부 사항에 기반한 금융 메커니즘이 생성되는 것은 아니었다. 중요한 건 우리의 법적 견해가 아니라, EU 국가들의 데이터를 모니터링하고 기준을 승인하는 유럽연합통계국 유로스타트Eurostat의 견해였다. 만약 유로스타트가 IMF 연체에 해당하는 상태가 백신 지원 약정을 조건부로 간주할 수 있게 한다고 동의한다면, 프랑스, 독일 및 다른 EU 국가들이 그들의 공식 회계장부 외 항목으로 막대한 기여를 할 수 있었다.[7]

SAIS를 나서면서 나는 제시카 덕분에 처참한 실패는 면할 수 있는 단서를 얻었다는 것을 깨달았다. 내가 배워온 세부 사항을 함께 살펴본 빌은 이제 다른 사람들을 설득할 수 있을지 보기 위해 직접 움직일 준비가 되어 있었다. 더 큰 연대를 얻기 위해서는 먼저 내가 속한 곳에서부터 적절한 지원을 확보해야 했다.

필요한 준비를 해야 한다. 가급적이면 먼저 뛰어들기 전이 좋다. 그러나 만약 이미 뛰어들었다고 하더라도, 여전히 준비가 필요하다. 제안하는 쪽이 상대를 안심시킬 만한 답변을 가지고 있어야 사람들은 큰 노력에 동참할 것이다. 나는 결국 뒤늦게 그 답을 찾아냈다. 빌이 제기한 우려, 그리고 이 일이 얼마나 중요한지 느끼며 생긴 책임감은 내가 이 문제의 핵심까지 파고들게 만들었다. 모든 사실이 완전히 정리되기 전에 뛰어드는 것은 그런 긴박감을 불러일으킬 수 있다.

함께 참여하도록

몇 달 후, 2004년 11월에 빌과 나는 시라크 대통령이 백신 논의를 위해 엘리제궁으로 우리를 초청한다는 연락을 받았다. 우리는 대통령의 참모들이 IFFIm에 대해 관심이 있음을 알고 있었지만, 대통령의 찬성이 확정적인 것은 아니라는 안내도 받았다. 프랑스, 특히 그들의 AAA 신용 등급을 얻어내는 것은 아동 예방접종에 대한 우리의 빅벳을 실현하는 데 결정적이었다.[8] 지난 몇 년간 내가 해온 모든 일이 이 순간을 위한 것이었다. 그리고 이번이 내가 처음으로 국가 원수와 갖는 고위급 회의이기도 했다.

나는 주요국의 대통령을 만난다는 사실에 흥분했지만, 내 복장이 엘리제궁에는 어울리지 않을 것 같아 걱정이었다. 그때까지 나는 시애틀의 보다 캐주얼한 스타일에 익숙한 상태였다. 몇 달 동안 계속된 출장에 남아있는 몇 벌 안 되는 정장과 구두는 이미 낡아 보였다. 시밤은 프랑스 대통령과의 만남에 새로운 복장이 필요하다고 판단했다. 프랑스로 떠나기 전 우리는 아파트 근처 쇼핑몰로 달려가 새 코트와 검은색 정장 구두를 샀다. 하지만 파리행 비행기 시간에 서둘러 맞추느라 구두를 챙기지 못하고 말았다. 회의가 시작되기 전에 파리에서 구두를 사려고 했지만 그럴 기회가 없었다.

그리고 황금빛 방에 앉아, 그날 완벽히 준비해 두었던 제안서보다 우리에게 주어진 시간과 내 신발 밑창에 난 구멍을 누군가 알아차릴지가 더 신경이 쓰였다. 시라크 대통령에게 제안서를 자세히 설명하라는 빌의 요청에 나는 두 발을 바닥에 단단히 고정한 채 몸을 앞으로 기울인 자세로 제안서의 구체적인 내용을 설명했다. 커피 테이블 위에 놓인 핫핑크 장미 다발 향이 코를 스칠 만큼 가까웠다.

시라크 대통령은 전 세계 아동에게 백신을 접종한다는 목표의 강력한 단순성뿐만 아니라 채권 발행이라는 신선한 방식과 그 정치적 실현 가능성에 대해 분명 흥미를 느끼고 있었다. 그는 귀 기울여 열심히 듣고, 프랑스의 국제 개발에 대한 오랜 헌신을 언급하며 우리의 제안을 지지한다고 말했다. 시라크 대통령은 우리를 배웅하기 위해 (빌과 함께한 모습을 사진 기자들에게 찍히기 위한 이유도 일부 있었지만) 황금빛 웅장한 계단을 같이 내려갔다. 정말 굉장한 순간이었다. 하지만 당시 프랑스의 경제 규모가 세계에서 가장 큰 편에 속해 우리의 강력한 파트너가 될 수 있었음에도 불구하고 아직 안심하기에는 일렀다. 우리는 여전히 할 일이 있었다.

다음 날, 우리는 비행기를 타고 런던으로 갔다. 드디어 고든 브라운과 직접 만나 IFFIm에 대해 논의하기 위해 그의 사무실을 찾았다. 역사적인 공간이지만 금박 장식은 훨씬 덜한 재무부 장관 사무실에서 나눈 대화는 매우 특별했다. 슈리티와 나는 두 남자가 각자의 큰 아이디어에 있어 중요한 한 걸음을 내딛기로 합의하는 모습을 지켜보았다. 빌에게는 아동 예방 접종이었고, 브라운에게는 IFF였다. 그날 이후로 여러 해 동안 봤던 것처럼, 브라운은 독특한 인물이었다. 그는 세상을 더 공정하게 만드는 일에 깊은 신념을 가지고 있었고, 시스템을 변화시키는 방법을 이해할 수 있는 지적 능력과 자신감이 있었으며, 위험을 감수하려는 의지와 그것을 위해 일할 줄 아는 친절함과 겸손함도 지닌 사람이었다.

회의 후, 나는 슈리티와 통화하며 유로스타트가 조건부 약속을 승인하기만 하면 IFFIm이 현실이 될 거라고 축하를 건넸다. 그리고 다른 이야기도 했다. 시라크의 동의가 보증 문제를 테이블에서 밀어냈을 가능성이 있다는 것이었다. 우리의 금융 애널리스트들은 최근 몇 주간 프랑스와 영국의 지원으로 인해 투자자들이 채권을 구매하는 데 보증이 필요하지 않다고 확인해 주었다. 관련 국가들의 평판과 신용 등급이 강력한 신뢰를 제공했고, 특히 다른 국가들도 이제 합류할 가능성이 높아졌기 때문이었다.

가능성을 상상하라

전화가 잠잠해졌다. 한참 뒤에야 "완전히 충격인데요."라고 슈리티가 말했다. "어떻게 반응해야 할지 감이 안 오네요." 나머지 대화는 기억에 희미하다. 분위기는 순간적으로 환희에서 절망으로 바뀌었다. 슈리티는 마지막 순간 내가 그녀의 계획을 무너뜨렸다고 느꼈다. 나는 사과하며 브라운의 지원을 여전히 기대하겠다고 말했지만, 슈리티는 계속 진행할지 평가할 필요가 있다고 했다.

내가 망친 것이었다. IFFIm에 대한 지지를 얻는 과정에서 사람들은 "노"라고 말할 때 자신의 관심사와 우려를 드러낸다는 것을 배웠다. 사실 누군가가 "예스"라고 할 때도 마찬가지라는 걸 나는 아직 모르고 있었다. 보증은 IFF의 미래에 필수적이지 않을 수 있었지만, 슈리티의 동의에는 필수적이었다. IFF는 브라운의 아이디어이자 잠재적인 유산이었고, 게이츠 재단과 같은 조직의 보증은 성공 가능성을 높이고 투자자와 유권자들에게 더 매력적으로 보이게 할 수 있었다.

전화를 끊고 나서, 나는 런던 거리를 무작정 걸어 다니다가 결국 빛으로 가득한 조각 전시관이 있는 대영박물관에 들어갔다. 조각들 뒤편 바닥에 앉아, 아직 이른 시간인 시애틀에 있는 시밤에게 전화를 걸었다. 시밤에게 이번 일의 중심이 되는 정부의 핵심 부서에서 가장 중요한 인물을 따돌리게 된 것 같다고 말했다.

돌아보면 약간 지나친 감정이었지만, 당시엔 정말 그렇게 느껴졌다. 나는 우리의 중대한 파트너에게 무엇이 중요한지를 놓쳤고, IFFIm을 현실로 만들기 위한 지원을 받게 되자 그런 부분에 대해 무신경하고 경솔해지고 말았다. 슈리티와 브라운이 왜 함께하게 되었는지 좀 더 깊이 생각했어야 했다. 그리고 대화를 나눌 때나 소식을 전하는 방식에 있어서도 조금 더 상대를 배려해야 했다.

침울해하고 있는 사이 블랙베리가 울렸다. 발신자 ID에는 '릭 클라우스너'라고 떴다. 순간 슈리티가 그에게 전화했는지 걱정스러운 마음이 들었지만 전화를 받았다. 릭이 슈리티와 통화하지 않은 것이 분명해지자, 나는 그녀의 반응에 대해 이야기했다. 릭은 괜찮을 거라고 말했다. 만약 IFFIm이 실현된다면 브라운은 계속 참여할 것이라는 게 그의 생각이었다. 나는 분위기를 살짝 긍정적으로 돌리기 위해 시라크 대통령과 브라운과 가진 회의를 빌이 어떻게 생각했는지 물었다. 내심 나의 수행에 대한 열렬한 칭찬을 기대하고 있었다.

릭은 회의 내용은 아주 훌륭했지만, 빌에게는 하나의 불만이 있었다고 했다. 순간 심장이 쿵쿵거리기 시작했다. 또다시 긴장한 나는 무슨 문제였는지 물었다. "빌은 국가 원수와 회의하는 자리에 구멍 난 신발은 신고 오는 건 아니라고 생각했어."라는 릭의 대답이 돌아왔다. 나는 그 말을 듣고 당장이라도 대리석 바닥 속으로 사라지고 싶었다. 릭은 웃음을 터뜨렸다.

그와 함께 웃으며, 나는 박물관 바닥에서 일어섰다. 피곤했지만 마음은 한결 가벼워진 상태였다. 얼마 지나지 않아 나는 슈리티와의 관계를 원만히 풀 수 있었고, IFFIm의 잠재력을 실현하려는 리더였던 브라운과 슈리티 팀과 계속 즐겁게 일해나갔다.

먼저 뛰어들었기 때문에, 많은 도움을 받아가며 서로 다른 이해관계를 가진 사람들에게 더 크고 더 나은 가능성을 보여줄 수 있었다. 또 사람들에게 나를 믿고 함께 뛰어들 것을 요청했는데, 이는 그들에게도 결코 쉬운 일이 아니었다. 집에 돌아와서 나는 핵심 멤버들을 위한 기념품을 주문했다. 월스트리트에서 큰 거래가 성사되면 제작하는 것 같은 루사이트 큐브였다. 큐브에는 이런 문구를 넣었다. '가능성을 상상하라.'

도약의 연속

여러 달 후인 2005년 1월, 나는 시애틀의 집에서 시밤과 같이 앉아 있었다. 첫 아이의 임신 소식을 전하기 위해 가족들에게 전화하는 중이었다. 디트로이트에 계신 부모님 댁에 전화를 걸었고 아버지가 막 받은 상태였는데 블랙베리의 메시지 알림이 떴다. 이메일을 확인하자 좋은 소식이 와있었다. 빌이 독일 총리와 만나 IFFIm에 대한 지지를 얻었다는 내용이었다.

나는 곧바로 아버지에게 "빅뉴스가 있어요!"라고 말했다. 내가 게이츠 재단에 합류한 이후로 열심히 노력해 온 IFFIm이 이제 현실이 되었다고 설명했다. 독일 총리가 지지한 사실과 이 결정이 아동 예방접종에 어떤 의미가 있는지 이야기했다, 이를 통해 수백만 명의 어린이를 구할 수 있다는 감격에 눈물이 나려고 했다. 아버지의 축하를 받고 있는데 옆에서 시밤이 팔꿈치로 살짝 치는 바람에 나는 우리가 원래 전하려고 한 소식을 기억해냈다. 아버지의 첫 손자가 여름에 태어날 것이라고 말씀드렸다.

경력 면에서 큰 도약을 감행하여 그 자금 지원 메커니즘을 출범시켰고, 이제 나와 시밤은 동시에 부모가 되려는 참이었다. 세상의 모든 부모처럼, 우리 역시 아무런 경험이나 지식 없이도 막중한 책임을 받아들이기로 했고, 그 과정에서 길을 찾아갈 것이라는 자신감을 갖고 있었다.

그해 8월 사잔Sajan이 태어날 무렵, IFFIm은 또 다른 좋은 소식을 얻었다. 유로스타트가 우리가 원했던 처리방식에 승인을 내린 것이다.[9] 약정된 기부금은 조건부로 간주되어 예산 외로 처리가 가능해졌다. 이는 영국, 프랑스 및 다른 나라들이 약속을 이행하기 위해 필요한 결정이었다. 이탈리아, 노르웨이, 스페인, 스웨덴도 이제 함께 참여할 수 있게 되었다.[10] 그리고 비록 독일은 결국 IFFIm에 기여하지는 못했지만, GAVI의 큰 동맹국이 되었고, 특히 코로나19 팬데믹 동안 중요한 역할을 했다.[11]

갑자기 자금이 넉넉해진 GAVI는 2006년과 2007년 사이 대상 국가로의 지원금을 두 배 이상 늘렸다.[12] 이후 15년 동안 IFFIm은 기부국으로부터 95억 달러 이상의 약정을 이끌어 냈다.[13] 백신 생산을 강화하는 시장 기반 조달Advanced Market Commitment, AMC을 포함한 다른 혁신과 함께 GAVI는 개발도상국에서 약 9억 8,000만 명의 어린이에게 백신을 제공하였고, 약 1,600만 명의 생명을 구했다.[14] 안정적인 자금 확보 덕분에 GAVI는 AMC를 통해 아직 개발되지 않은 백신에 대해 계약을 체결하고, 아직 그 필요성을 모르는 국가들을 위해 대량 구매할 수 있었다.[15]

물론, GAVI는 아동 예방접종에 그치지 않고, 이후 AMC와 함께 코로나19 백신을 생산하고 공급 속도를 높이는 데에도 기여했다. 또 IFF의 아이디어가 적용되는 대상 역시 아동의 건강 이슈에만 국한되지 않았다. IFFIm은 대표적으로 기후, 식량 안보, 교육, 지속 가능성과 같은 이슈들을 공략하는 다른 사회 성과 연계채권의 모델로도 자리매김했다.

아동기 질병의 참혹함으로부터 많은 아이들을 보호하는 일은 빌과 멜린다가 끊임없이 단순한 질문들을 던지도록 (동시에 상당한 금액의 수표를 쓰도록) 만들었다. GAVI에 적절하고도 신뢰할 만한 자금을 확보해 주기 위해서는 IFFIm을 지지하는 연합을 구축해 나가야 했다. 그냥 주어진 것은 아무것도 없었다. 이런 성과를 얻기까지 거의 10년이 걸렸고 그 시간 동안 나는 많은 것을 배우고 성장했다. 이제는 한 아이의 아버지이자 게이츠 재단의 베테랑이 되어 있었다.

그 기간 동안, 대담한 아이디어를 전 세계적인 이니셔티브로 바꿔놓는 단순한 질문 하나의 힘을 나는 생생히 목격했다. 처음에는 작은 규모였지만, 점점 더 크고 위험한 도전으로 변해가는 일련의 도약이 어떻게 큰일을 해내는 다자간의 연합으로 결실을 맺는지 지켜보았다. 누구보다 먼저 뛰어들고 다른 이들이 동참하도록 설득하면서 살아남을 수 있다는 사실도 배웠다. 핵심은 각자의 관심사와 우려사항을 알아내고 이를 해결하기 위해 필요한 모든 노력을 기울이는 것이다.

빌과 멜린다가 시도한 빅벳의 규모는 위험을 감수할 것을 요구했다.

그들의 목표는 하나의 조직이 단독으로 일해서 달성할 수 있는 수준이 아니었기 때문이다. 우리는 다양한 관심을 가진 많은 이들, 즉 필란트로피스트, 구호 활동가, 변호사, 금융 전문가, 국가 정상, 그리고 대형 조직을 설득해서 이 도전에 동참하게 만들었다. 모두 같은 시간에 참여하지도, 같은 이유로 뛰어든 것도 아니었지만, 그들 모두 하나의 놀라운 비전을 지지하기 위해 위험을 감수했다. 모든 생명이 동등한 가치를 지니고 있다는 사실이었다.

먼저 뛰어드는 법

오늘날에는 문제가 가지는 복잡성으로 인해 해결책에도 종종 위험이 따른다. 많은 사람들에게 그런 위험은 감당하기 어려운 부담일 수 있다. 극적이고 혁신적인 결과를 도출하기 위해서는 다른 사람들이 당신과 함께 위험을 감수하게 만들 방법이 필요하다. 상황은 종종 당신이 먼저 나서서 뛰어들기를 요구할 것이다. 먼저 위험을 감수할 의지를 보이면, 다른 사람들도 같은 결정을 내리는 데 자신감을 얻게 된다. 그래도 불안해하는 경우엔 그들이 느끼는 불편함을 같이 해결해야 할 수도 있다.

설령 일이 잘 풀린다 해도, 위험을 감수하는 과정은 여전히 당신과 파트너들에게 많은 것을 요구한다. 사람들을 설득해 함께 도약하게 만들었다면 착지의 성공 여부와 관계없이 내려오는 과정은 결코 가볍지 않다. 함께하는 이들에게 약속한 것과 그들이 겪은 스트레스를 함부로 생각하지 말아야 한다.

먼저 뛰어드는 것은 위험하다. 사실, 때로는 넘어질 수 있다. 그러나 세상을 바꾸는 일은 그만한 위험을 감수할 가치가 있다. 다른 사람들에게도 위험을 감수하도록 설득하고 싶다면, 여기에 몇 가지 팁이 있다.

✓ 틀을 깨고 벗어나라.
  핵심 팀이 아닌 사람들의 의견을 구하는 것을 우선순위에 두고, 과정의 일부로 삼아라.
✓ 먼저 뛰어들어라.
  때로는 누군가를 참여시키기 위해 자신뿐 아니라 팀보다도 한발 앞서 나가야 할 필요가 있다.
✓ 우려를 도전으로 받아들여라.
  잠재적인 파트너의 경계심과 두려움을 결코 무시하면 안 되지만, 사형선고처럼 여겨서도 안 된다. 오히려 그들은 당신의 가정 속 허점을 보완하고 당신의 입장을 강화시켜 주저하는 다른 이들에게 설득력을 주는 기회를 줄 수 있다.
✓ 당신의 몫을 다하라.
  약속을 지키기 위해 언제 그 일을 하든, 결국 제대로 해내는 것이 중요하다.
✓ 당신이 약속한 바를 기억하라.
  도전은 스트레스를 받는 일이므로 동참한 사람들을 존중하고 잘 대해야 한다.

03
협력의 회전문 열기

03

협력의 회전문 열기

큰 목표를 향해 열심히 나아가면서도, 자신이 그곳에 어울리지 않는다고 느끼는 것만큼 힘든 일은 없다. 2001년, 게이츠 재단의 회의실에 들어서며 나는 그곳이 내가 있어야 할 곳임을 직감했다. 그곳에서 나는 대담하고 큰 포부를 품은 목표를 세우는 법과, 단순한 질문을 끊임없이 던지며 목표 달성을 위한 도약의 기회를 찾아내는 법을 배웠다. 이제 2010년 1월, 나는 세계에서 가장 중요한 결정들이 내려지는 오벌오피스Oval Office*에 들어설 준비를 하고 있었다. 그리고 이번에는 팀워크의 중요성과 다른 사람들의 강점을 활용하는 법을 배워야 할 순간이었다.

약 일주일 전, 나는 버락 오바마Barack Obama 대통령 행정부의 미국 국제개발처USAID 처장으로 취임 선서를 했다. 8,000명의 인력과 100개가 넘는 국가에서의 활동을 통해, USAID는 전 세계에서 진행 중인 개발과 민주주의에 대한 지원을 이끌어 온 미국의 핵심 기관이었다.[1] 얼마 지나지 않아, 섬나라인 아이티에 엄청난 강진이 발생하여 22만 명 이상이 목숨을 잃는 사태가 발생했고, 이 재난 대응 과정에서 미국 정부의 대표자에게 갑자기 스포트라이트가 쏟아졌다. 다름 아닌 나였다.[2] 위기 발생 초기, 오바마 대통령은 내게 전화해 미국의 대응을 총괄하는 역을 맡기겠다고 말

---

* 미국 백악관의 대통령 집무실을 말헌다.

했다.

지진의 규모는 상상조차 어려울 정도로 충격적이었다. 미국 해안에서 불과 800마일 떨어진 곳에서 한 나라 전체의 기반이 완전히 무너져 내렸다. 정부 부처, 주요 인프라 등 모든 것이 붕괴된 상태였다. 사망자 외에도 30만 명의 사람들이 부상을 당했으며, 여전히 많은 수의 사람들이 잔해 아래에 매몰되어 있었다. 생존자 다수는 음식, 깨끗한 물, 주거 등 생존에 필요한 기본 요소를 구하러 다녔다.[3] 우리는 감당하기 어려운 위기의 순간에 맞서기 위해 서둘러 움직이고 있었다.

오바마 대통령에게 이 순간에 응하는 것은 선택의 문제가 아니었다. 때로 어떤 사건이 발생하면 그 자체가 빅벳의 순간이 된다. 아이티 지진은 전통적인 대응이 불가능한 상황이었기 때문에, 나는 게이츠 재단에서 했던 일들과 비슷한 작업을 더 빠르게, 더 큰 위험을 감수하며, 언론과 국제 정세의 따가운 주목 속에서 수행해야 했다. 대통령의 목표에 따라, 우리는 무수한 생명을 구하고, 수많은 이재민에게 주거와 식량을 제공하며, 지진 이전 수십 년간 아이티를 괴롭혀 온 질병과 싸우기 위해 해결책을 모색하고 방대한 연합을 구축하며 결과를 추적해야 했다. 2010년 1월에 아이티가 직면한 모든 문제를 해결할 수는 없었지만, 우리는 가장 긴급한 문제(적절한 대응의 부재)를 해결하고자 노력했다.

백악관 보좌관이 마침내 나에게 오벌오피스로 들어가라고 했을 때, 나는 그 순간에 깊이 몰두해 있었다. 대응팀과 함께 데이터를 수집하고 첫 번째 조치를 모니터링하느라 거의 밤을 새운 상태였다. 오벌오피스는 예상했던 것보다 훨씬 밝고 조용했다. 조 바이든 부통령과 버락 오바마 대통령은 결단의 자리라 불리는 대통령의 책상 뒤쪽에 서서 창밖을 내다보고 있었다.

내 쪽을 등지고 있던 바이든 부통령이 오바마 대통령에게 말했다. "라지브 샤, 이 사람한테 이 일을 맡겨도 되는 건가? 완전히 새로운 인물인데. 나이는 삼십 대고." 그런 뒤 부통령이 다른 기관의 리더를 대안으로 제안하는 것이 들렸다. 나는 잠시 얼어붙은 듯 서 있었다. 어떻게 해야 할지를 몰랐다. 내가 방에 들어오는 모습을 봤던 오바마 대통령이 나를 향해 돌아서서 앉으라고 했지만, 나는 여전히 나가야 할지 소파 뒤로 숨을지 고민했다.

바이든의 의견이 이해가 갔다. 그때 나는 서른여섯 살이었다. 게이츠 재단에서 빠르게 성장했고 워싱턴에서 몇 달 일하긴 했지만, 아직 검증되지 않은 인물이었다. 솔직히 말해, 내가 하려는 일을 감당하기에는 준비가 부족하다는 느낌이 들었다. 나는 미국이 재난에 대응하고 국제 개발을 추진하는 방식을 확장하고 개혁하고자 하는 포부를 품고 있었다. 실제로 취임 초기 100일 동안 강도 높은 조직 개편을 이끌기 위한 계획도 마련해 놓은 상태였다. 하지만 그 모든 계획은 아이티의 재난 사태로 물거품이 되었다. 내가 맡게 된 정부 기관에 대해 아직 공부 중이던 와중에, 나는 덜컥 생명을 좌우하고 도덕적 책임을 수반하는 대규모 재난 대응의 총괄 임무를 부여받은 것이다.

워싱턴에서 사람들은 어떤 문제나 특정 책임 영역을 자기 것으로 '소유'하려고 한다. 전문화와 명확한 책임 구분이 필요하다는 점에서 어느 정도 타당성은 있다. 하지만 종종 그것은 자존심과 권력의 문제로 이어진다. 날카로운 태도와 폐쇄적인 팀들로 워싱턴의 어떤 부류는 자신만의 영역을 지킨다. 그들은 거대한 부서를 관리하거나 특정 사안에 대해 결정권을 쥐고 싶어 하며, 특히 위기 상황에서는 모든 것을 통제하려고 든다.

부통령이 오벌오피스에서 속삭이듯 우려를 표명하기 전부터 나는 이미 아이티의 상황을 통제할 수 없다는 걸 알고 있었다(어느 누구도 통제는 불가능했다). 하지만 그의 말을 들으니 내가 이 일을 나만의 속도로 익힐 시간이 없다는 사실이 너무나도 분명해졌다. 나는 도움을 구해야 했고, 그 도움을 최대한 활용할 방법을 찾아야 했다. 내가 가진 능력을 보완하기 위해 신뢰할 수 있는 전문가, 내가 모르는 것들을 아는 전문가팀을 구성해야만 했다. 그것만이 우리의 노력을 통해 아이티가 필요로 하는 결과를 얻을 수 있는 유일한 방법이었다. 그 외에 다른 방법을 쓰기에는 위험 부담이 너무 높았다.

이어진 몇 달 동안, 대부분은 필요에 의해서 한 가지 교훈을 얻었다. 이 교훈을 나는 지금까지도 여러 번 다시 되돌아보고 참고해 왔다. 아이티 지진과 같은 이런 순간, 너무 많은 것이 걸린 상황에서, 사람들은 진정으로 돕고자 한다. 그 도움을 받아들이려면, 사람들이 자신이 환영받고 존중받는다고 느끼도록 만들어야 한다.

모든 직장에는 그 구성원을 명확히 하는 방식이 있다. 빅벳을 하려면 규모가 크고 가끔은 다소 정신없는 팀에 합류하거나, 그런 팀을 만들거나, 혹은 관리할 방법을 찾아야 한다. 모두에게서 최선을 이끌어 내는 최선의 길은 그들 모두가 그 팀의 일원이라고 느낄 수 있게 돕는 것이다. 혼자 가는 길에 영광이 있을지 모르지만, 함께 가는 길에는 그만큼의 힘과 규모가 뒤따른다.

빠르고, 조직적이며, 강력한

그 오벌오피스 회의가 있기 1년 전, 나는 시애틀 파라마운트 극장에 앉아 있었다. 주로 브로드웨이 뮤지컬 투어의 공연 무대인 이 화려한 장소에는 감동받을 준비가 된 인파가 모여 있었다. 시밤과 나는 수백 명의 인파와 함께 당시 상원의원이었던 버락 오바마의 대통령 취임식을 볼 수 있는 티켓을 운 좋게 손에 넣었다. 심지어 내 무릎 위엔 세 살 된 사잔이, 시밤이 멘 베이비본 BabyBjörn* 아기띠에는 태어난 지 몇 달밖에 안 된 암나가 있었지만, 우리는 사상 첫 유색인종 대통령이 취임 선서를 하는 역사적인 순간에 완전히 매료된 상태였고 그의 취임 연설을 듣는 동안 소름이 끼쳤다.

나는 오바마의 말에서만 영감을 얻은 것이 아니었다. 나는 단순히 미

---

* 스웨덴의 유아용품 브랜드로, 특히 아기띠는 전 세계적으로 유명하다.

국의 새로운 대통령을 지켜보고 있었던 것이 아니라, 장차 나의 상사가 될지도 모르는 인물을 보고 있었다. 취임식 며칠 전, 게이츠 재단에서 회의를 주재하고 있던 중 비서가 나를 찾았다. 아이오와Iowa 전 주지사이자 새 대통령의 초기 지지자인 톰 빌색Tom Vilsack으로부터 전화가 온 것이었다. 그는 새 행정부에서 미국 농무부US Department of Agriculture에서 일할 기회를 내게 제안하고 있었다.

적지 않은 이들이 내가 그 제안을 고려하는 건 미친 짓이라고 생각했다. 그즈음, 게이츠 재단은 GAVI에 대한 베팅을 성사시키며 21세기 필란트로피의 새로운 방향을 설정하고 있었다. 대담한 야망, 깊은 분석, 전략적 혁신, 그리고 막대한 자원으로 무장한 이 재단은 변화를 창출하는 새롭고도 획기적인 모델로 자리 잡고 있었다. 그렇게 워싱턴주 시애틀에서는 특별한 일이 벌어지고 있었다.

물론, 또 다른 워싱턴*은 포부의 함정에 빠져 있었다. 의대 시절 정치에 대해 공상하고 고어 캠페인에서 백악관을 꿈꾸던 그때는, 정치가 가능한 가장 큰 변화를 이룰 수 있는 길로 느껴졌다. 하지만 오바마를 기다리는 워싱턴은 때때로 문제를 해결하는 것보다 문제를 한탄하거나 행동에 나서지 않는 타인들을 비난하는 데서 더 많은 것을 얻는 악몽 같은 곳으로 보였다. 테러리즘, 금융 위기, 기후변화, 인종적 분열 등 시대의 수많은 도전 과제들 앞에서 미국 정부는 소극적이고 비효율적인 대응에 그치며 스스로 한계를 드러낼 뿐이었다.

그러나 오바마가 그 순간의 가능성, 정치와 정부를 진정으로 일하게 만들겠다는 약속을 이야기할 때, 나는 그가 워싱턴을 그 함정에서 벗어나게 할 거라 생각했다. 나는 오바마같이 젊고 패기 넘치는 대통령이 그런 순간을 펼치기 위해 해낼 일에 대한 기대에 휩싸였다. 빌, 패티, 실비아 그리고 다른 이들과 헤어지게 되더라도, 나는 무척 소중한 교훈을 게이츠 재단에서 이미 얻었다. 큰 규모로 세상을 변화시키는 것이 가능한 일이라

---

* 위에서는 시애틀이 위치한 워싱턴주, 여기서는 수도인 워싱턴 D.C.를 말한다.

는 사실이었다. 이러한 교훈을 가지고, 아마도 지구상에서 가장 강력한 선한 영향력을 가진 조직 중 하나일 미국 정부의 일부분이라도 되살릴 수 있다는 전망은 너무 큰 의미가 있었기에 나는 차마 거절할 수 없었다.

농무부에서 잠시 근무하는 동안, 나는 당시 국무장관인 힐러리 로댐 클린턴Hillary Rodham Clinton과 함께 몇 가지 세계 기아 문제 해결을 위한 국제 프로젝트에 참여했다. 경험을 통해 쌓은 힐러리의 지식에 나는 감명을 받았다. 그녀는 우리가 돕는 사람들을 진정으로 걱정했다. 어느 날 아침, 블랙베리를 통해 힐러리의 목소리로 USAID를 이끌어 달라는 제안을 받았을 때는 정말 놀랐다. 나에겐 꿈같은 자리였다. 그 시점에서 궁금했던 건 정부가 내가 필요하다고 생각하는 규모의 성과를 낼 수 있을지의 여부였다.

내가 지진 발생 일주일 전 입성한 USAID는 한때의 영광을 잃어가고 있었다. 존 F. 케네디John F. Kennedy 대통령에 의해 설립된 이 기관은 해외에서 미국의 긍정적 영향력을 상징하는 존재였다. 그러나 수십 년 동안 이어진 끝없는 예산 삭감과 구조 조정으로 인해 USAID는 과거의 그림자로 전락했다. 오바마 대통령은 과거 USAID 프로젝트에서 일했던 어머니의 영향으로, 우리가 이 기관의 창립 정신을 되살려 USAID 로고의 펼쳐진 손처럼 전 세계 가장 가난한 지역에 미국의 가치를 다시 한번 전파하기를 원했다.[4]

아이티 지진은 나에게, 그리고 USAID와 미국에게 하나의 시험인 동시에 기회였다. 역사 내내 어려움을 겪어온 아이티 정부는 거의 괴멸 상태였다. 거의 모든 정부 건물이 붕괴되고 말았다.[5] 최근의 유사한 비상사태에서는 전통적으로 유엔이 주도적인 역할을 해왔다. 세계 각국이 지원을 보내면 유엔이 현장에서 조율하는 방식이었다. 그러나 안타깝게도 지진으로 인해 포르토프랭스Port-au-Prince의 유엔 사무소도 무너져 100명 이상의 유엔 직원들이 사망했고, 이는 유엔의 긴급 대응 능력과 결과적으로 전 세계의 신속한 대응 능력에 큰 타격을 입혔다.[6]

미국이 유일한 희망이었다. 처음부터 오바마 대통령은 모든 것을 쏟아붓기로 했다. 그는 미국 해안에서 단 두 시간 거리에 있는 이웃 나라를 옆에 서서 돕겠다고 약속하며, 미국이 도덕적 선을 위해 가진 힘을 사용할 수 있음을 보여주겠다고 했다. "빠르고, 조직적이며, 강력한" 대응으로. 이는 큰일을 할 수 있는 기회였고, USAID가 대응의 선두에 서게 되었다. "빠르고, 조직적이며, 강력한"이라는 말은 나의 좌우명이 되었다.

하지만 시작부터 난관이었다. 재난이 발생하자 거의 8,000명에 달하는 USAID 직원 중 많은 이들이 보낸 아이디어와 지원만으로 나의 새 이메일 보관함은 순식간에 넘쳐났다. 그 방대한 인력 중, 내가 조금이라도 함께 일해 본 사람은 단 한 명에 불과했다. 아이티가 미국과 지리적으로 가까운 데다 미국 정부와도 깊은 연관이 있는 만큼, 나는 기관 내부는 물론이고 광범위한 연방 관료 조직 및 정부 외부에서도 지원 요청이 밀려드는 상황에 직면했다.

이런 지원을 활용하기 위해 나 자신이 달라져야 했다. 게이츠 재단에서 거의 8년을 일하면서, 나는 빌의 경쟁적이고 전투적인 접근 방식에 익숙해져 있었다. 우리는 열심히 일하고, 가장 적합한 방법을 찾고, 그것을 입증하는 데서 자부심을 느꼈다. 나는 내 업무, 수학적 분석, 아이디어를 동원하고 심지어 위험을 무릅쓰면서 사람들이 내 말에 귀 기울이거나 내 편에 합류하도록 설득하곤 했다. 하지만 주요 정부 기관을 이끌게 되면서, 특히 지금처럼 위기 상황 한가운데서, 대부분 처음 만난 사람들과 협력하는 법을 배우고, 수많은 제안과 지원을 신속하고 조직적이며 강력한 생명 구호 작업으로 전환하는 법을 익혀야 했다.

모든 도움을 받다

그런 나의 업무는 부통령이 내 자리를 맡길 만한 다른 후보를 제안한 직후 본격적으로 시작되었다. 오벌오피스에서 엿듣고 서 있던 나는 부통령이 오바마에게 이렇게 말하는 것을 들었다. "크레이그를 임명하시지요." 나는 이 직책에 갓 부임한 상태였지만 그가 말한 '크레이그'가 누구인지 알고 있었다. 전직 플로리다 소방관 출신으로 연방 재난 관리청Federal Emergency Management Agency, FEMA 수장인 크레이그 퓨게이트Craig Fugate였다. 오바마는 경청하고 있었으나 반대도 동의도 하지 않았다.

나중에 바이든 부통령과 나는 여러 사안을 두고 긴밀히 협력하게 되었다. 따뜻하고, 관대하며, 지혜롭고, 그가 '헛소리'라고 부르는 건 용납하지 못하는 바이든은 이후 몇 년에 걸쳐 내가 워싱턴에서 만나게 된 그 누구보다도 좋은 파트너이자 협력자, 지지자였다. 하지만 그날, 그의 의구심이 깊어지고 내가 오벌오피스의 베이지색 소파에 앉자 바로 전날 백악관 상황실Situation Room에서의 한 순간이 떠올랐다.

클린턴 국무장관, 로버트 게이츠Robert Gates 국방장관, 합동참모본부 의장 마이크 멀렌Mike Mullen 제독과 여러 고위관계자들과 가진 앞선 회의에서 나는 미군의 "C-13"을 이용해야 한다고 말했다. 포르토프랭스 공항이 파손된 정도로 봤을 때, 미군의 공수작전이 신속하게 아이티를 지원할 최선의 희망이었다.

하지만 내 요청에는 한 가지 문제가 있었다. C-13은 존재하지 않았다. 내 메모 카드 글씨가 번져서 생긴 일이었다. 실은 많이 들어본 C-130 수송기를 요청하려 했던 것이었다. C-130은 파손된 활주로에서도 이륙할 수 있어 미국에서 구조팀을 수송하는 데 필수적이었다. 모두가 예의 바른 침묵을 지켰고, 아무도 내 말을 정정하지 않았다. 그러나 몇 시간 만에 우리는 구조 팀들이 탑승한 비행기를 공중에 띄울 수 있었다.

다른 참석자들이 오벌오피스로 들어와 나와 함께 소파에 자리를 잡았고 나는 생각에서 빠져나왔다. 클린턴 장관, 전 애리조나 주지사이자 국토안보부 장관인 자넷 나폴리타노Janet Napolitano, 그리고 퓨게이트였다. 오바마는 벽난로 옆의 안락의자에 앉아 있었다. 이런 종류의 회의나 위기 상황에서도 대통령은 언제나 목적의식이 뚜렷하고, 내용을 깊이 숙지하고 있었으며, 신기할 정도로 침착했다. 그는 큰 그림을 보면서 아이티와 같은 한 가지 사안이 미국의 모든 이해관계에 어떤 영향을 미치는지 꿰뚫어 보는 독특한 능력을 갖고 있었다.

바이든이 옆자리에 앉자, 오바마 대통령은 업데이트된 상황 보고를 요청했다. 미국의 가장 유능한 공직자 중 한 명인 나폴리타노 장관은 존재감이 상당했다. 그녀는 신속히 자기 부서가 대응 준비를 위해 수행 중인 모든 활동을 보고했다. 하지만 국토안보부의 탁월한 역량에도 불구하고 FEMA를 포함한 여러 부서는 위험 지역이 아닌 미국 본토에 초점을 맞추고 있었다. 어쩌면 나의 조심스러운 태도와 오바마가 아이티에서 벌어지고 있는 상황에 관심이 있음을 느껴서인지, 퓨게이트가 끼어들어 말했다. "라지브가 보고드릴 수 있습니다."

내 브리핑은 잘 진행되었다. "C-13" 같은 실수는 더 이상 없었다. 하지만 오벌오피스에서 나오면서 나는 이제까지와는 다르게 해야 한다는 사실을 깨달았다. 워싱턴 사람들이 기대하고 원하는 것은 방금 회의에서 봤듯이, 실제 상황보다 더 조화롭게 들리는 잘 정리된 보고였다. 아이티에서 생명을 구하고 정부 전체의 역량을 총동원해 잘 조율된 대응을 하려면, 기존 방식과는 다른 접근이 필요했다. 그날 오벌오피스에서 그 '다르게'가 정확히 무엇을 의미하는지는 몰랐지만, 뭐가 됐든 내가 '독점'할 수 없다는 건 분명했다.

회의가 끝나자 나는 퓨게이트에게 대화를 요청했다. 대통령에게 누가 보고하느냐보다 보고가 제대로 되는지의 여부를 더 중요시하는 그의 모습이 인상적이었다. 그에게 아이티 구호 활동을 함께 해나갈 마음이 있는지 물었다. 퓨게이트에겐 심지어 더 좋은 아이디어가 있었다. 그는 아예 우리 운영 센터로 옮겨 나와 같이 일하겠다고 했다. 그가 USAID에 도착하던 날, 내가 느낀 건 안도감보다는 기대감이었다. 퓨게이트는 경험과 자신감, 그리고 FEMA의 놀라운 역량을 가지고 왔다. 무엇보다도 그의 합류는 우리가 워싱턴에서의 권력 다툼이 아닌, 아이티에서의 실질적인 성과에 집중할 것임을 의미하는 중요한 신호였다.

다음 몇 달 동안, 크레이그와 나는 완벽한 파트너로 함께 일했다. 마이클 멀렌 제독과도 그와 비슷한 긴밀하고 생산적인 관계를 만들어 나갔는데, 그는 펜타곤의 '탱크'라는 회의실에서 열리는 의장 브리핑에 나를 초대해 주었다. 현지에서 미군의 대응을 이끈 미 남부사령부 부사령관 켄 킨Ken Keen 중장, 그리고 국무부의 효율적 운영을 지원한 힐러리 클린턴 국무장관의 뛰어난 참모장이자 수석 고문인 셰릴 밀스Cheryl Mills와도 협력했다.

우리는 함께 밤낮없이 협력하여 대규모 대응 전략을 조직했다. 2만 명의 미군과 민간 인력을 배치해 이재민을 위한 안전 구역을 설치하고, 700명의 도시 수색 및 구조팀을 파견해 생존자를 구조하기 위한 임무를 맡겼다. 동시에 공군팀은 포르토프랭스 공항의 기능을 48시간 이내에 복구하여, 장비와 인력을 너욱 신속하고 큰 규모로 동원할 수 있도록 했다.[7]

이처럼 거대한 빅벳은 한 사람이 '소유'할 수 없다. 미국 역사상 가장 큰 인도적 지원활동 중 하나를 이끌며, 나는 가능한 모든 도움을 받아야 한다는 사실을 깨달았다. 이를 위해 지원 제안을 추적하고, 후속 조치를 취하며, 감사 인사를 전할 방법도 개발해야 했다. 당신도 새로운 파트너와 협력할 방법을 찾아야 한다. 함께 할 때의 잠재적 이익이 어떤 위험보다도 훨씬 크다.

성과 기록하기

크레이그를 USAID의 대응 센터에 처음 데려갔을 때, 그곳이 이상적인 수뇌부는 되지 못한다는 걸 알았다. USAID는 백악관에서 몇 블록 떨어진 곳에 위치한, 석회암의 비교적 모던한 오피스빌딩인 로널드 레이건 빌딩에 위치해 있었다. 하지만 9층의 대응 센터는 현대적인 것과는 거리가 멀었다. 화이트보드 몇 개와 너무 많은 칸막이 공간들, 그리고 서로 다른 시간대를 확인하기 위한 다섯 개의 아날로그 시계가 있고, USAID DART_{Disaster Assistance Response Team, 재난 지원 대응팀} 폴로 셔츠를 입은 사람들로 점점 더 북적였지만 별로 인상적인 건 없었다.

당시 그곳에 있던 대부분의 사람들은 나에게는 낯선 사람들이었다. 나는 정부 내 첫 직장이었던 농무부에서 끈기 있는 공군 참전 용사 출신 보좌관 니샨트 로이_{Nishant Roy}를 USAID로 데려왔다. 또 얼마 안 가 콜롬비아에서 성공적인 민간-군사 협력을 관리한 경험이 있는 베테랑 직원 수잔 라이셸_{Susan Reichel}에게 의존하게 되었다. 그녀에게는 어떻게 해야 서로 다른 유형의 팀을 공동의 목표를 중심으로 모을 수 있는지에 대한 이해가 있었다. 수잔은 거의 지진이 발생한 순간부터 대응 센터를 이끌고 있었다.

크레이그, 수잔, 그리고 내가 처음 논의한 것 중 하나는 더 나은 데이터의 필요성이었다. 현장의 사실적인 정보를 꾸준히 확보한다면 이를 통해 전략을 수립하고 행동 방향을 정할 수 있었다. 이는 내가 게이츠 재단에서 백신이나 식량 관련 사업을 할 때 충실히 배운 교훈이었다. 현장에서 얻게 되는 견고한 데이터를 대체할 수 있는 것은 없었다. 또한 우리가 쏟은 자금과 행동이 유의미한 성과를 내고 있는지 측정하는 유일한 방법이기도 했다.

긴급 상황에서 인도적 지원에 관한 데이터 수집과 보고는 종종 우리가 생각하는 방식대로 이루어지지 않음을 나는 곧 깨닫게 되었다. 일반적으로 정부는 상황 보고서를 작성하여, 전날 대비 변동사항을 나열한 데이터를 내놓을 뿐이다. 그러나 우리에게 필요한 건 아이티 지진 이후 현장의 필요를 가늠하고, 문제를 해결하고 있는지 명확하게 파악할 수 있는 방법이었다. 예를 들어, 얼마나 많은 사람들이 기본적인 쌀 배급을 필요로 하는지, 그리고 목표 달성을 위해서는 어디에 더 많은 자원을 집중해야 하는지와 같은 정보를 알아야 했다.

데이터 운영에 도움을 받기 위해, 나는 니샨트를 아이티로 파견하여 현지의 눈과 귀가 되어 대응 센터에 최신 정보를 제공하도록 했다. 니샨트는 사람들과 잘 어울리고 외교적인 성격을 지닌 데다 군 경력이 있어 현장에 있는 군 작전 관계자들과도 쉽게 친해졌다. 니샨트가 도착한 후 곧 엄청난 데이터가 쏟아져 들어오기 시작했다. 나는 이 데이터를 잘 정리해 우리의 목표를 더 부각시키는데 사용하고 싶었다. 그러다 어느 순간, 우리가 어떻게 하고 있는지 보여줄 '성과표'가 필요하다는 말을 불쑥 내뱉었다.

다음 날, 그 '성과표'가 탄생했다. 우리는 물과 식량에의 접근성, 위생, 잔해 제거, 병원 입원 등을 꾸준히 모니터링하면서 진행 중인 작업의 모든 부분을 철저히 기록으로 남겼다. 예를 들어, 물 접근성 지표에는 단순히 얼마나 많은 캠프가 물을 공급받았는지만이 아니라 공급량 자체, 물을 식수로 만드는 데 필요한 염소 정제의 수량 등도 포함시켰다. 심지어 물 배달에 소요되는 연료량까지 측정했다. 그런 다음 우리의 목표량(항상 측정 가능한 수치로), 진행 상황(항상 백분율로), 목표 달성을 위해 필요한 조치들(아주 상세하게)을 기록했다.

이 문서는 백악관 브리핑과 다양한 회의에서뿐만 아니라 국제적 대형 재난 대응 작전을 조율하는 데 필수적인 도구가 되었다.[8] 성과표는 아이티 사람들의 고달픈 삶을 개선하겠다는 목표 달성을 위해 우리가 얼마나 잘해 나가고 있는지 보여주는 지표가 되었다. 재난의 범위가 넓고 팀이 다양한 만큼, 이 한 장의 종이는 모든 사람이 꼭 필요로 하고 자신들의 정보가 포함되기를 바라는 유일한 곳이기도 했다.

데이터에 기반한 관리 방식은 결코 새로운 접근법이 아니다. 많은 정부 기관들도 나름의 측정 지표들을 가지고 있다. 하지만 아이티에서 배운 점은, 성과를 수치화함으로써 모두가 같은 선상에서 같은 방향을 바라보게 된다는 것이다. 각 팀은 자신들의 데이터를 독점하기보다 우리 대응 센터와 정부 부서에 널리 공개적으로 공유했다. 물론 일부는 특히 수치들이 즉각적으로 개선되지 않을 때, 이것이 현명한 방법인지 의문을 제기하기도 했다. 그러나 때로는 실패를 나타내는 데이터조차 공유함으로써 팀의 작업에 필수적인 신뢰가 쌓였고, 더 주목해야 할 부분도 드러났다. 달리 접근하기에는 위험 요소가 너무 많은 상황이었다.

무언가를 소유한다는 것은 종종 데이터를 소유하는 것에서 시작되며, 이는 사람들이 공유를 꺼리는 이유이기도 하다. 성과를 평가하거나 누군가에게 책임을 물으려면 수치를 볼 수 있어야 한다. 누군가 우리의 지표를 유출하거나 데이터를 오용했을 가능성도 있지만, 어떤 중대한 유출 사고도 발생하지 않았다. 오히려 정보 공유는 크고 다양한 우리 팀을 하나로 결속시켰다.

당신도 점수를 기록할 수 있다. 필요한 건 종이 한 장과 펜밖에 없다. 물론 이 성과표들은 그래픽과 시각적인 장치로 화려해질 수 있다. 하지만 사실은 세 칸으로 된 표만 있으면 충분하다. 측정하고 있는 결과, 성공을 위한 목표, 그리고 현재 진행 상황. 매일 반복하다 보면 성공하고 있는 부분과 도움이 필요한 부분이 보이기 시작할 것이다.

기여할 만한 소중한 것을 가진 것처럼

위기가 발생한 지 몇 주 만에, USAID의 대응 센터는 완전히 달라져 있었다. 커피 컵, 유선 인터넷 선, 추가 테이블과 책상으로 뒤엉켜 정신없는 모양새였다. 방안을 둘러보니, 군복을 입거나 다른 기관의 셔츠, 조끼, 모자를 쓴 사람들이 우리 USAID 팀원들과 함께, 때로는 같은 칸막이 공간 안에 비좁게 앉아 있는 모습이 보였다. 그 방은 크고 혼란스러운 우리 팀의 상징이었다.

모두를 한 곳에 모으기는 쉽지 않았다. 정부의 규칙 및 규정은 사람, 플랫폼, 정보까지 무엇이든 공유하기 어렵게 만든다. 팀에 합류하는 모든 이들이 양식을 작성해야 했다. 다른 기관의 경우 기여도가 클수록 더 많은 양식을 채울 것을 요구받았다. 예를 들어, USAID가 구호작업에

C-130 수송기를 사용하려면 미 국방부에 비용을 지불해야 했다. 정상적인 상황이라면, 비행기가 한 번 뜰 때마다 승인을 요청하고 지불에 동의하는 절차를 밟아야 했다. 하지만 하나의 팀으로 협력해 일하면서 우리는 일부 서류 작업을 간소화해 쉽게 처리할 수 있었다.

크고 포괄적인 팀이 가져오는 역동을 모두가 좋아한 건 아니었다. 크레이그는 결정을 위한 작은 그룹을 선호한 반면, 나는 모든 사람의 아이디어를 물어보고 때로는 요청한 적 없는 의견에도 귀를 기울였다. 그래서 대응 센터는 어딘가 자유분방한 분위기가 되었다. 한 번은 거의 주먹다짐 직전까지 간 두 사람 사이에 서서 달아오른 논쟁을 멈추게 해야 하는 경우도 있었다.

비록 어느 정도의 관료주의와 약간의 긴장감도 있었지만, 나는 모든 인력을 한데 모으는 것이 우리의 작업을 더 나아지게 만들고 있음을 확신했다. 곧 어떤 군 관계자가 외교관 옆에 앉아 도시 수색 및 구조 전문가인 로스앤젤레스 소방관과 전화로 새로운 기술에 대해 논의하고, 다시 현지의 누군가를 불러 포르토프랭스 한 지역에서 실험해 보려는 모습이 보였다. 화이트보드는 앞으로 몇 시간, 며칠, 몇 주간 우리의 작업에 활기를 불어넣을 정보와 각종 아이디어들로 가득 찼다.

어느 날, 백악관에서 대응 센터로 서둘러 돌아오던 길에 본부 입구에 길게 줄을 선 사람들을 보았다. 나는 곧장 상황을 파악했다. 여러 기관 출신의 9층 팀이 본부 1층에서 예상치 못한 교통 혼잡을 만드는 상황이었다. 나는 줄을 지나쳤는데, USAID 직원들은 자유롭게 출입할 수 있었기 때문이었다. 커피를 사러 나가거나 가족과 저녁을 먹으러 집에 갔다가도 정부 신분증을 대기만 하면 다시 들어올 수 있었다. 하지만 우리 팀에 배정된 군 관계자는 매일 임시 출입 스티커를 받아서 회전문(현대적인 전자 보안 게이트나 실제로 '회전'하지는 않았다)을 통과해야 했고, 그러기 위해 긴 줄을 서야 했다. 매일 같이 외부인들이 긴 줄을 서는 동안, USAID 동료들이 그 옆을 지나가는 광경이 반복되었다.

나는 이 문제를 어떻게 해야 고칠 수 있는지 문의했다. 답변을 받았지만 오히려 더 번거롭고 수고스럽게 느껴져서 나는 회전문을 그냥 열어두면 안 되는지, 그래서 아무나 편하게 드나들 수 있게 할 수는 없는지 물어보았다. 성실한 건물 보안팀은 이 요청의 영향을 신중히 검토해야 했다. 하지만 내가 솔직하게 직접적으로 말했고 그들도 이 임무의 중요성을 이해하고 있었기 때문에 보안 문은 개방되었다. 회전문을 열어두면 건물에 들어가는 데 약 10분 정도를 절약할 수 있었다. 하지만 무엇보다 그건 우리가 모두 같은 팀이고 같은 위치에 있다는 메시지를 전달했다. 그것은 사람들을 하나로 묶어주었고, 이 임무를 수행하는 데 필요한 매우 중요한 신뢰와 동료애를 쌓게 해주었다.

간혹 불편하고 의견 충돌도 있었지만, 혼잡한 대응 센터는 그런 고충을 감수할 가치가 있었다. 사람들은 일을 하고 싶어 했다. 언젠가 눈보라로 워싱턴이 멈춰 섰을 때, 우리 팀 거의 전원이 빙판길에 출근을 방해받지 않기 위해 걸어갈 수 있는 거리의 호텔로 옮겨 지낸 적도 있었다. 회전문을 열어, 매일 사람들에게 몇 분을 절약해 주는 것이, 이 같은 헌신을 불러오는 것이라면 그건 충분한 가치가 있었다.

그 이후로 '회전문 열어주기'는 내 오랜 좌우명 중 하나가 되었으며, 이는 건물 보안 문제를 훨씬 뛰어넘어 적용될 수 있는 개념이다. 팀이나 파트너, 연합을 구성하는 이들 간의 더 원활한 협력을 방해하는 정체나 장애물이 보일 때마다, 나는 회전문을 열어야 하는지, 어떻게 벽을 허물고 더 매끄러운 협력을 장려할 수 있을지 묻는다.

더 나아가, 회전문을 여는 것은 중요한 신호를 전달했다. 폐허가 된 아이티에 빠르고 조직적이며 강력한 미국의 대응으로 응하는 것이 목표라면, 그 무엇도 우리를 막을 수 없었다. 나는 팀 전원이 자신들 모두가 이 중요한 여정에 포함되어 있으며, 그 결과는 워싱턴의 불필요한 규제보다 더 중요하다는 사실을 알았으면 했다. 우리가 기꺼이 한 걸음 더 나아가고, 워싱턴에서 비교적 작은 위험쯤은 감수하겠다는 의지를 보인다면 사람들도 아이티를 위해 계속 전력을 다해줄 것이라고 기대했다.

당신이 빅벳의 리더이든 아니면 그저 도와주는 쪽이든, 파트너에게서 최선을 이끌어 내고, 전문 분야가 잘 맞지 않더라도 그들로부터 듣고 배우는 시간을 가질 수 있는 방법이 있다. 이런 일은 어느 정도 인내심이 필요하다. 하지만 신뢰는 모두가 환영받고 소속감을 느끼며, 자신들이 기여할 만한 소중한 것을 갖고 있다고 느낄 때 시작된다.

소속감을 갖는 길

회전문을 여는 일에 그토록 민감했던 이유 중 하나는 내가 팀 밖에서 소외된 기분이 어떤 것인지 잘 알고 있었기 때문이다.

나는 어렸을 때부터 정치와 워싱턴에 관심이 있었다. 아버지가 로널드 레이건Ronald Reagan 대통령의 녹음된 연설을 따라 하며 영어를 연습하는 것을 듣곤 했다. 아버지에게 레이건의 연설을 듣는 건 정치에 관심이 있어서가 아니었다. 오히려 그것은 나와 아버지, 그리고 우리 가족 모두가 체화하고 싶어한 미국의 리듬이었다.

어린 시절 내가 대통령들의 연설을 들은 건 아버지와는 다른 이유에서였다. 아버지에게 정치란 언어와 억양의 문제였다. 한 나라의 리더처럼 말한다면 그 나라에 속한다고 느껴졌기 때문이다. 나에게는 정치가 한 나라에 소속되고 기여할 수 있는 길로 보였다. 미국에서 태어나고 자란 나는 아버지보다 레이건에 더 가까운 억양을 가지고 있었지만 나 같은 외모의 사람들이 지역이나 국가 차원에서 정치에 참여하는 모습은 거의 보지 못했다.

대표성은 중요하다. 어린 시절 몇 년 동안 포드 자동차는 아버지를 필라델피아Philadelphia 외곽, 펜실베니아Pennsylvania 시골의 전자 공장 매니저로 파견했다. 우리 가족은 디트로이트 지역에선 이민자 커뮤니티에 자연스레 섞여 들어갔지만, 펜실베니아에서는 눈에 띄는 외부인들이었고,

그런 점을 나는 하루하루 실감해야 했다.

　6학년 첫 몇 달 동안, 수백 명의 학생 가운데 유색인종은 극소수였던 학교에서 담임 선생님은 내 이름인 '라지브'를 잘못된 다양한 발음으로 불렀다. 여러 번 고쳐드려도 나는 여전히 희한한 이름으로 불리곤 했다. 그러던 어느 날, 우연히 나처럼 이름이 '라지브'인 인도의 새 총리에 관한 소식에, 뉴스를 듣고 그제서야 내 이름을 제대로 발음할 수 있게 되었다고 담임 선생님은 말했다.

　이러한 이유들로 인해 나는 정치를 또래들과는 다르게 생각했다. 펜실베니아 집 거실 바닥에 누워 레이건과 다른 정치인들을 TV로 볼 때 나 같은 외모의 사람은 거의 볼 수 없었다. 나는 한 번도 소속감을 느낀 적이 없었다. 나이가 들어가며 나는 큰 변화를 이루는 것뿐만 아니라 주류가 아닌 사람들도 환영받을 수 있도록 범위를 확장하고 경계를 넓히고자 정치에 관심을 갖게 되었다. 정치는 우리 아이들을 포함해 다른 아이들이 자기 이름이 이상한 발음 또는 아예 엉망으로 불리는 일이 없도록 나라를 변화시키는 한 가지 방법이었다.

　이러한 탐색을 나는 시밤과 공유했고 우리는 대학원 시절 인도계 미국인의 정치적 대표성을 높이기 위한 프로그램을 시작했다. 내가 잠시 의대를 벗어나 내슈빌의 고어 대선 캠페인에 참여하게 된 이유도 정치의 바람직한 역할을 찾아 나서는 과정이었다. 그리고 내가 캠페인 초기 몇 달 동안 실질적인 작업에서 배제되었다고 느끼며 매우 낙담한 이유도 거기 있었다.

　그럼에도 불구하고 나는 좋은 친구들을 사귀었다. 필립 레인스Philippe Reines와 금방 친해졌는데 그는 재치 있는 뉴욕 토박이였다. 나처럼 필립도 아웃사이더였고, 이번이 첫 번째 대규모 캠페인이었지만, 재능 있는 작가였던 그는 뛰어난 언론 대처 능력을 금세 입증했다. 우리는 매사추세츠 출신의 젊은 연설문 작성자인 제프 누스바움Jeff Nussbaum을 비롯한 비슷한 나이대의 친구들과 어울리곤 했다. 하루 종일 일한 뒤 밤늦게 와플

하우스에서 커피를 마시며 같이 백악관에서의 미래를 꿈꾸었다.

선거 당일 밤이 되자 우리 젊은 보좌진 그룹은 꿈꾸던 고위직은 아니었지만, 어딘가 필수적인 존재가 되어 있었다. 적어도 우리 마음속에서는 분명 그랬다. 선거 결과가 불확실해지자 우리는 모두 행동에 나서, 어떻게 대응할지 조사하고, 브리핑과 연설문을 작성하고, 기자들과 대화했다. 인생과 역사의 큰 흐름 속에서 특히 결국엔 실패한 대선 캠페인이라는 맥락에서 이 모든 게 그리 큰 의미는 없었다. 하지만 소속감, 친구들과 동료들이 함께 전력을 다해 어떤 일을 해보는 것은 직장 생활의 큰 기쁨 중 하나였다.

나는 또 하나의 귀중한 교훈을 얻었다. 팀은 굉장한 일을 해낼 수 있지만, 구성원 모두가 소속감을 느끼고 그 노력에 동참해 활력을 얻지 못한다면 최대치의 잠재력을 이끌어 낼 수 없다. 내부인과 외부인이 존재하면 누군가는 항상 제대로 존중받지 못하고 저평가된다. 회전문 문제를 해결한 것도 이러한 이유에서였다. 시간 낭비 때문이 아니라, 팀의 손실이 더 큰 문제였다. 나는 일하는 모두가 자신의 가치를 인정받고 최선을 다할 수 있기를 바랐다.

반복하기

지진 발생 며칠 후, 나는 클린턴 장관 옆자리에 앉아 포르토프랭스에 착륙하는 중이었다. 힐러리는 좋은 상사였다. 항상 나를 비롯한 팀원 모두를 격려하고, 보호하며 더 나은 성과를 내도록 이끌어 주었다. 그녀의 최측근 고문들과 함께 일하는 것도 즐거웠다. 그중에는 셰릴Cheryl과 필립도 있었는데 고어 캠페인에서 함께 일했던 필립은 이제 힐러리 팀의 일원이 되어 있었다.

이런 출장들은 언제나 정신없이 바쁜 일정이었다. 한순간 나는 아이티의 프레발René Préval 대통령과 함께 피해 입은 공항을 돌아보고 있었고,

그다음에는 아이티에 갓 도착한 미국 군과 민간 구조팀들을 접촉했다. 구조 작업에 참여한 다양한 인도주의 단체들과 만나고 나서는 바로 미국 대사관 직원들을 방문했는데, 그중 일부는 우리 USAID 소속이었다. 중요한 도움을 주기 위해 곧바로 합류한 유명인 파트너들과도 접촉했는데 그중에는 유명 셰프이자 비영리 활동가인 호세 안드레스José Andrés와 배우이자 활동가인 숀 펜Sean Penn도 있었다.

아이티 사람들과 직접 만난 시간은 나에게 가장 인상 깊은 만남 중 하나였다. 공항에서, 넘쳐나는 임시 대피소와 병원, 그리고 지진으로 파괴된 인근 지역에서 그들을 만났다. 즉석 야외 응급 진료소에서 한 어머니와 이야기를 나눈 기억이 아직도 선명하다. 다리에 깊은 상처를 입어 절단이 필요할 수도 있는 상태였지만, 그녀가 그 순간 가장 걱정하는 것은 아이들이었다. 그중 한 아이가 아직도 잔해 속에 있다고 했다.

아이티에서 돌아오는 비행기에서 힐러리, 셰릴, 필립과 나는 현장에서 보고 들은 내용을 공유했다. 아이티에서 보고 듣고 배운 바를 토대로 우리가 떠난 뒤에도 팀을 더 잘 지원할 방법을 모색했다. 힐러리는 이 부분에 특히 노련했다. 가장 유용한 정보를 놓치지 않고 찾아냈으며 국무부의 방대한 체계를 가장 효과적으로 활용할 수 있도록 보장해 현지 팀의 필요를 충족시켜 주었다. 나 또한 같은 노력을 기울였다.

일요일 자정이 훨씬 넘은 시각에 우리는 워싱턴에 도착했다. 비행기에서 내리자 필립이 활주로 저편에서 나에게 소리쳤다. "오늘 밤 푹 잘 생각은 마." 그가 말했다. "아침에 할 일이 아주 많거든." 백악관은 나와 아주 뛰어난 파트너가 되어준 미국 남부사령부의 켄 킨 중장에게 바로 그날 아침 주요 아침 토크쇼 다섯 곳에 출연하라는 지시를 내렸다.

워싱턴의 많은 이들처럼 나는 성인 시절 대부분을 밋 더 프레스Meet the Press*를 시청하며 핵심적인 청중과 소통하는 일이 얼마나 중요한지 알고 있었다. 미국의 납세자들뿐만 아니라 의회와 정부 기관의 주요 인사

---

* 미국에서 가장 오래된 정치 시사 프로그램으로 현재도 NBC에서 방송 중이다.

들이 우리의 메시지를 듣고 있었다. 그러나 며칠 잠을 자지 못한 뒤라, 잘 해낼 수 있을지가 걱정이었다.

나는 동트기 전 촬영을 위해 집을 나섰다. 뒷좌석에 필립이 앉아 있다가 나에게 커피 한 잔을 건넸다. 그는 내 인터뷰 준비를 도와주었고, 내가 스튜디오에서 인터뷰를 진행하는 동안 켄은 포르토프랭스에서 화상으로 연결되었다. 나는 피곤했지만, 집중력을 유지하려 애썼다. 시밤은 이렇게 농담을 던졌다. 우리 아들 사잔이 내가 각 인터뷰에서 "신속하고, 조직적이며, 강력한 대응"이라고 몇 번이나 말했는지 세면서 숫자를 배울 수 있을 거라고 말이다.

결국 필립이 옳았고 내가 자주 말하듯 시밤도 그랬다. 적극적으로 듣고, 같은 메시지를 여러 번 전달하는 것은 우리와 같은 대규모 팀이 협력하는 상황에서는 필수적이었다. 모두가 대응 센터에 들어갈 수 없었기 때문에, 나는 USAID의 수백 명, 미국 정부의 수천 명, 그리고 미국과 아이티의 수백만 명이 우리가 목표를 어떻게 정의하고 있는지, 그것을 달성하고 있는지, 그리고 계속되는 좌절을 넘어서기 위해 어떻게 노력하고 있는지 꼭 알게 해야 했다.

크고 분산된 팀을 이끌 때는 모든 사람과 소통할 방법을 찾아야 하며, 특히 지리적으로 떨어져 있을 때는 더욱 그렇다. 팀이 규모가 크고 여러 곳에 흩어져 있을수록 더 많이 소통해야 하며, 때로는 마침내 상황을 돌파하기 위해 같은 말을 반복해야 한다. 그 소통은 당신의 입장을 명확히 하고, 당신이 어디에 집중하는지 사람들이 볼 수 있게 해준다. 이 경우 우리가 집중한 것은 엄청난 재난 상황에서 아이티 주민들의 요청을 듣고 도와주는 것이었다. 또한 이를 통해 사람들이 우리가 '성공의 기준'을 어떻게 정의하는지를 명확히 이해할 수 있게 하는 것이었다.

팀워크 정신

2010년 2월 말까지 우리 팀은 혁신적으로 일하며 잘 협력하고 있었고, 이를 증명할 수 있는 성과 지표도 있었다.[9] 하지만 항상 그렇게 차분하고 협조적인 팀워크는 아니었다. 복잡한 작업에서는 늘 그러듯 서로 다른 의견들이 정당하게 충돌하는 경우가 있었는데, 그중 하나는 언제 미군을 아이티에서 철수할 것인가 하는 문제였다. 하지만 결국 우리가 한 팀으로 쌓아온 신뢰 덕분에 다른 이들의 신뢰도 얻으면서 이 결정도 무리 없이 이루어졌다.

또 다른 예는 천 개의 병상을 갖춘 해군의 병원선인 USNS 컴포트USNS Comfort의 배치 문제였다. 컴포트는 지진 발생 후 10일 이내에 포르토프랭스에 도착했으며, 그 인력은 거의 천 명의 환자를 응대하고 총 800건 이상의 복잡한 수술을 진행했다.[10] 아이티의 병원들이 멈추거나 기능을 상실한 시점에서 항구에 있는 밝은 흰색의, 미식축구장 세 개 길이의 배는 그 이름대로 편안함을 제공했다.

하지만 3월 초가 되자, 평가를 다시 할 시점이 되었다. 나는 성과표를 살펴보았고, 컴포트를 아이티에 유지하고 심지어 환자들을 플로리다 병원으로 공수하기 위해 USAID가 지출하고 있는 막대한 금액을 검토했다. 그러자 그만한 지출 비용을 아이티의 보건 시스템을 장기적으로 강화하는 데 쓰는 편이 훨씬 더 좋겠다는 생각이 들기 시작했다. 실제로 또 상징적인 의미에서도 편안함을 제공했음에도 불구하고, 같은 돈으로 아이티 자체에 더 나은 투자를 할 수 있는 상황을 고려했을 때, 컴포트의 배치는 더 이상 의미가 없었다. 나는 컴포트를 본국으로 복귀시킬 것을 권했다.

하지만 이건 나 혼자 내릴 수 있는 결정이 아니었다. 어느 일요일, 나는 보건복지부 장관 캐슬린 시벨리우스Kathleen Sebelius를 포함한 국가 안보 관계자들과 컴포트 호에 대해 통화했다. 보건복지부는 컴포트의 재배치 여부와 시기에 대한 조언을 듣기 위해 패널을 구성했다. 캐슬린이 말했다. "제가 의사는 아니지만, 컴포트를 계속 거기 두어야 한다고 생각합니다." 그러자 다른 누군가가 끼어들며, "저도 의사는 아니지만 동의합니다"라고 말했다. 곧 다른 사람들도 같은 말을 하며 동의했다.

사실 나는 경력 전체를 통틀어 내 의학 학위를 근거로 어떤 주장을 한 적은 한 손으로 꼽을 만큼 드물다. 하지만 늦은 밤과 때론 주말까지 이런 통화와 회의로 시간을 보내고 나자 너무 지쳐서 더 이상 예의 바르게 대꾸하기가 어려웠다. 나는 "아, 저는 의사인데요, 같은 돈으로 병원 전체 병동을 재건할 수 있는 상황에서 수십만 달러를 팔다리 접합에 쓰는 건 말이 안 되는 것 아닙니까?"라고 말하고 말았다.

이 순간을 떠올리면 지금도 얼굴이 화끈거린다. 나는 보통 의사는 모든 걸 다 안다고 생각한다는 진부한 고정관념을 피하려고 노력하는 편이기 때문이다. 하지만 그 순간은 곧 지나갔다. 통화에 참여한 사람들은 나와 우리 팀이 아이티 사람들에게 최선의 결과를 제공하는 데만 집중하고 있다는 것을 알고 있었다. 그리고 우리는 결국 합의에 이르렀다. 컴포트는 며칠 후 닻을 내렸다.[11]

충돌과 날카로운 의견 차이는 발생할 것이다. 특히 열정적인 사람들이 자신의 전부를 프로젝트에 쏟고 있을 때는 더 그렇다. 하지만 회전문을 열어주면, 충분한 동료애와 서로에 대한 이해를 가져와 파문을 가라앉게 하거나 적어도 그런 갈등이 고집이 아닌 열정으로 받아들여지게 만든다. 사람들이 모두가 같은 팀이라고 느끼고, 사실은 모두가 도우려 하고 있다는 걸 알아야 선의로 나아가는 것은 더 쉬워진다.

지진 발생 후 거의 6개월이 지났을 때, 단기적으로 우리가 할 수 있는 건 다했다는 생각이 들기 시작했다. 미군의 구호 활동만으로도 4만 명 이상의 환자를 치료하고 집중 치료를 위해 수백 건의 응급 이송을 수행했다.[12] 아이티의 아동 기아율도 지진 발생 전날에 비해 상당히 낮아졌다. 우리가 추적한 염소 정제도 상당한 혁신으로 입증되었다. 이 정제를 비롯한 몇몇 조치 덕에 사람들은 실제로 더 건강해졌다. 아이티에서 설사병이

12퍼센트나 감소했던 것이다.[13] 우리는 또한 콜레라와 결핵 같은 질병으로 위험에 처한 아이티인 100만 명에게 백신을 접종하는 데 성공했는데, 그들은 아마 다른 경로로는 백신을 맞을 기회가 없었을지도 모른다.[14]

긴급 상황이 점차 진정되자 아이티 정부, 유엔, 그리고 다른 파트너들이 아이티 섬에서 인도적 지원 활동을 다시 시작할 수 있게 되었다. 우리는 분명 아이티의 모든 어려움을 해결한 것은 아니었다. 당시에도, 그리고 지금은 더하지만, 아이티는 어려운 나라였다. 하지만 아이티가 잔해 속에 갇힌 사람들을 찾고, 외진 지역에 물을 공급하고, 임시 보호소를 짓는 등의 도움을 필요로 할 때 우리는 미국 정부 전체가 불필요한 갈등 없이 진정한 성공을 거두며 돕게 만들 수 있었다.

긴급 상황에서 벗어나 장기적으로 아이티를 지원할 방법을 찾는 중에, 나는 아이티를 비롯해 여러 지역에서 현장 활동을 펼치는 NGO인 파트너스인헬스Partners in Health의 설립자이자 선구적인 내과 의사인 폴 파머Paul Farmer에게 자문을 구했다. 관습을 벗어나 자신의 견해를 가감 없이 나누는 폴과는 몇 년 전부터 아는 사이였다. 다음으로 무엇을 해야 할지 묻자, 그는 주저하지 않고 "더 좋게 재건하라."라고 제안했다.

폴은 포르토프랭스에 세계적 수준의 병원을 세우자고 제안했다. 그 시점에서 아이티는 부족한 것 투성이였기 때문에 세계적 수준의 무언가를 언급하는 건 사치로 느껴졌다. 하지만 폴은 그것이 가능하다고 생각했고, 이 병원이 향후 5년, 10년, 심지어 50년 뒤에 어떤 의미를 가질지에 대해 그림을 그려 보였다. 나는 폴의 여러 조언들에 그랬듯 그 아이디어에 매료되었다.

지진이 일어난지 3년이 조금 지난 시점에 미르밸레 대학병원Hôpital Universitaire de Mirebalais이 포르토프랭스의 북쪽에 개원했다.[15] 이 병원은 미국 어느 병원과도 경쟁할 수 있는 수준의 진료와 시설을 갖춘 특별한 기관이었으며 2021년 지진과 같은 자연재해 이후에도 아이티섬에서 많은 자연재해가 발생할 때마다 중요한 역할을 해왔다.[16] 컴포트호를 위한 자금이 이 병원에 직접 투입되었다고 할 수는 없지만, 예산이 제한된 작은 기관의 경우, 이러한 선택들이 분명히 중요했다.

이 병원이 우리가 아이티에서 다르게 일하려고 한 유일한 방법은 아니었다. 크레이그를 비롯한 나머지 팀과 함께 우리는 대단히 효과적인 운영방식을 구축했다. 우리는 누가 어느 분야를 가지고 있는지, 또는 누가 어떤 공로를 인정받는지에 초점을 맞추지 않았다. 대신, 우리의 빅벳을 성공시키기 위해 필요한 모든 사람을 모으려고 했다. 이를 위해 데이터를 공유하고, 협력하며, 소통했다. 그 과정엔 최소한의 갈등과 약간의 마찰이 있었을 뿐이었다. 결국, 정부 차원의 접근에 더해, 500개 이상의 비정부기구와 140개 나라가 이 구호 활동에 참여했다.[17]

그 과정에서 나는 '회전문을 여는 것'이 가능한 모든 도움을 받아 결과적으로 훨씬 더 많은 것을 이루게 하는 사고방식이라는 걸 배웠다. 이는 우리 USAID 팀이, 또 팀의 리더인 내가 모든 답을 가지고 있지는 않지만, 동시에 단기적으로 수천 명의 생명을 구하고 장기적으로는 수백만 명의 삶을 개선할 수 있는 역량을 분명 가지고 있음을 인정하는 것이었다. 회전문을 여는 결정을 한 뒤, 사람들을 받아들이고 결과에 집중하면서 과할 정도로 소통에 힘썼다. 그럴 때, 다양성을 최대한 활용하고 관료주의가 가진 최악의 함정은 피하면서 더 나은 성과를 내는 팀을 만들 수 있다는 것을 알게 되었다. 이런 모든 깨달음을 나는 지금껏 반복해서 적용하는 중이다.

우리는 또한 활기를 되찾은 USAID에서 더 크고 더 나은 성과가 가능하다는 사실을 보여주었다. 아이티에서 우리의 작업은 에너지와 긴박감을 더 많이 불러일으켰고, 다른 이들에게 USAID가 다시 큰일을 해내고 있음을 알렸다. 아이티 구호 활동이 가져다준 팀워크는 전염성이 있었다. 혁신적이고 협조적이며 야심 찬 정신이 퍼져나갔다.

그 모두가 향후 몇 년간 중요한 의미가 있었지만, 내가 가장 자부심을 느낀 건 뉴스에 나오지 않은 것들이었다. 지진 구호 활동 몇 년 후, 아이티를 방문하게 된 나는 폴에게 연락해 아들 사잔을 데리고 미르발레 대학병원을 볼 수 있을지 물었다. 폴은 기꺼이 허락해 주었을 뿐 아니라, 우리에게 직접 병원을 안내해 주겠다고 했다. 재난과 빈곤, 열악한 통치로 폐허가 된 나라에서 우리는 어떤 미국 대형 병원이라도 자부심을 가질 만한 신생아 치료실을 만났다. 탁월하고 노련한 간호사와 의사들의 돌봄 없이는 생존하지 못했을 조산아들이 그들의 숙련된 기술과 사랑으로 치료받으며 살아남았다. 그 치료실의 어린 환자들은 폴과 팀워크, 그리고 인류를 위한 하나의 빅벳에 대한 생생한 증거였다.

회전문을 여는 법

치열했던 그 몇 달이 지나고 오랜 시간이 흘렀지만 회전문을 연다는 개념은 내 머릿속 깊이 남아있다. 작은 움직임에 불과했고, 별로 혁명적이라 할 것도 없었지만, 나에게는 더 큰 사고방식으로 자리 잡았다. 진정한 위기의 순간에 사람들은 해결에 참여하고자 나선다. 그런 도움을 받아들이는 법을 배우는 것은, 어떤 종류든 인류를 위한 빅벳으로 나서게 하는 핵심적인 도구다. 회전문을 여는 사고방식은 더 크고 유능한 팀을 만들기 위해 필요한 것이다. 사람들은 소속감을 느낄 때 최선을 다하게 된다.

아이티에서의 임무는 당시 USAID에 갓 부임한 나에게 큰 도전이었다. 결국 그 도전을 마주하는 과정에서 여러 가지 행운들이 작용했다. 오바마 대통령과 클린턴 장관이라는 훌륭한 상사가 있었고, 꼭 필요한 순간 도움을 준 필립 같은 몇몇 친구들, 그리고 평소보다 오래 지속된 워싱턴의 주목도 있었다.

그 순간 내가 할 수 있었던 일은 그저 돕고 싶어 하는 사람들을 하나의 팀으로 만드는 것이었다. 당신도 다음의 방법을 참고한다면 얼마든지 같은 일을 해낼 수 있다.

✓ 도움을 받아들여라.

더 큰 목표를 추구할수록, 더 많은 사람들이 기꺼이 동참하고 싶어한다. 다른 사람들이 돕고자 하는 것은 약점의 표시가 아니다. 다른 이들이 리더십을 보이면서 약간 다른 방향으로 이끌고 싶어 한다는 건 진전의 신호이다.

✓ 성과를 기록하라.

목표를 설정하고 이를 널리 알리는 것과, 결과를 냉정하게 측정하고 팀원 모두와 그 결과를 공유하는 것은 별개의 문제이다. 모든 형태의 진전을 측정할 수 있는 명확한 방법을 고안한 다음, 진행 상황을 모두에게 공개하라.

✓ 사람들을 신뢰하는 '위험'을 감수하라.

팀에 대해 이야기하면서도 분열을 방치하면, 모두가 그 사실을 알아차릴 것이다. 실제로 크레이그 퓨게이트와 그의 팀에게 회전문을 열었던 것처럼, 때로는 위험을 감수하고 사람들을 받아들여라.

✓ 과할 만큼 소통하라.

목표를 달성할 수 있는 통찰과 아이디어가 있는 사람은 누구든지 듣고, 당신의 계획에 대해선 모두에게 말해야 한다. 외부의 의견과 소통에는 시간이 걸릴 수 있지만, 결국에는 큰 도움이 될 것이다.

04
문제를 나의 일로 받아들이기

04

문제를 나의 일로 받아들이기

2013년 나는 에티오피아에서 공화당 의원들로 가득 찬 흰색 이코노라인(Econoline) 밴*의 앞좌석에 타고 있었다. 갑작스러운 폭우와 발목까지 차오른 진흙더미에 차가 멈춘 상태였다.

나는 자선 분야에서 백신 사업을 추진할 때도, 그리고 정부에서 아이티 지원을 담당할 때도, 그 일이 단순히 양심적인 선택이 아니라 세상이 필요로 하는 대규모의 도전과 맞닿아 있다고 믿었다.

USAID에서 3년차를 맞은 나는 에티오피아에서 또 다른 과제에 오른 상태였다. 이번 과제는 더욱 계획적이고, 훨씬 더 장기적이었다. 우리의 목표는 2년 전 분쟁, 가뭄, 기아라는 서로 연결된 위기로 황폐해진 지역을 회복시키는 것이었다. 다양한 문제들이 초래한 그 위기에 26만 명이 목숨을 잃었는데, 이를 해결하는 것은 나에게 매우 개인적인 의미를 가지고 있었다.[1]

에티오피아 여행에 이르기까지의 길은 길고 구불구불했다. 나는 비교적 최근까지 내 가족이 겪은 식량 부족 문제에 대해 알고 있었다. B. R. 힐스 여행에서는 영양실조의 참상을 가까이에서 보았다. 게이츠 재단에 있을 때는 아프리카 농업 혁신에 도움을 주기 위한 이니셔티브를 시작했다.

---

* 미국 포드Ford사가 생산한 대형 승합차 시리즈로, 주로 상업용, 화물 운송, 여객 수송 및 캠핑카 개조용으로 사용되는 차량을 말한다.

아이티에서는 지진 이후에 기아가 악화되는 모습을 보았고, 사람들이 생존을 위해 진흙 케이크를 먹는다는 이야기를 읽었다. 그리고 이제, 의회 회의실에서부터 기업 임원실에 이르기까지, 우리는 수억 명의 사람들을 위해 미국이 기아 종식을 이끄는 방식을 새롭게 바꾸려 하고 있었다.

미국의 글로벌 인도주의 활동은 주로 식량 지원으로 시작되었다. 제2차 세계대전 이후, 미국의 농업 생산량은 배고픈 유럽을 먹여 살렸다.[2] 이후 몇 년 동안, 미국의 해외 원조 프로그램은 미국의 생산 식량 잉여분을 해외로 보내는 것에 기반을 두었다.

하지만 세상은 변했고 기아의 성격도 달라졌다. 미국이 기아와 싸우는 방식을 완전히 바꾸기 위한 연합을 만들고자 나는 그 밴에 오른 것이었다. 위기 시 단순히 미국의 식량을 제공하는 대신, 지속 가능한 프로그램과 이니셔티브의 개발이 요구되었다. 농업 과학, 기술, 혁신에 투자하여 가난한 나라 농부들의 작물 생산성을 향상시키고 그들의 공동체에서 기아를 예방할 수 있도록 돕는 것이 목표였다. 이 새로운 비전을 현실로 만들기 위해서는 미 의회에서 초당적 연합을 형성해, 미국의 해외 원조 법안을 개정해야 했다.

한편, 에티오피아의 우리 운전기사에겐 다른 목표가 있었다. 바로 우리가 USAID의 지원을 받는 인도주의 단체가 운영하는 농촌 프로젝트를 방문하고 수도로 돌아가는 길에 먹구름을 피해 가는 것이었다. 불행히도 커브를 돌자 하늘이 순식간에 어두워졌고 빗방울이 밴 지붕을 향해 세차게 떨어져 내리기 시작했다. 곧 무슨 일이 일어날지 알고 있었던 우리 기사는 두 손으로 핸들을 꽉 잡았다. 아니나 다를까, 달리던 흙길이 금방 녹아내리면서 바퀴가 두꺼운 진흙 속에서 헛돌기 시작했다.

비바람이 몰아친 것만큼이나 갑작스럽게, 밴 뒷좌석에서 퉁명스럽고도 걸걸한 목소리가 들려왔다. "자, 일흔이 안 된 사람들은 모두 내려서 밀도록 합시다!" 78세인 오클라호마의 시니어 상원의원 제임스 인호프James Inhofe는 자신의 농담에 크게 웃었고 나머지 사람들은 모두 차에서 내려 진흙탕으로 들어갔다. 한 주요 공화당 의원의 지휘 아래, 민주당 대통령의 임명자인 나도 다른 이들과 함께 신발이 진흙투성이가 되는 걸 감수하며 무사히 돌아가는 길을 지켜냈다.[3]

빅벳에는 인호프 상원의원과 같은 사람들, 즉 나와 다른 영향력, 인맥, 아이디어를 가진 사람들이 함께해야 한다. 내가 짐(인호프 의원), 그리고 여러 다른 동료들과 함께하고자 한 것은 미국이 가진 가장 최신의 과학 기술과 최선의 농업 방식들을 만성적인 기아 문제에 노출된 지역, 특히 아프리카를 위해 쏟는 것이었다. 아이티 등 여러 곳에서 배운 것처럼, 그러한 연합을 이루려면 공동의 목적을 찾아 사람들이 그 목표를 향해 노력하도록 영감을 줄 필요가 있었다.

안타깝게도 공통 기반을 찾는 것은 점점 더 어려워지고, 워싱턴은 점점 더 분열되며 산만해지고 있었다. 아이티는 모두의 마음에 충격을 안겼기 때문에 긴급히 사람들을 대규모로 모으는 것이 가능했다. 하지만 기아와 영양실조는 너무 오래된 문제였기 때문에 어떤 이들은 상황의 복잡성을 해결 불가능한 것으로 받아들이게 되었다. 정부의 주목을 얻기도 쉽지 않았다. 그 당시 나는 여전히 토론을 좋아하고 논쟁에서 이기는 걸 좋아했다. 상대가 물러설 때까지 내 주장을 입증해 보이는 식이었다.

하지만 기아 문제를 다루면서 나는 누군가를 내 편으로 만드는 다른 방법이 있다는 것을 배웠다. 나는 깊이 있는 토론과 심오한 스프레드시트를 좋아하는 사람이지만, 때로는 자아 성찰을 통한 대화가 더 효과적이었다. 내가 개인적으로 접근했을 때(언제 논쟁을 멈출지 알고, 우정에 기반한 진정한 연대를 형성하고, 심지어 그 문제에 대한 내 안의 감정을 털어놓았을 때) 전혀 예상하지 못했던 동맹을 얻었고, 기아 문제를 해결할 새로운 길을 찾았으며, 분열과 정파 싸움으로 가득한 워싱턴에서도 진정한 유대감을 경험할 수 있었다.

빅벳을 이루기 위해서는 때로 예상치 못한 파트너를 수용하고, 함께

할 거라고는 상상도 못 했던 이들과 협력할 필요가 있다. 이 과정에서 중요한 것은 논쟁에서 승리하는 것이 아니라 공통점을 찾고, 함께할 수 있는 영감과 목표의식을 공유하는 것이다. 변화를 지속 가능하게 만들기 위해 크고 다양한 연합을 구축하려면 자신의 목적을 알고 이해하며, 그 목적을 공유하기 위한 조치를 취할 준비가 되어 있어야 한다.

고개를 끄덕이다

어렸을 때, '크다'라는 말은 나에게 중요한 의미가 있었다. 미국에 있는 우리 집은 인도에서 온 친척들이 잠시 머물거나 미국 이민 생활을 시작하기 위해 머무는 중간 기착지였다. 사업에 대한 열정, 의학에 대한 관심, 야구 경기를 보러 가고 싶어 하는 마음 등 각자 자기가 품고 온 것들이 있었다. 하지만 한 가지 사실만큼은 꾸준했다. 나는 키가 컸고, 180센티미터가 채 안 되는 키였음에도 인도에서 온 친척들보다는 항상 더 컸다. 미시간에서든 어린 시절 인도를 방문했을 때든, 나는 삼촌들이나 사촌들보다 키가 크다는 사실이 엄청나게 기뻤다.

하지만 나이가 들면서, 이러한 차이에는 단순한 신체적 차이가 아니라, 더 깊은 이야기를 담고 있다는 것을 깨달았다. 이건 부분적으로는 미국과 인도의 식단이 크게 다른 데서 비롯된 것이기도 했다. 인도의 내 친척들처럼 먹을 것이 충분하다고 해도, 음식에 포함된 미량 영양소(철분, 아연, 비타민 A 같이 우리 몸과 뇌에 필수적인 비타민과 미네랄)의 부족으로 인해 성장이 저해될 수 있다. 오늘날에도 여전히 인도의 어린이들 중 3분의 1 이상이 성장 부진을 겪고 있으며, 어떤 지역에서는 그 수치가 절반에 가깝다.[4]

성장 부진에 대해 제대로 알지 못했던 나는, 게이츠 재단에서 백신 문제를 다룬 후 기아 문제에 자연스럽게 관심을 갖게 되었다. 백신 사업의 성공 이후, 빌과 멜린다 게이츠는 나에게 전 세계 빈곤의 지형을 어떻게 바꿀 수 있을지 탐구해 보라고 했다. 워렌 버핏Warren Buffett이 그의 막대한 재산 대부분을 재단에 기부하겠다고 선언한 뒤였다(버핏의 기부금은 현재 360억 달러 이상에 달하고 있다). 데이터를 중시하는 사람으로 기아의 수치는 너무나 명백해서 무시할 수 없었다. 대부분의 성인은 하루에 약 2,200칼로리와 약 30가지 미량 영양소가 필요하다. 우리는 그 엄청난 기부금을 지구상의 기아 문제를 해결하기 위한 믿을 만한 방법을 개발하는 데 사용하는 것이 최선이라고 결론지었다.

21세기에도 여전히 충분한 영양 섭취가 어려운 이유는, 부유한 국가는 음식이 넘쳐나지만 여전히 세계 최빈곤층 8억 명은 생계와 생존을 위해 자기 농장에서 생산한 음식에 의존하고 있기 때문이다.[5] 이러한 농장은 기술적으로 앞선 부유한 국가의 농장들에 비해 효율과 생산성이 떨어지는 경우가 많으며, 기후변화와 세계 시장 상황에 크게 의존한다. 전쟁이나 기후변화로 인한 이상 기후로 가격이 오를 때, 소득의 80퍼센트까지를 음식에 쓰는 가난한 사람들은 굶주림에 직면할 수밖에 없다.[6]

지역의 경작 환경을 개선하는 데 있어 노먼 볼로그Norman Borlaug만큼 큰 기여를 한 사람은 거의 없다. 그는 아이오와의 한 농장에서 성장해 농학자가 되었다.[7] 노먼의 여러 통찰력 있는 관찰 중 하나는 당시 밀이 비효율적으로 자란다는 것이었다. 대부분 에너지를 키 크는 데 사용하는 이 품종을 보고 그는 반왜성semi-dwarf* 밀로 알려진 짧은 줄기의 품종을 개발했다. 이 새로운 밀 품종은 영양소를 더 효율적으로 사용하여 결과적으로 곡물 수확량을 극적으로 높이는 효과를 거뒀다.[8]

거기서 멈췄더라도 노먼은 전설적인 학자가 되었을 것이다. 하지만 대부분의 경력을 록펠러 재단에서 쌓은 노먼은 단경종 밀을 비롯한 그의 다양한 농업 혁신을 기아 문제 해결에 사용하도록 여러 나라에 끈질기게 권했다. 그는 자신이 개발한 새로운 종자와 농업 방식을 라틴 아메리카와 아시아에 확산시키기 위해 수년간 모든 방법을 동원했다. 노먼과 그의 동

---

*   식물 육종에서 보통의 품종보다 줄기의 길이가 짧거나 키가 작지만 왜성처럼 극단적이지 않은 상태를 말한다.

료들은 씨가 심겨 그 가치를 증명해 보일 수 있는 기회를 얻기 위해 온갖 수단을 다 썼다. 소문에 따르면, 농부들과 씨름 대결을 벌여 씨를 심을 기회를 얻기도 하고, 씨앗을 항공기에 몰래 싣거나 씨를 몰래 심기도 했고, 지정학적 경쟁 관계를 이용하기도 했다.[9]

1940년대에서 1960년대 사이, 노먼의 밀과 영리한 그의 홍보 활동은 '녹색 혁명Green Revolution'이라 알려진 운동을 시작하게 되었다.[10] 이 같은 농업 혁신들은 한때 남아시아와 라틴 아메리카에서 10억 명의 사람들을 기아로부터 구하는 데 기여했다.[11] 한 예로, 1965년에서 1970년 사이에 인도와 파키스탄의 밀 수확량은 거의 두 배로 늘어났다.[12] 이러한 성과로 노먼은 노벨 평화상Nobel Peace Prize, 대통령 자유 메달Presidential Medal of Freedom, 의회 금메달Congressional Gold Medal을 수상했고, 그의 이름을 결코 알 리 없는 전 세계 수백만 명에게 깊은 감사를 받았다.[13]

라틴 아메리카와 아시아에서 녹색 혁명이 대성공을 거두었음에도 불구하고, 그 혜택을 거의 받지 못한 한 대륙이 있었다, 바로 아프리카였다. 이 혁명이 아프리카를 비켜 간 데는 여러 이유가 있었다. 인프라 부족, 까다롭고 다양한 토양 조건, 정부의 지원 부족 등이 모두 문제였다.[14] 노먼의 성공 이후 세계는 다음 단계로 넘어갔고, 글로벌 이니셔티브는 기아 문제를 해결하는 방법으로 현지의 농업을 우선시하지 않게 되었다.

그 결과, 아프리카 농장들은 2000년대 초반 미국 농장이 생산하던 옥수수의 6분의 1 정도밖에 생산하지 못하고 있었다.[15] 아프리카 지도자들이 이러한 현실에 변화를 촉구하면서 게이츠 재단과 록펠러 재단도 아프리카 농부들을 지원하기 위한 새로운 이니셔티브를 시작하게 되었다. 그 일환으로, 나는 2006년에 노먼을 직접 만나볼 기회를 가졌다. 당시 그는 92세였고 세상을 떠나기 3년 전이었다. 노먼은 아프리카 관련 수치를 정확히 알고 있었고, 우리의 새로운 사업도 훤히 파악한 상태였다. 그는 아프리카 농부들의 상황을 바꾸기 위해 우리가 훨씬 더 대담한 태도로 나설 것을 촉구했다.

노먼은 요점을 강조하기 위해 이 문제를 개인적인 일로 받아들이게 만들었다. 내 손을 잡고 눈을 쳐다보면서 그가 말했다. "자네가 내 나이가 되었을 때, 중요한 건 오직 과연 이 일에 모든 것을 쏟아부었는가 하는 것이 될걸세. 자네한테 주어진 모든 자원을 가지고, 이 일을 해낼 수 있어." 나는 종종 그 말을 떠올린다.

USAID에 합류했을 때, 미국 정부가 특히 아프리카 지역의 농업 지원에 다시 열정을 쏟게 만들겠다고 다짐했다. 기관 설립 초기의 이상주의적인 시기 이후로 기아 문제에 대한 미국의 큰 포부는 사그라들었다. 1960년대에 현재 기준으로 본다면 약 80억 달러에 달하던 미국의 전체 식량 원조 예산은 내가 정부에 합류했을 무렵에는 약 23억 달러에 불과했다.[16] 또한, 한때 농업기술 개발이 USAID의 주요 사안이었지만, 이제는 빈곤국가의 인프라와 민주주의를 돕는 일에 더욱 집중하게 되었다. 하지만 기아로 고통받는 사람들은 항상 있어 왔고 지금도 여전히 있다. 9억 명 이상의 사람들이 영양실조 상태였으며, 이는 전 세계 인구의 13퍼센트가 충분하고 영양가 있는 음식에 안정적으로 접근하지 못한다는 뜻이었다.[17]

본질적으로 많은 의회 의원들 앞에서 이루어지는 긴 공개 면접이며 C-SPAN*을 통해 생중계되기도 하는 자리인 상원 인준 청문회에서, 나는 미국이 새로운 농업 혁신을 전 세계로 확산할 필요가 있음을 설명했다. 동시에 여전히 도움을 필요로 하는 세계 곳곳에 노먼의 포부를 실현시키고 싶은 나의 바람도 언급했다.[18]

내가 발언하는 동안 공화당과 민주당 양쪽에서 의원들이 고개를 끄덕이는 모습을 보았다. 민주당 의원들이 공화당 쪽 인물에게 그렇듯이 민주당 지명 후보에게 엄격한 공화당 의원들도, 미국의 해외 지원에 데이터와 비즈니스적인 접근법을 적용해 농업 발전을 도와 미래의 기아를 방지하도록 만들겠다고 말하자 특히 동의하는 것 같았다. 이 빅벳을 목표로

---

* 미국 의회와 정치 관련 행사 및 공공 정책 토론을 무편집, 무광고로 생중계하는 비영리 케이블·위성 방송 네트워크이다.

강력한 초당적 지지를 이끌어 낼 수 있을 것이라고 생각했다. 그런데 나는 그걸 거의 망쳐버릴 뻔했다.

효과가 없는 일은 멈출 것

2011년 공화당이 미국 하원의 다수당이 된 후, 그들의 첫 주요 법안은 전반적인 지출을 크게 삭감하고 모든 해외 원조와 개발 지원에 대한 예산을 대폭 줄이는 내용을 담고 있었는데 이 예산은 USAID에게는 생명선과 같았다.[19]

가장 극단적인 경우 이러한 예산 삭감은 USAID라는 기관 자체에 위협적인 것으로, 우리의 업무에 대한 직접적인 공격으로 느껴졌다. 또 농업 분야에 대한 대규모 투자의 희망도 위태롭게 만들었다. USAID는 최근 '미래를 위한 식량Feed the Future'이라는 새로운 프로그램을 고안하는 데 기여했는데, 이 프로그램은 해외 농업에 대한 미국의 투자를 증진시키기 위한 것이었다. 처음 2년 동안 이미 이 프로그램을 통해 아프리카의 180만 명의 소규모 농가, 주로 작은 땅에서 생활하고 일하는 여성 농민들이 우수한 품종의 씨앗, 비료와 장비를 이용할 수 있었다. 이제 막 시작 단계인 미래를 위한 식량 프로그램은 지속적인 자금 지원이 보장되지 않는 경우, 제대로 시작하기도 전에 멈출 위기에 처해 있었다.

농업에 대한 빅벳과 다른 계획들의 존재 자체가 위협에 직면한 상황에서(해당 법안은 식량 원조 예산만 30퍼센트 삭감할 예정이었다) 내가 가장 잘하는 일을 하기로 했다. 최고의 데이터를 모으고, 확실히 검증된 증거에 기반한 주장을 제시하려고 했다. 우리 팀과 나는 며칠 동안 제안된 예산 삭감의 파급력을 이해하기 위한 계산을 진행했다. 그런 다음 그 수치를 손에 쥔 채 국회의사당으로 올라갔다.

하원 세출위원회 청문회에서 나는 우리가 분석한 요지를 전달했다. "저희가 추정한 바로는, 이것도 매우 보수적인 추정치라 생각하지만, 제안된 예산이 7만 명의 아이들을 죽게 할 것이라고 봅니다." 구체적인 수치도 상세히 설명했다. 말라리아 프로그램 삭감으로 3만 명, 예방접종 감소로 2만 4,000명, 영양 부족과 기타 원인으로 출생 시 1만 6,000명이 사망할 것이라는 내용이었다.

반발은 즉각적이었다. 이런 헤드라인까지 나왔다. "USAID 국장: 공화당 법안이 7만 명의 아이들을 죽일 수 있다."[20] 다른 기자들도 이 발언을 인용하며 기사를 냈고, 사람들은 이 말을 리트윗했다. 백악관을 포함한 일부 민주당원들은 내가 대담하게 나서 예산 삭감이 어떤 결과를 가져올지 적나라하게 보여준 것에 감사를 표하며 나를 격려하기도 했다. 하지만 공화당원들은 격분했다. 그들은 무신경하고 편파적이며 둔감하다고 나를 비난했다.[21]

내 앞에는 두 가지 길이 있었다. 하나는 트위터와 케이블 뉴스에서 내가 쌓은 데이터를 이용해 논쟁을 이겨가며 정치적인 점수를 획득하고, 계속해서 민주당의 우월한 도덕성을 주장하며 한쪽으로 치우친 전사가 되는 것이었다. 그게 아니라면 당장 스스로 파 놓은 구덩이에서 빠져나와 더 큰 목표를 달성하기 위해 손상된 관계를 회복하는 것이었다. 이 두 번째 길은 공화당원들과 더 깊고 진정한 관계를 쌓아 나가는 것으로 단순히 거래적이거나 기술적인 차원을 넘어서, 공통의 가치와 이해관계에 기반한 연계를 의미했다.

선택의 여지가 없었다.

나는 USAID 예산을 지켜내야 했다. 그리고 신속히 움직여야 했다. 내가 '사과 일정apology tour'이라고 부르는 여정은 하원의장 존 베이너John Boehner의 사무실에서 시작되었다. 당시 베이너 의장의 비서실장이었던 베리 잭슨Barry Jackson부터 만났다. 그는 풍부한 경험을 가진 전문가로 여러 당파 싸움을 겪은 베테랑이었지만, 그의 직언은 거침없었다. "당신의 발언은 우리 도덕적 가치에 대한 존중이 전혀 없었기 때문에 모욕적이었습니다."라고 그가 말했다. 이어 베이너 의장이 들르자, 나는 사과의 뜻을 전했다. 그는 의장실 밖에서도 관계를 회복할 것을 조언했다.

이어진 몇 주 동안, 나는 그해 폭스 뉴스에 출연했던 거의 모든 의원을 만난 듯했다. 사람들과 저녁을 함께하고, 상원의원들의 사무실에서 이야기를 나눴다. 그리고 2011년 예산안이 통과될 때, 충분한 수의 공화당 의원들이 우리 편에 표를 던진 덕에 결과적으로 세계 보건 및 재난 지원 프로그램을 위한 우리의 예산을 얼마간 증가시키는 성과를 얻었다.[22]

겉으로만 보면 이 이야기는 워싱턴과 정치 전반의 문제를 단적으로 보여주는 사례로 보일지도 모른다. 수천 명의 생명을 구하기 위해, 상처받은 자존심을 달래는 일이 필요했기 때문이다. 하지만 정치가 어떤 식으로 작동해야 하는지를 보여주는 하나의 예시로도 볼 수 있다. 결국, 우리는 지도자들이 서로의 연결고리를 찾아내고 그것을 활용해 공통의 이익을 키워나가기를 기대하기 때문이다.

어느 쪽이든, 이 일은 내가 성장해야 함을 분명히 보여주었다. 내 주장은 틀리지 않았고 데이터도 정확했다. 내 실수는 공화당 의원들을 이해하려고 노력해야 할 대상이 아닌, 이겨야 할 대상으로 본 것이었다. 사람들을 이끌기 위해서는 공화당 의원들을 비롯한 모든 사람을 온갖 복합적인 면을 지닌 한 인간으로 대해야 했다.

이러한 변화는 쉬운 일이 아니었다. 어떻게 보면 나는 내 주장과 데이터의 힘으로 사람들을 설득하는 능력을 연마한 덕분에 워싱턴에 있었다. 아이티와 관련된 광범위한 연합을 구축할 수 있었던 것도 수치와 점수를 통해 회전문을 통과해 들어온 모든 사람을 체계적으로 조직했기 때문이다. 그러나 이제 나는 공통점을 드러내는 방식을 통해 사람들과 연결되는 법을 배워야 했다.

과거에 잘 통했던 전략과 방법을 그만두는 것은 가장 어려운 일 중 하나이다. 최선을 다해도 요지부동인 완고한 사람을 마주했을 때 이러한 도전과 직면하게 된다. 그러나 빅벳에 최선을 다하고 있는 한 포기하지는 않을 것이다. 당신은 다른 길을 찾아낼 것이다.

서로를 '한 사람'으로 바라보기

예산과 관련된 협력에서 진전을 이루고 있었지만, 나는 워싱턴에서 좀 더 견고한 지지를 얻을 방안을 친구들과 논의하기 시작했다. 어린 시절부터 정치를 관심 있게 지켜봐 온 나였지만, 워싱턴이 얼마나 당파적으로 변해가는지를 보면 놀라울 정도였다. 오바마 대통령이 미국에서 태어나지 않았다고 수년간 주장해 온 사람들의 숫자가 이를 증명하고 있었다. 공화당과 민주당 사이의 깊은 문화적, 인종적, 경제적 분열은 점점 더 커지고 있었다.

이러한 분위기에서는 신뢰할 만한 중재자와 같이 일하는 것이 최선이라고 생각했다. 그때 워싱턴의 공화당 측에서 오랜 기간 기아 문제를 비롯해 아프리카의 여러 문제를 다루어 온 워드 브렘Ward Brehm을 소개해 주었다. 미네소타Minnesota에서 보험 사업으로 큰 성공을 거둔 워드는 42세에 교회에서 함께 여행을 갔다가 아프리카에 푹 빠졌다. 그렇게 아프리카 대륙과 그곳 사람들에게 매료된 그는 아프리카에서 가장 외진 지역 중 하나를 걸으며 5일간의 영적 순례에 나섰고, 이후 아프리카 기아를 포함한 아프리카 개발 문제에 대해 조지 W. 부시 대통령에게 자문을 제공했다.[23]

워드는 공화당원들이 그들의 도덕적, 영적 가치를 기반으로 소통한다면 우리의 노력을 진심으로 지지할 거라고 믿었다. 그는 서로 공감대를 찾을 수 있을 것이라 생각되는 인사들 위주로 모임을 주선했는데 주로 상원의 공화당원들과 만나는 자리였다. 그들 중 일부는 나중에 이티오피아에서 나한테 밴에서 내려 진흙탕에서 차를 빼내라고 했던 오클라호마의 짐 인호프 상원의원처럼 나의 상사*를 곤란하게 만드는 일을 즐기는 것처럼 보이기도 했다. 한때 오바마 대통령의 시민권에 대해 의문을 제기했었던 그는 결국 입장을 철회했다.[24] 많은 USAID 동료들은 이런 캠페인을 벌인 인호프와 공화당 인사들에 대해 매우 회의적이었다. USAID 예산을

---

* 버락 오바마 대통령을 말한다.

삭감하려 한 것도 그들이었기 때문이다. 내가 가끔 상원의원과 워드만 참석시켜 모임을 진행했던 것도 이런 이유에서였다.

초기 모임에서 나는 내 주장은 접어두었다. 로비를 하러 간 게 아니라 경청하기 위해 갔기 때문이다. 모임 중에 워드는 참석한 이들이 정치와 정책에 처음 발을 들이게 된 계기를 주제로 대화를 유도하곤 했다. 이런 대화를 통해 많은 공화당 의원들을 움직이는 힘은 기독교 신앙과 기독교가 중시하는 선교 및 자선 활동임을 알게 되었다. 이 의원들이 중요하게 여기는 이슈 중 가장 우위에 있는 것이 성경의 가르침과 깊이 연관된 '기아 문제'였다. 모임 때마다 로마서 12장 20절, 누가복음 3장 11절 등이 언급되었고, 종종 우리가 손을 잡고 워드가 기도하는 것으로 시간이 마무리되곤 했다.

모임이 계속되면서, 나 역시 내가 가진 동기를 공유하는 데 점차 편안함을 느끼게 되었다. 미국에서 자라고 워싱턴에서 생활하며 아웃사이더라고 느꼈던 경험 때문에, 가족의 역사나 신앙처럼 나를 다른 이들과 이질적인 존재로 만드는 것들에 관해서는 깊이 생각하고 싶어 하지 않았던 나였다. 또 데이터를 통해 논쟁에서 승리하는 데 익숙한 사람이었던 만큼, 취약한 부분을 드러내는 일에는 약간의 긴장감이 있었다. 하지만 내 가족이 겪은 영양 결핍이나 여행 중에 목격한 부당함에 대한 이야기가 어떤 분석 결과를 담은 스프레드시트보다 강력하다는 것을 나는 깨달았다. 사람들은 나를 더 잘 이해하게 되었고, 내가 하려는 일이 어떤 의미가 있는지도 비로소 인정했다.

이 대화를 더 발전시켜 나가며, 관계를 더욱 개인적인 차원으로 쌓아가기 위해 다른 방법도 동원했다. 바쁜 하루의 일정 가운데 겨우 30분 정도를 할애하여 사무실에서 갖는 만남은 관계를 쌓기에 이상적이지 않았다. 그래서 미시시피 주립대학Mississippi State University에서 열린 식량 안보 행사에서 태드 코크런Thad Cochran 상원의원을 방문하고, 사우스캐롤라이나South Carolina의 토크 라디오에서 린지 그레이엄Lindsey Graham 상원의원과 해외 원조를 주제로 이야기했다. 그리고 인호프 의원과는 에티오피아의 진흙탕에 함께 갇히기도 했다. 이 기독교 구호 단체를 방문하는 여정은 제임스에게 개인적으로 소중한 일이었고 이 여정에서 우리는 기아 문제에 대한 공동의 목표 의식을 더욱 공고히 했다. 나중에 그는 이렇게 말하기도 했다. "진흙탕에서 같이 걷는 데는 라지브 샤만한 사람이 없거든."[25]

한 번은 인호프가 나를 상원 기도 모임에 초대했다. 이 모임은 매주 수요일마다 국회의사당의 작은 외딴 방에서 모여 한 시간 동안 기도하는 약 25명의 의원들로 구성되어 있었다. 이 모임은 공화당 의원들, 몇몇 민주당 의원들, 그리고 나 같은 외부인들이 함께 모여 손을 맞잡고 기도하는 드문 기회를 제공했다. 공식적인 업무나 직원, 기자는 허용되지 않았다.[26]

처음에는 이렇게 명백히 종교색이 짙은 참여에 대해 망설였다. 나는 힌두교도로 자랐지만 가끔 교회 주일학교를 다녀 기독교의 기본적인 가르침을 이해하고 있었다. 하지만 나는 공적인 자리에서 내 종교적 신념을 이야기하는 일이 거의 없었고, 어떤 공식적인 신학에도 깊이 연관되어 있는 편이 아니었다. 그러나 인호프와 워드는 내게 꼭 참석하기를 권했고, 나는 곧 수요일 아침마다 한 무리의 상원의원들과 함께 아침 뷔페를 들고 있는 나를 발견하게 되었다.

모임을 함께한 지 몇 년이 지나면서 나는 이 시간을 소중하게 생각하게 되었다. 대부분의 참석자들이 단순한 교제에 중점을 두는 자리였음에도 불구하고 나에게는 영적인 격려를 얻을 수 있는 기회였다. 이 사적인 모임에 대한 구체적인 부분까지 공유하긴 어렵지만, 우리는 정치인이 아닌 사람으로, 어떤 정당 소속이 아닌 신앙과 인류를 위한 봉사자로 서로에게 연결되었다. 그 결과 사람들은 각자의 걱정과 두려움을 나누며 편안한 사이가 되었다.

나는 그 조식 모임과 여러 일대일 만남, 그리고 출장 중에 새로운 논점을 제기하지 않았다. 대신 내가 가진 개인적, 직업적 어려움을 솔직하게 털어놓기 시작했다. 점점 더 편하게 나를 오픈하자 상대방도 나와의 관계에 더 편안함을 느끼는 것을 보았다. 우리는 겉보기에는 모든 면에서 너무 달랐지만, 이러한 모임은 우리에게 신뢰의 토대를 쌓을 기회를 주었다. 그 신뢰는 세계에서 가장 굶주리고 가장 취약한 사람들을 돕는 미국의 접근 방식을 변화시키기 위한 큰 연합을 만들어 나가는 데 필수적이었다.

사람들은 당신을 모르면, 당신을 신뢰하지 않는다. 연합을 형성하는 데 있어 신뢰보다 중요한 것은 거의 없지만, 요즘같이 양극화된 시기에는 얻기 어렵다. 신뢰는 공통의 기반 위에, 그리고 서로를 직함이나 정치적 정당 또는 다른 어떠한 라벨로 보지 않고 한 사람으로 보는 데서 시작된다. 신뢰를 쌓는 과정에서 양측 모두에게 존경받는 중재자가 도움이 될 수 있는데, 나는 워드와의 경험을 통해 이를 배웠다.

필요해지기 전에 공통점 찾기

2011년 8월 미 공군 비행기가 하강을 시작해 다다브 난민 단지Dadaab Refugee Complex에 착륙했을 때, 대부분이 여성과 아이들인 수백 명의 사람들의 모습이 보였다. 그들은 케냐 사막을 가로질러 걸어오고 있었다.[27] 소말리아 국경에서 약 50마일 떨어진 다다브에 위치한 이 캠프는 당시 북아프리카를 휩쓴 기근의 중심지 중 하나였다.[28] 초기 데이터에 따르면 소말리아 인구의 거의 절반인 약 370만 명이 식량 위기에 직면해 있었고, 그중 약 75만 명은 기아로 생명의 위협을 받고 있는 상태였다.[29]

나는 당시 세컨드 레이디*였으며 어디서든 취약계층을 돕고자 했던 질 바이든Jill Biden 박사가 이 지역을 강타한 심각한 기근에 대한 관심을 촉구하기 위해 주최한 여정에 함께했다. 우리의 방문지 중 하나는 기아로 인해 생명이 위태로운 사람들을 치료하는 캠프 내 급성 영양실조 센터였다.

거기서 나는 침대 옆에 서서 네 살 된 아들에게 파란색 컵으로 물을 먹이고 있는 한 여성과 대화를 나눴다. 체중이 채 9킬로그램이 되지 않는

---

* 미국 부통령의 배우자를 지칭한다.

아이였다. 그 아이는 치료 센터의 돌봄뿐만 아니라, 플럼피넛Plumpy'Nut이라 불리는 기적 같은 영양 보충제를 통해 회복 중이었다. 페이스트로 된 이 영양 보충제는 프랑스의 소아 영양학자가 USAID와 다른 파트너들의 지원을 받아 개발한 것이었다.[30]

통역을 통해 이야기를 나누는 동안 나는 엄마의 시선이 침대 발치 쪽으로 계속 향하는 걸 보았다. 거기엔 진한 파란색 천으로 덮어둔 작은 뭉치가 놓여 있었다. 그녀가 그 천 아래 그날 아침 세상을 떠난 또 다른 아이가 누워 있었다고 말했다.[31] 그 아이는 선진국에서 태어났다면 당연히 누릴 수 있었을 삶의 기회를 끝내 얻지 못하고, 그렇게 세상을 떠난 것이었다.

천으로 덮은 그 작은 뭉치는 지금까지도 나를 괴롭힌다. 살면서 본 여러 장면, B.R. 힐즈에서의 기억, 아프가니스탄과 다른 곳에서 목격한 전쟁의 참상 같은 마음 아픈 광경들 중에서도, 기아로 인해 쇠약해지고 생명을 잃어가는 어린아이만큼 고통스러운 건 없었다. 그건 막을 수 있고, 치료가 가능한 굶주림이었다.

나는 그날 오후 바이든 박사와 다른 대표단 일행을 USAID의 또 다른 프로그램 현장으로 데려갔다. 가뭄에 강한 작물들과 새로운 관개 시스템은 플럼피넛처럼 장기적인 관점에서 이 엄마가 겪은 것과 같은 비극을 줄어들도록 돕는 해결책이었다. 그러나 단기적인 실패와 생명을 잃은 아이들의 기억은 나를 따라다녔다.

기근이 악화되던 어느 날, 곡물과 쌀을 가득 싣고 시장으로 향하는 미국의 대형 곡물 및 식품 회사 카길Cargill의 배가 인근에 있다는 소식을 들었다. 인도적 지원팀에 지원을 요청하라고 맡길 수도 있었지만, 나는 직접 카길의 최고경영자CEO 그렉 페이지Greg Page에게 전화하기로 결심했다.[32]

나는 '미래를 위한 식량' 프로그램으로 1년 넘게 카길Cargill과 같은 다국적 기업들, 그리고 수십 개의 식품 및 농업 기업들과의 관계를 구축하기 위해 노력해 왔다. 그러나 공공-민간 협력을 통해 식량 문제를 해결하려는 내 시도는 USAID 내부에서 별로 인기가 없었다. 많은 동료들이 인도주의와 환경적인 면보다는 자신들의 수익을 우선시하는 기업들이 우리가 당면한 문제의 일부라고 여겼기 때문이다.

하지만 미네소타에 있는 그렉의 사무실을 방문해 여러 차례 대화를 나누면서, 나는 우리가 데이터에 대한 집착을 공유하고 있다는 걸 알게 되었다. 그렉은 원자재 시장에 대한 해박한 지식을 가진 걸로 유명했다. 나는 상대방에게 배우며 함께 일할 때 가장 편안함을 느끼는 스타일이었고 그렉도 그런 면에서 마찬가지였다. 그런 비슷한 성향은 빠르고 효과적으로 공통점을 발견할 수 있게 만들어 주었다.

그 결과, 거의 1년이 지난 뒤 그렉과 통화했을 때 나는 처음부터 설명할 필요가 없었다. 소말리아의 대응 상황에 대해 간단히 설명하자 그렉이 내 말을 중간에 끊었다. 그는 이미 상황을 잘 알고 있었고, 소말리아, 케냐, 에티오피아 전역에서 벌어지고 있는 변화를 추적하며 적절한 식량을 필요한 곳으로 진딜하는 데 있어서의 어려움을 이해하고 있었다.

나는 그렉에게 말했다. "위치와 물량 면에서 카길이 긴급한 식량 지원을 하기에 가장 적합한 위치에 있다고 생각합니다." 그런 다음 직접적으로 부탁했다. "이 위기를 해결하기 위해 뭔가 특별한 조치를 취해 주실 수 있을까요?" 그렉은 담담히 답했다. "우리가 하는 일이 바로 그거예요." 카길은 자사의 상품을 세계 이곳에서 저곳으로 시간과 예산에 맞춰 운송하는 방대한 네트워크를 구축해 왔다. 그렉은 비용도 부담하겠다고 나섰다.[33]

그렉은 단순히 배를 우회시키는 것 이상을 해주었다. 결국 카길은 만 톤의 식량, 즉 50파운드짜리 가방 42만 5,000개에 해당하는 식량을 준비하여, 벵골만Bay of Bengal의 카키나다Kakinada에서 배에 실어 인도양 건너로 보냈다. 이 모든 과정은 두 달이 넘게 걸렸지만, 도착했을 때 케냐 전체 9개 구역에서 100만 명의 소말리아 난민을 먹여 살리는 데 큰 도움이 되는 엄청난 역할을 담당했다.[34]

기부 요청이 영구적인 해결책은 아니었다. 하지만 2011년 기근 대응을 통해 미국의 기아 대처 방식을 변화시키려면 다양한 미국인들이 함께 하는 광범위한 연대가 필요함을 증명해 보였다. 카길만이 아니었다. 몇몇 다국적 기업들도 아프리카 농민들에게 새로운 기술 교육을 제공하겠다고 나섰다. 사실 이 모든 것은 간단한 전화, 모임, 요청에서 시작되었다. 우리는 흔히 개인적인 접촉이 얼마나 중요한지 잊어버리곤 한다. 무언가가 정말 필요한 순간까지는 말이다.

언젠가는 당신도 도움이 필요할지 모른다, 어쩌면 생명을 구하기 위해서일 수도 있다. 그럴 때, 가장 큰 위험에 처해서야 관계를 쌓기 시작하는 건 피하는 것이 좋다. 당장 도움이 필요하기 전에 공통점을 찾아라. 그래야 바로 본론으로 들어갈 수 있다.

계속 찾아보고, 계속 시도하기

얼마 지나지 않아 나는 지금까지 마주한 어떠한 자리보다도 어려운 자리에 처해 있었다. USAID 회의에서 나는 12명이 넘는 여러 미국 해운 노조원들과 한 테이블에 앉아 있었다. 회의실 벽에는 전 세계의 USAID 구호 프로젝트 사진들(병원에 있는 난민들, 새로운 양수기를 사용하는 농부들, 미국에서 제공한 식량을 먹는 아이들의 사진들)이 밝고 기분 좋게 장식되어 있었지만, 해운 노조원들의 표정은 영 좋지 않았다.

그들의 이런 어두운 표정은 미국이 기아에 대응하는 방식에서 생긴 몇 가지 변화 때문이었다. 기존 시스템은 미국산 곡물을 해외로 운송해 사람들에게 직접 구호물자를 지원하는 방식으로 미국 해상 노동자들에게 꾸준한 일자리를 제공해 왔다. 하지만 이런 방식은 아프리카를 비롯한 가난한 나라의 농민들에게는 바람직하지 않았다. 그들이 재배한 작물은 저렴하고 우수한 품종의 해외 원조 곡물과 경쟁하기에는 불리했다. 더 나아가, 대규모 곡물 배송에 쓰이는 비용이 지역 주민들이 현지에서 재배한 식품을 구매할 수 있는 바우처로 제공된다면 훨씬 더 효율적으로 쓰일 수 있

었고 수십만 명 이상의 사람들을 먹여 살릴 수 있는 잠재력까지 있었다.[35]

우리는 기존의 시스템을 대신해 현지 농부들에게서 곡물을 구매함으로써 생산과 지역 농업을 강화하고자 했다. 우리가 '현지 농업 활성화 정책'이라고 부르는 것의 일환인 이런 변화는 기존 방식에서 이익을 보고 있던 사람들의 반감을 샀다. 가장 큰 불만은 대량의 해외 개발 계약을 따내기 위해 내부 관계를 이용하는 계약자들에게서 나왔다. 이 회의에 참석한 이들도 곡물 운송이 줄어들면 일자리에 타격이 있을까 봐 걱정하고 있었다. 결국 그런 계약자들과 노동자들이 의회에 있는 친구들에게 불만을 제기했고, 이들은 다시 나에게 불만을 제기하며 개혁을 막겠다고 협박하는 상황이었다.

그렇지만 주장을 펼치지 않고 물러설 생각은 없었다. 나는 노동자들과 노조 대표들이랑 같이 앉아 공통점을 찾고 싶었다. 하지만 상황이 잘 풀리지 않았다. 데이터를 제시했지만 아무런 반응이 없었다. 가족에 대해 물어봤지만, 아무도 내 눈을 마주치지도 않았다. 농담을 몇 번 던졌지만, 전혀 웃지 않았다. 결국 나는 그들에게 방을 둘러보고 벽에 걸린 사진들을 봐달라고 했다. 미국이 사진 속 사람들을 위해 지금껏 해온 선행에 대해 자부심을 느끼기를 바라는 마음이었다. 그러나 아무도 고개를 돌리지 않았다.

다행히 나는 거기서 멈추지 않았다. 이 문제에 관심 있는 사람과 이익을 얻는 사람을 찾기 위해 우리 팀의 조사를 계속 진행했다. 공동의 목표에 대해 좀 더 열린 마음으로 접근할 사람을 찾고 싶었다. 결국 덴마크의 대형 해운사인 머스크Maersk가 미국 해운과 오랜 역사를 가지고 있으며, 그 최고사업책임자CCO가 한때 마이크로소프트에서 일했던 것을 알게 되었다.[36] 나는 빌 게이츠에게 자주 무언가 부탁하는 편은 아니었지만, 이번엔 소개를 요청했다.

나중에 코펜하겐에서 스티브 슈일러Steve Schueler와 만남을 갖게 되었을 때, 그는 머스크의 미국 국적 운항이 수익보다는 정서적인 측면이 더 크다고 설명했다. 머스크는 1919년부터 미국에서 운영을 시작했으며, 미국의 식량 원조를 운송하는 일은 수십 년간 그들의 사업 일부였다.[37] 물론 나는 스프레드시트를 가지고 와서 식량 원조 운송이 머스크의 해운 수익에서 차지하는 비중이 미미하다는 점을 강조했다. 점점 더 많은 미국의 식량 지원 형태가 플럼피넛과 같이 부피가 적은 아이템으로 구성되어 대량 곡물 운송보다 공간을 훨씬 덜 차지했기 때문이었다. 나는 스티브에게 전 세계 식량 안보 문제에 기여하기 위해 약간의 손실을 감수해 달라고 요청했다.[38]

스티브는 내 말에 따라 이 문제를 조사해 보겠다고 했다. 그리고 결국 미국 해운 노조와 긴밀한 관계를 유지해 온 머스크는 그들에게 타협을 권했다. 일부 농업 현지화 개혁안이 마침내 통과되었고, 새로운 규정 덕분에 USAID는 아프리카 농장에서 곡물을 구매하여 수십만 명에게 식량을 제공할 수 있었다. 이를 통해 미국의 기아 문제 접근 방식은 더 균형이 잡혔고 해외 농장들은 한층 강해지고 회복력이 생겼다.[39]

이 경험은 때로 적합한 협력자를 찾기 전까지는 포기하면 안 된다는 사실을 내게 가르쳐 주었다. 성공 여부가 그 적절한 인물을 찾는 데 달려 있는 경우가 있으므로 이를 위해 모든 자원을 활용하고, 조사를 하고, 역사를 깊이 파헤쳐 보는 노력이 필요하며, 때로는 이번처럼 행운이 따를 수도 있다. 당신이 찾는 적절한 인물이 첫 번째로 택한 사람도, 쉰한 번째 고른 인물도 아닐 수 있다. 그래도 계속 찾아보며 시도한다면 도움을 줄 만한 권한과 관심을 가진 사람과의 공통점을 찾아낼 수 있다.

어떤 선한 영향력을 만들 수 있는가

나는 2014년 초에 그 해 국가 조찬 기도회National Prayer Breakfast에서 기조연설을 해달라는 초청을 받았다. 조찬 기도회는 경제, 시민사회, 정치 부문의 엘리트들이 한자리에 모이는 연례행사로 아이젠하워Eisenhower 정부 시절부터 이어져 왔다. 대통령과 부통령도 거의 참석하며, 연설은 TV로 생중계된다. 연설 요청을 받은 나는 상당히 긴장하지 않을 수가 없었다. 성인으로 추앙받는 마더 테레사Mother Teresa도 언젠가 이 연설을 한 적이 있었다.

내 긴장감은 텍사스 출신의 공화당 의원이자 이번 모임의 주최자 중 한 명인 루이 고머트Louie Gohmert 의원에게 전화를 받고 더욱 커졌다. 고머트는 과거에 다른 종교에 대해 상당히 모욕적인 발언을 한 적이 있었다. 예를 들어, 무슬림 여성이 테러리스트를 낳으러 미국으로 이민을 온다고 주장한 적도 있었다.⁴⁰

나는 연설 초안을 수없이 고쳐가며 작성했다. 고어 캠페인 시절의 오랜 친구 제프 누스바움도 도움을 주었다. 문제는 나는 정책과 데이터를 소재로 이야기하는 것을 좋아했지만, 청중들은 신앙에 관한 내용을 기대한다는 점이었다. 연설 당일 아침, 너무 긴장한 나를 보고 옆에 앉은 바이든 부통령이 내 팔에 손을 얹고 농담을 건네며 전할 가치가 있는 메시지라고 안심시켜 주었다. 바이든의 격려가 꽤 힘이 되었지만, 고머트의 배려 있고 정중한 소개가 끝나기 전까지 긴장이 풀리지 않았다.

연설에서 나는 우리가 기아와 빈곤 문제를 위해 흔치 않은 초당적 협력으로 이뤄낸 연대와, USAID 활동 지원을 통해 함께 도움의 손길을 뻗은 개인들의 삶을 언급했다. 수십 년 전 B. R. 힐스에서부터 다다브 난민 캠프에 이르기까지 내가 마주했던 고통의 구체적인 사례들도 이야기했다. 선한 사마리아인의 비유를 들어, 당시 하루 1.90달러 미만으로 생계를 이어가며 그 대부분을 음식에 쓰고 있는 극빈층을 돕기 위해 지속적인 노력을 기울여야 한다고 호소했다.⁴¹

예산 삭감 발언으로 인해 공화당원들을 불쾌하게 만든 지 3년 만에, 이날 많은 청중이, 심지어 고머트까지도, 기립박수를 보냈다. 나는 이 반응이 내 연설 자체보다는 우리가 함께 이뤄낸 성과에 대한 환호라고 확신한다. 공화당원과 민주당원, 경제계 인사들과 종교 지도자 등 다양한 사람들이 포함된 비전통적 연합을 이루어, 우리는 미국의 기아 대응 방식을 개혁하는 데 기여할 수 있었다.

1년 후, 백악관은 글로벌 식량 안보 법안Global Food Security Act을 통과시키고 그 효력을 영구화하기 위해 공화당 의원들과 접촉하는 과정에서 나의 도움을 요청했다. 나는 입법을 지지했던 인호프를 포함해 여러 동료들에게 전화를 돌렸고, 거의 모든 상원의원들이 법안을 지지했다. 지지가 워낙 강해 오바마 대통령은 법안에 서명하며 모두가 여기에 얼마나 열광하는지를 두고 농담을 던졌다.[42] 그는 또 법안 서명에 사용한 펜 하나를 나에게 주었는데 이는 새로운 법을 탄생시키는 데 도움을 준 사람에게 주어지는 전통적인 기념품이었다. 그 펜은 오늘도 내 책상 위에 놓여 있다.

이 법안은 우리의 많은 프로젝트를 공식화하고 여러 해 동안 '미래를 위한 식량' 프로그램에 자금을 지원했다. 2015년까지 이 한 가지 프로그램만으로 약 900만 개의 농장에서 활용 중인 기술과 노하우의 발전을 도왔다.[43] 그리고 7년 후, 미래를 위한 식량이 중점적으로 활동했던 나라들의 경우 약 2,300만 명의 사람들이 극심한 빈곤에서 벗어나고, 340만 명의 아동이 영양 결핍으로 인한 발육부진을 피할 수 있었다.[44] 마지막으로, 이 프로그램은 기아 문제에 대한 미국의 새로운 접근 방식에 지속 가능한 지지를 구축하는 데 도움을 주었다.

실제로 이후 몇 년 동안, 의회는 공화당과 민주당 대통령 재임 중 두 번이나 식량 안보법을 재인가하여 이 법안이 지속되도록 했다.[45] 2022년에는 이 법의 일부 조항 덕분에 러시아의 잔혹한 우크라이나 전쟁으로 촉발된 식량 위기에 미국이 강력하게 대응할 수 있었다.[46] 결과적으로 미국이 농업에 투자하고 위기가 더욱 악화되는 것을 막을 수 있는 능력을 확보하게 해주었다. 이는 올바른 도덕적 목표를 중심에 두고 넓고도 지속적인 연대를 이루는 일이 얼마나 가치 있는지 보여주는 유산이다.

전체 시스템을 변화시키려는 노력은 나 자신을 변화시키는 것으로 시작되었다. 단지 적절한 논거를 대는 것만으로는 공통의 기반을 찾을 수 없었다. 나는 어떻게 다가가고, 어떻게 나누고, 언제 손을 내밀며, 누구와 협력할지 배워야 했다. 가족과 신앙에 대해 공개적으로 이야기하는 것이 곧장 자연스럽게 느껴지지는 않았다. 마음을 열기 위해서는 같이 현장을 찾고 조찬 기도회에 참여하는 등 추가적인 노력을 기울여야 했다.

하지만 그렇게 함으로써 모든 것이 달라졌다. 그 과정에서 나는 미국 정치를 새로운 시각으로 보게 해준 진정한 친구들을 사귀었다. 나는 워싱턴이 효과적으로 작동할 수 있음을 보았다. 또한 개인적으로 내 가족들까지 겪어온 어려움에 대해 더 나은 옹호자가 되는 방법도 배웠다. 개인적인 차원에서 접근함으로써 예상치 못한 다양한 협력자들을 통해 어떤 선한 변화를 만들어 내는지도 분명하게 확인했다.

개인적인 것으로 만드는 법

개인적으로 접근하는 것은 한 사람, 즉 당신 자신부터 시작된다. 이것은 쉽지 않다. 특히나 경력 초기에는 사람들에게 충분히 똑똑하지 않거나 일에 집중하지 않는 사람으로 보일까 하는 걱정에 곧장 본론으로 들어가고 싶어 한다. 결과적으로, 자신의 이야기를 다른 이들과 나누기를 주저한다. 좀 더 전문가로, 성숙한 모습으로, 감정에 동요없는 사람으로 보이고 싶은 것이다.

하지만 개인적인 연결을 만들지 않으면 원하는 만큼, 당신의 빅벳이 요구하는 만큼 멀리 갈 수 없다. 빅벳을 위해서는 사람들과 편안하게 소통하며, 그들을 움직이는 힘이 무엇인지 물어보고, 스스로도 편안한 상태에서 나를 움직이는 동력은 무엇인지 알아가는 것이 필요하다. 다음은 개인적으로 접근하는 몇 가지 방법이다.

- ✓ 마음을 열어라.

  협력자는 예상치 못한 곳에서 나타날 수 있다. 그들이 혹 기대했던 팀원이 아니더라도 목표와 열정을 공유하는 사람들과 소통할 준비가 되어 있어야 한다.

- ✓ 그만 파헤쳐라.

  실수로 일을 망쳤다면 인정하고 사과하라. 직접 하거나 추후 협력을 위한 기반을 다지는 방식으로 할 수도 있다. 강하게 밀어붙이면 주목받겠지만, 멈추고 수용하면 의미 있는 결과를 얻을 수 있다.

- ✓ 신뢰할 수 있는 중재자를 통해 당신의 목표에 대한 신뢰를 쌓아라.

  공통된 지인은 대화를 시작하고, 어려운 상황에서도 대화를 이어가도록 도움을 줄 수 있다.

- ✓ 취약함을 드러내라.

  사람이 너무 많을 때는 아무도 마음을 열지 않는다. 잠재적인 협력자들과 같이 앉아 새로운 관계나 아이디어가 싹트게 만드는 공간을 마련하라.

- ✓ 일찍 시작하고, 계속 찾아봐라.

  다급하게 필요로 하기 전에 공통점을 찾아두어라. 그리고 적절한 도움을 줄 수 있는 적합한 인물을 찾을 때까지 멈추지 말라.

05

함께할 사람 선택하기

05

함께할 사람 선택하기

　가끔 단순한 개선이 아닌 무언가 해결하는 방식으로 좋은 일을 하고자 하는 바람은 눈앞의 함정을 못 보게 만들 수 있다. 나는 예방접종 사업과 인도주의적 위기 대응 활동, 그리고 식량 안정 문제를 통해 순수한 낙관주의가 빅벳의 성공에 필요한 요소라는 것을 배웠다. 하지만 그것과 사촌지간인 단순한 순진함은 실패로 이어질 수 있다.

　앞으로 이야기할 여정이 나에게 그걸 가르쳐 주었다. 2013년 12월 어느 날, 나는 콩고민주공화국Democratic Republic of the Congo 동부 지역으로 출발했다. 전쟁이 그곳에 깊이 남긴 상흔을 보기 위해서였다. 그 여행과 전날 헬리콥터로 다녀온 짧은 답방은 깊은 복잡성과 큰 기대, 그리고 값진 교훈이 뒤섞인 큰 도전에 나를 뛰어들게 하는 출발점이 되었다. 복잡하고 수많은 경고 메세지로 둘러싸인, 진정한 빅벳이라 할 만한 해결책을 찾아가는 과정에서 과연 무엇을 피해야 하는가에 관한 배움이었다.

　고요한 키부Kivu 호숫가를 따라 운전하며 뒤를 돌아보니, 강둑 위로 붉은색, 주황색, 노란색 지붕들이 떠올라 물과 하늘의 푸른색과 대비되며 선명하게 돋보였다. 생동감 넘치는 이 장면은 지역의 어두운 역사와 극명하게 대조되었다. 두 차례의 전쟁과 그 여파로 이곳에선 1996년부터 2003년 평화협정이 체결된 이후에도 약 500만 명이 목숨을 잃었다.[1]

나는 곧 전쟁의 상처는 느리게 치유된다는 걸 알게 되었다. UNICEF 트라우마 지원 센터에서 나는 아이들을 만났다. 그들 중 일부는 어린 소년 소녀 시절에 최악의 전쟁 상황을 겪은 아이들이었다. 대부분의 경우 부모는 살해되었고, 고향 마을은 파괴되었다. 고아가 된 상황에서 소녀들은 강간을 당하는 경우가 흔했고 소년들은 소년병이 되어 약물을 주입 당하고 세뇌되어 사람을 죽이라는 명령을 받았다. 방문했을 당시, 그들은 모두 십 대 후반에서 이십 대의 나이가 되어 치료사와 훈련자들과 함께 콩고민주공화국에서 새로운 삶을 시작하려 애쓰고 있었다.

하루는 숙소에서 센터 직원이 인사할 것을 요청하자 청년들 가운데 일부가 앞으로 나섰다. 이 장면에서 가장 기억에 남는 건 섬뜩한 부재감이었다. 수십 명의 젊은이들이 있었지만, 웃거나 장난스러운 모습은 전혀 없었다. 대신 그들은 무겁게 가라앉아, 유령처럼 떠도는 느낌이었다. 그들은 성장했다기보다는 텅 비어 있는 상태였다. 사이드는 그들의 인간성을 되살리는 것이 희망이라고 얘기했다.

그날 오후, 나는 그것이 어떻게 가능해지는지를 보여주는 한 장면과 마주했다. 자동차 정비사로서 새로운 삶을 막 시작한 청년들과 이야기를 나눈 것이다. 이들은 벤 애플렉과 활동가 휘트니 윌리엄스가 설립하고, 미국 국제개발처USAID가 지원하는 NGO '이스트콩고 이니셔티브Eastern Congo Initiative'에서 기술 교육을 받은 청년들이었다.[2] 최근의 참혹한 역사로 깊이 상처 입은 이들에게 적절한 기회만 주어진다면 스스로 더 나은 삶을 만들어 갈 수 있다는 가능성을 생생히 보여주는 순간이었다.

그 하루 전, 나는 헬리콥터를 타고 콩고민주공화국의 키부 호수 근처와 그 외 지역에 더 밝은 미래를 제공할 수 있을 것으로 생각되는 사업을 직접 살펴보기 위해 현장을 찾았다. 그 사업은 '잉가 3'이라고 이름 붙인 수력발전 댐 단지 건설 계획이었다. 강이 약 9마일에 걸쳐 300피트 아래로 떨어지는 잉가 폭포의 힘을 이용해, 잉가 1과 2에 이어 세 번째로 건설될 예정인 이 댐은 4,800메가와트의 전력을 생산할 수 있으며, 이는 미국의 수백만 가구에 전력을 공급할 수 있는 양이었다.³ 이러한 막대한 전력은 나라 전체의 91퍼센트가 전력 공급을 받지 못하는 콩고민주공화국, 나아가 이처럼 절실하게 전력 부족을 겪고 있는 아프리카의 많은 지역에 필요한 전기를 저렴하게 공급할 수 있는 양이었다.⁴

잉가 3은 아프리카 사람들을 괴롭혀 온 전력 부족 문제 해결을 위해 고안된 현대적인 개발 프로젝트 중에서도 가장 크고 복잡한 축에 속했다. 다른 여러 이니셔티브가 태양열 스토브, 커뮤니티 발전소 등과 같은 방법으로 점진적으로 이 격차를 메우려고 해왔다. 그러나 잉가 3은 콩고민주공화국 및 대륙 전역의 많은 사람들에게 막대한 전력을 공급할 수 있는 프로젝트였다.

잉가 3 프로젝트는 그 방대한 규모 때문에 정치적, 경제적, 제도적 역량이 거의 완벽한 조화를 이루어야 했고, 각 요소는 내가 신뢰해야 할 사람들에 의해 끝없이 좌지우지되고 있었다. 나는 아프리카 파트너들, 개발은행들, 중국 지도자들, 그리고 특히나 미국 정부 사이에 독특한 연합을 구축하는 과정에서 나타날 여러 경고 신호들을 너무 늦게 깨달았다.

그 결과, 잉가 프로젝트를 통해 원치 않았던 많은 것을 배우게 되었다. 실패로부터 배운 것이었다. 빅벳을 위해서는 위험을 감수하고 불가능해 보이는 일들을 시도해야 하는데, 완전한 실패의 가능성은 언제나 크게 다가온다. 이 경우 내가 누구에게 베팅하고 있는지 제대로 알고, 또 일이 잘못될 수 있는 다양한 가능성을 파악하고 있는 것이 정말 중요하다는 것을 깨달았다.

빅벳을 할 때, 당신은 기술에 거는 것이 아니다. 수혜자들에게 거는 것도 아니다. 노력이 결실을 맺는다면 물론 수혜자들 모두 더 나은 삶을 살게 될 것이다. 그러나 결국 빅벳은 당신의 파트너들에게 거는 것이다. 잉가 프로젝트를 통해 어떤 빅벳이든 우리의 성공 여부가 얼마나 강한지는 결국 가장 약한 파트너들에게 달려 있다는 사실을 배웠다. 그것이 내가 잉가 프로젝트에서 절실히 깨달은 바였다. 빅벳 프로젝트를 유지하려면 약점이 어느 부분인지를 지속적으로 평가해야 한다. 그렇게 해도 놓칠 수 있고 모든 것이 무너져 내리는 것마저 지켜보게 될 수 있다.

큰 변화를 향한 사람들의 열의를 낙관하다

아프리카의 전력 부족 문제 해결을 위한 전문가들과의 협의 중 당시 나이지리아 재무장관이었던 응고지 오콘조이웨알라Ngozi Okonjo-Iweala와 만났다. 응고지는 비범한 인물이었다. 언제나 낙관적이었고 깊은 윤리 의식을 갖추고 있었다. 하버드Harvard에서 학사 학위를, MIT에서 박사 학위를 받은 후 그녀는 세계은행에서 25년간 일하며 빈곤국들의 식량 및 금융 위기에 대응하는 다양한 프로젝트를 이끌었다. 나이지리아 최초의 여성 재무장관이자 외무장관으로서 그녀는 투명성과 부패 척결 면에서도 명성을 쌓아왔다.[5]

응고지는 파워 아프리카Power Africa라는 미국의 새로운 이니셔티브를 시작할 때 우리가 조언을 구한 아프리카의 여러 지도자 중 한 명이었다. 파워 아프리카는 공공 및 민간 부문이 협력하여 아프리카 대륙에서의 깨끗한 전력에 대한 접근성을 개선하기 위한 프로젝트였다.[6] 미래를 위한 식량Feed the Future과 마찬가지로 각 프로젝트가 몇 명의 아프리카인을 대상으로 혜택을 주고 얼마만큼의 전력을 공급할지에 대해 구체적이고 측정 가능한 목표를 갖고 있었다. 응고지와 다른 지도자들은 이러한 계획을 환영하면서도, 목표치를 더 야심 차게 설정해야 한다는 마음이었다.

그들이 원하는 규모는 단 한 단어로 요약되었다. 잉가Inga.

아프리카를 아는 사람이라면 누구나 이 단어의 의미를 알고 있었다. 잉가 1 및 잉가 2 댐은 1970년대와 1980년대에 준공되어 잉가 폭포의 엄청난 유량을 활용했다. 잉가 3 댐은 훨씬 더 강력하게 업그레이드되어, 초기 용량 351메가와트보다 13배 이상 큰 전력을 생산할 예정이었다.[7] 이 세 번째 댐은 소위 '그랜드 잉가Grand Inga'로 나아가는 발판이 되어 총 40

기가와트의 전력을 생산하고, 잠재적으로 당시 전력 부족을 겪고 있던 사하라 사막 이남의 12개국 이상에 놀랍도록 저렴한 비용으로 전기를 공급할 수 있다는 비전이었다.[8]

잉가 댐의 송전선은 넓은 아프리카 대륙 곳곳에 전력을 공급하게 될 예정이었다. 어두운 거리에서 불안을 느끼는 여성들에게 깨끗한 전력을 제공하고, 밤늦게까지 공부하거나 일할 수 없는 아이들, 그리고 동부 콩고 이니셔티브 훈련 센터의 소년 소녀들에게 일자리를 만들어 줄 수 있는 수백만 개의 소규모 사업체에도 전력 공급이 이루어지게 되었다. 이 전력선은 콩고민주공화국의 광업 분야가 금, 콜탄, 리튬, 구리 등 현대 디지털 세계 속 전자 회로에도 필수적인 자원의 독보적인 매장량을 활용하여 국가를 풍요롭게 하는 데에도 도움을 줄 수 있었다. 그 송전선은 나아가 나이지리아 북쪽과 남아프리카까지 이어질 계획이었다. 당시 사하라 이남 아프리카의 70퍼센트, 즉 6억 명이 현대 경제생활에 필수적인 전기에 접근할 수 없는 상황이었다.[9]

잉가 프로젝트에 대해 알아가면서 대륙을 가로지르는 송전선 지도가 머릿속에 그려졌다. 워싱턴을 비롯해 전 세계 많은 사람들에게 영감을 불러일으킬 만큼 대단한 규모의 프로젝트라 흥미로웠다. 또한 개발 자금의 최대 출처인 세계은행이 잉가 1과 2 댐을 복원하는 데 관여해 왔고, 수십 년 동안 그랜드 잉가를 목표로 일해 왔지만, 이 프로젝트의 복잡성을 피하지는 못했다는 사실도 알게 되었다. 잉가는 분명 현실적인 문제를 안고 있었지만, 이를 극복하려는 시도는 거의 없었고, 이른바 '포부의 함정'에 갇혀 있는 상황이었다.

빅벳으로서 잉가의 가능성은 분명했다. 나는 잉가 프로젝트를 워싱턴과 전 세계 지도자들에게 소개하기 위해 송전망 지도를 활용했으며, 2013년 오바마 대통령의 아프리카 방문 중에는 에어포스 원Air Force One에서 그에게 이 프로젝트를 설명했다. 이것은 콩고민주공화국과 아프리카의 놀라운 잠재력을 펼치게 할 가능성이 있는 해결책이었다. 개발을 통해 건강, 교육, 고용, 안전 측면에서 사람들에게 미칠 긍정적인 영향이 엄청날 것이라는 사실도 우리는 알고 있었다. 또한 잉가는 기후변화와의 싸움에도 큰 도움이 될 것으로 예상되었다. 디젤 발전기의 수요를 줄여 연간 6,300만 톤의 탄소 배출량을 절감함으로써, 미국 내 자동차 1,300만 대가 도로에서 사라지는 것과 같은 효과를 낼 수 있었다.[10]

파워 아프리카와 같은 점진적 개선에 비해, 잉가는 진정한 해결책이었다. 하지만 숫자들을 보고 송전선을 상상하면서, 나는 파트너십보다 잠재력을 우선시하고 있었다. 잉가는 개발 분야에서는 보기 드문 국가들, 기관들, 개인들 간 연합을 요구했는데 그들 모두의 이해관계가 동일하지는 않았다. 게다가 우리는 이 모든 것을 길고 처절한 내전에서 벗어난 지 겨우 10년이 된 나라에서 진척시켜야 했다.

그동안 나는 먼저 뛰어들고 개인적으로 접근하는 방식으로, 개인과 기관들이 자신의 이익을 접어두고 공동의 목표에 동참하도록 설득할 수 있었다. 과연 이번에도 그 방식이 통할까? 당시 믿을 만한 파트너보다 더 많은 질문들이 잉가 프로젝트를 둘러싸고 있었다. 또한 120억 달러에 이를 것으로 예상되는 비용을 누가 부담할지도 명확하지 않았다.[11] 미국 단독으로 감당하기엔 너무 큰 규모였고, 당시 미국의 파워 아프리카에 대한 전적인 약속조차 그 일부에 불과했다. 세계은행이 참여할 예정이었지만, 그러기 위해선 미국과 중국이 매우 긴장된 지정학적 관계 속에서 진정한 협력의 정신을 받아들여야 했다. 과연 그것이 가능할지도 의문이었다.

나는 잉가 프로젝트를 통해 대규모 확장을 향한 열망과 사람들에 대한 믿음을 바탕으로, 결국은 "예스"라는 답을 끌어낼 수 있으리라는 자신감을 가질 수 있게 되었다. 이는 어쩌면 지나친 자신감이었을지도 모르지만 아이티에서의 몇몇 성공과 기아 문제 해결에서 이룬 진전을 통해, 우리는 앞으로 나아갈 튼튼한 토대를 갖추었다고 생각했다. 그 성공들은 사람들이 큰 변화를 위해 헌신할 수 있다는 낙관적인 믿음, 그리고 그런 가능성을 내가 이끌어 낼 수 있다는 자신감을 더욱 굳히게 만들었다.

지속 가능하게 만들 파트너가 있는가

잉가는 나나 미국의 첫 번째 댐 프로젝트가 아니었다. 내가 부임했을 당시, USAID는 이미 2001년부터 전쟁 중이었던 아프가니스탄에 깊이 관여하고 있었다. 2010년까지 USAID 팀원들은 아프가니스탄 국민들을 위한 더 나은 미래를 만들기 위해 큰 위험을 감수했고, 일부는 목숨을 잃기도 했다. 하지만 일부 개발 및 안전 수준의 진전에도 불구하고, 아프가니스탄 정부와 치안 부대는 부활한 탈레반에 효과적으로 대응하지 못했다. 탈레반은 1996년부터 아프가니스탄을 장악한 채 소녀들의 교육을 금지하고, 규제에 저항하는 사람들을 처벌하며, 9.11 공격 배후인 알카에다 요원들의 은신처를 제공하면서, 20년 넘게 반란을 지속해 왔다.[12]

내가 USAID에 합류하기 한 달 전, 오바마 대통령은 아프가니스탄에 큰 약속을 하나 했다. 그는 반란을 무력으로 억제하기 위해 추가로 3만 명의 파병을 지시했다.[13] 이 전략은 아프가니스탄 정부, 특히 변덕스러운 성향의 대통령 하미드 카르자이Hamid Karzai와 협력하여 아프가니스탄 국민의 공포와 좌절을 해소시키는 것이 목표였다. 그 결과, 이 전략은 '민간인 증대civilian surge'로 알려진 조치를 요구했다. 국무부와 USAID 인력 및 도급업자들이 더 나은 통치, 교육, 농업, 인프라, 특히 에너지 인프라로 아프가니스탄 국민들의 지지를 얻기 위해 작전을 확대하는 것이었다.

이는 최상의 상황에서도 야심 찬 계획이었지만, 아프가니스탄 정부의 충분한 치안 유지 능력 부족과 카르자이 정부의 부패에 대한 지속적인 우려 속에서는 더욱 어려운 일이었다.

그 전략을 추진하면서, 일부는 더 큰 목표를 추진하고 싶어했다. 워싱턴이나 카불의 조용한 회의실에서 끝이 없어 보이는 회의를 이어가던 중 미군은 수도 카불Kabul 남서쪽에 위치한 1950년대 수력발전 프로젝트인 카자키Kajaki 댐을 완공하자는 강력한 주장을 내놓았다. 카자키는 전쟁이 시작되기 이전에 이미 노후화된 상태였다. 기존 두 터빈을 수리하는 것 외에 세 번째 대형 터빈을 추가하여 카자키 댐의 잠재력을 실현하고 헬만드Helmand 주에 거주하는 약 140만 명 중 많은 이들에게 51메가와트의 전력을 제공하자는 아이디어였다.[14]

불행히도 헬만드는 종종 '탈레반 지역'으로 분류되는 곳이었다. 카불 정부는 그 지역에서 한 번도 권력을 장악하지 못했고, 다른 지역에서도 장악력을 갖기 위해 고군분투하는 중이었다. 미국의 군 지도자들에게는 바로 이 점이 댐에 투자해야 할 이유였다. 이론상으로는 카자키 댐이 전력과 에너지를 아프가니스탄의 가장 중요한 도시 중 하나인 칸다하르Kandahar에 제공함으로써 주민들의 삶의 질을 향상시키고, 동시에 미국과 아프가니스탄의 대의를 강화하는 데 도움이 될 것이라는 생각이었다.

처음 이 프로젝트를 들었을 때 의문이 들었다. 지역의 보안이 우선 확보되지 않은 상태에서 어떻게 그런 대규모 프로젝트를 추진할 수 있겠는가? 열악한 도로를 따라 장거리로 장비를 운송하는 것만으로도 엄청난 위험과 비용이 발생할 것 같았다. 칸다하르의 미군 기지에서 약 90킬로미터 떨어진 현장을 방문했을 때 이러한 우려는 더욱 커졌다. 내가 거대한 미군 헬리콥터에 탑승하자, 무장 요원들은 혹시라도 모를 탈레반의 공격 조짐을 주시하며 열린 화물실 문을 통해 경계를 서고 있었다. 나에게 전쟁은 상대적으로 낯설었지만, 개발 경험은 그렇지 않았다. 지역의 풍경을 보니 이 댐을 경제적이고 안전하며 지속 가능한 방식으로 완공하는 것은 이미 불가능하다는 생각이 들었다.

워싱턴과 카불의 많은 이들이 이러한 우려를 공감하면서 같은 목소리를 냈다. 그러나 아프가니스탄 전쟁의 실질적인 현실에서는 미군의 목소리가 가장 중요했다. 어느 시점에, 한 고위급 장성이 댐 없이는 전쟁이 패배한 것이나 마찬가지라는 언급을 했다. 나처럼 의구심을 가진 사람들은 그 논리를 반박할 수가 없었다.

결국, 댐은 카불 정부를 대신한 군사 및 민간의 엄청난 노력으로 완성되었다. 카불 정부는 자력으로 경비를 제공하거나 부패를 줄이는 데 효율적이지 못했다. 엄청난 비용과 끊임없는 공사 지연으로 인해 이 프로젝트는 의회와 언론에서 자주 비판 대상이 되었고, 일부는 이를 전쟁의 소모적인 낭비를 보여주는 '대표 사례'라고 불렀다.[15]

　미국과 USAID는 아프가니스탄에서 좋은 일도 많이 했다. 2014년까지 우리 팀은 전국에 560개의 새로운 학교를 세워 800만 명의 학생을 모집했으며, 그중 37퍼센트는 여학생이었다.[16] 또한, 4만 명의 여성이 대학에 진학했는데 그중에는 USAID가 설립한 아프가니스탄 아메리칸 대학교 American University of Afghanistan도 있었다.[17] 우리는 또한 아프가니스탄에 통신 부문을 포함한 인프라를 구축하여 전체 인구의 90퍼센트가 휴대전화 서비스를 이용할 수 있게 도왔다.[18] 이 모든 일이 전체 전쟁 비용의 3퍼센트에 못 미치는 금액으로 이루어졌다.[19]

　카자키 댐은 충분한 자금과 열의가 있다면 불가능해 보이는 일도 가능해질 수 있다는 증거이다. 그러나 해당 국가의 정부와 다른 구조적인 지원이 추진 중인 발전을 유지할 능력이 없다면 이것이 반드시 좋은 선택으로 이어지지는 않는다. 그리고 이러한 근본적인 원인을 공개적으로 솔직하게 인정하지 않은 것은 카자키 댐의 건설과 같은 잘못된 결정을 불러왔고, 더 나아가 아프가니스탄 전쟁의 실패로 이어졌다. 이를 증명이라도 하듯, 2021년 탈레반이 다시 아프가니스탄을 장악했을 때, 그들은 댐을 손에 넣었을 뿐 아니라 여성들을 대학에서 퇴출시켰다.

　베팅을 할 때는 냉철한 시각이 필요하다. 어떤 노력이든 성공의 여부를 쥐고 있는 것은 가장 열의가 떨어지는 파트너인 경우가 많기 때문이다. 단순히 실현될 가능성만이 아니라, 그 변화를 지속 가능하게 할 파트너가 있는지 고려하는 것이 중요하다. 이 질문은 답하기 쉽지 않으며 특히 사람들에 대해 좋은 점만 기대하는 사람들에게는 더욱 그렇지만 반드시 물어야 하고 계속 물어야 하는 질문이다. 이것은 내가 매번 성공적이지는 못했지만, 다른 중요한 큰 결정들, 예를 들어, 잉가 프로젝트에 적용하려 했던 교훈이었다.

뭔가 이상하다고 느낄 때

파워 아프리카 프로그램이 도입된 지 몇 달 후, 아프리카와 잉가 프로젝트 관련 회의에 참석차 백악관에 갔다. 대화가 마무리될 즈음 대통령의 국가안보 보좌관인 수잔 라이스Susan Rice가 나를 따로 불렀다. 수잔은 대단히 영향력 있는 인물이었다. 노련하고, 디테일을 간파하며, 엉성한 논리를 날카롭게 비판하는 데도 주저함이 없었다. 또, 수잔은 아프리카와 그 지도자들에 대해 나보다 훨씬 잘 알고 있었다.

그 시기 세계은행, USAID, 그리고 다른 기관들은 잉가 프로젝트의 기술적, 재정적, 정치적 세부 사항들을 해결하기 위해 수년간 노력해 온 상태였다. 나는 내 연락처에 있는 사람들 모두에게 도움을 청했다. 당시 영국의 전 총리였던 고든 브라운은 거래 구조를 어떻게 설정할지에 대한 조언을 주었고, 국제금융공사International Finance Corporation, IFC의 수장인 진용 차이Jin-Yong Cai는 우리가 베이징에서 관계를 발전시키는 데 도움을 주었다.[20]

우리는 모두 댐 프로젝트의 기술적, 재정적 측면에 대한 전문가가 되려고 애쓰고 있었지만, 수잔은 콩고민주공화국을 정말 잘 알았다. 그녀는 몇 년 전 조세프 카빌라Joseph Kabila 대통령을 만난 적이 있었다. 카빌라 대통령의 아버지는 대통령직에 있다가 암살당했고, 젊은 카빌라는 긴 내전 속에서 아버지의 뒤를 이었다.[21] 카빌라는 한때 개혁을 이끌만한 인물로 여겨졌지만, 수도 킨샤사는 종종 부정부패로 의심받았으며, 2013년 콩고민주공화국은 국제투명성기구Transparency International의 부패 인식 지수에서 177개국 중 154위를 기록했다.[22] 결과적으로 수잔은 나의 낙관주의와 희망적 전망을 인정했지만, 그녀의 보다 현실적인 시각은 수십 년에 걸친 경험에서 나온 것이었다. 예정된 방문에 대해 이야기하자, 수잔은 의심스러운 표정을 지었다. 나는 그 경고를 주의 깊게 들었지만 따르지는 않았다.

콩고민주공화국 정부의 고위층에서 계속되는 투명성 문제를 해결할 수 있다는 것이 나의 생각이었다. 아프리카 지도자들과 잉가 프로젝트를 논의하는 자리에서 나는 모든 투자를 보호하기 위해 그들의 도움이 필요하다고 직접적으로 말했다. 세계은행은 프로그램을 관리할 개발 당국을 만들기 시작했으며, 응고지와 가나 출신의 UN 전 사무총장인 코피 아난 Kofi Annan과 같은 신뢰할 수 있는 지도자들로 구성된 이사회가 감독을 맡을 예정이었다. 그러나 세계은행의 승인을 받아 프로젝트의 자금을 지원받을 이 기관은 당시 운영에 관여하지 않았고 콩고민주공화국 정부도 우리 측의 조건을 수락하지 않고 있었다.[23]

방문을 준비하는 과정에서 또 다른 불안한 신호가 있었다. 미국 대사관이 콩고 정부에 연락을 취했을 때, 카빌라 대통령실은 회담에 대해 미온적인 태도를 보였다. 몇 차례 더 연락을 시도했지만, 여전히 대화 일정을 조율할 수가 없었다. 보통 내 위치에서는 어떤 국가를 방문할 경우 국가 원수와 만나는 것이 일반적이었다. 왜냐하면 주최 측에서는 USAID 책임자를 세계 주요 개발 기관의 수장으로 대하기 때문이었다. 모든 상황이 조금 이상하게 느껴졌다. 잉가 프로젝트가 이 나라에 가진 중요성을 감안한다면 관련 회의에 어떻게 이렇게 소홀한지 이해하기 어려웠다.

대신, 현지에서의 짧은 일정 동안 내 가이드는 국가의 제2인자인 마타타 포뇨 마폰Matata Ponyo Mapon 총리였다.[24] 포뇨는 콩고민주공화국 관료 체계에서 경력을 쌓아온 노련한 과학 기술 분야 전문가technocrat였다. 당시 상대적으로 청렴한 인물로 보였던 그는 세 자녀를 둔 자랑스러운 아버지였고, 나라의 미래가 더 밝을 수 있다고 믿는 지도자였다. 그의 말에는 국제 개발과 데이터에 관해 깊은 이해가 배어있었다.

방문 일정 동안, 회의에 대해 처음 느꼈던 불안은 거의 해소되었다. 이번 방문은 적절했고, 진지하고 실질적인 내용이 담긴 회의들이 이어졌다. 나는 이것을 잉가 프로젝트에 대한 국가적 열정을 확인하는 긍정적인 신호로 받아들였다.[25] 포뇨, 개발 관계자들, 그리고 사업가들과의 회의에서 모두 이 프로젝트를 진행시키기 위해 필요한 모든 걸 하겠다는 의지를 확인했다. 우리는 잉가 폭포로 비행하여 그곳의 지형을 파악했는데 폭포의 우렁찬 소리가 그 에너지로 대지를 진동시키고 있었다. 다음 날은 전쟁으로 피폐해진 콩고 동부로 가서, 소년병들과 전쟁의 잔혹함을 겪은 피해자들을 위한 전환 지원 센터를 방문했다.

이 여정을 통해 카빌라의 주저하는 태도가 잉가에 대한 관심 부족에서 비롯된 것이 아니라는 점도 분명해졌다. 공항에서 포뇨와 작별 인사를 나누던 중 그는 대통령이 통화하기를 원한다고 전했다. 통화는 몇 분 남짓이었는데, 카빌라는 친절했고 곧 다시 만나자고 약속했다. 처음 그의 회피하는 듯한 태도와 이번 여정에서의 모든 격식을 고려할 때, 그와의 통화가 나에겐 어느 정도 격려가 되었다. 그러나 동시에 카빌라는 여전히 카빌라라는 사실과 주요 파트너인 그의 행보와 이해관계가 이 중요한 베팅에서 크나큰 영향을 미치리라는 사실을 상기시키는 계기가 되었다.

킨샤사 공항에서 비행기가 이륙할 때, 이번 여정에 대해 나 스스로 어떻게 느끼는지 평가해 보았다. 마음속으로는 이 프로젝트가 이 지역의 수백만 명에게 체계적인 변화를 가져올 것이라는 기대감에 흥분을 느꼈다. 이성적으로는 이번 프로젝트가 미·중 관계 개선, 아프리카 경제 전망, 기후 변화 대응에 큰 성과를 낼 수 있다고 생각했다. 그러나 본능적으로는 몇 가지 요인에 대해 불안감이 있었고, 우리의 주요 파트너인 카빌라의 동기를 충분히 제대로 파악하지 못했다는 점이 특히 마음에 걸렸다.

나의 방문을 통해 일부 우려가 가라앉기는 했지만, 카빌라와 킨샤사 지도부는 여전히 모호한 수수께끼로 느껴졌다. 전혀 감이 오지 않았다. 우리가 잉가 프로젝트에 기대를 건다면, 결국 그 정부에 베팅하는 셈이었다. 그때 내가 가졌던 질문은 파트너가 된 정부와 함께 프로젝트를 성공적으로 만들기 위해 우리가 충분한 투명성과 점검과 균형을 갖춘 국제적 연합을 이룰 수 있을지의 여부였다.

베팅이 클수록 신뢰할 수 있는 지도자의 필요성도 커진다. 빅벳은 언제나 믿을 만한 파트너에 달려 있다. 그 시점에서 카빌라가 그런 역할을 충실히 수행할 수 있을지 알기는 불가능했다. 당신은 자신의 머리와 마음, 그리고 직감을 모두 신뢰할 수 있다. 이상적으로는 이 세 가지가 일치해야 하나 그렇지 않을 때도 있다. 뭔가 느낌이 이상할 때는 그 미묘한 신호들을 진지하게 받아들이고 잠시 멈춰 그로 인해 발생할 모든 파장을 차분하게 따져봐야 한다.

파트너와의 신뢰 관계 점검하기

콩고 일정을 완전히 정리하기도 전에, 나는 2014년 1월 중순 베이징 공항에 도착했다. 시차로 인해 피곤했지만 복잡한 정치적 환경 속에서 잉가를 위한 파트너십을 구축하려는 의지가 컸기 때문이다. 잉가 프로젝트를 위한 파트너십을 조성하려면 미국과 복잡한 관계를 가진 거대한 두 존재, 즉 세계은행과 중화인민공화국의 협력이 필요했다.

이 프로젝트의 중심에는 세계은행과 늘 끈기 있고 열정적인 세계은행의 총재 짐 킴Jim Kim*이 있었다. 내가 10년 넘게 알고 지낸 인물로 의사 출신인 짐은 전 세계에서 에이즈 관련 활동을 해왔고 다트머스대학교 Dartmouth College 총장을 역임하기도 했다. 2012년 오바마 대통령이 짐을 세계은행의 수장으로 지명했는데, 세계은행은 제2차 세계대전이 끝날 무렵 경제 개발과 이런 대형 프로젝트를 보다 폭넓게 지원하기 위해 설립된 기관이었다.

그해 세계은행은 전 세계 여러 나라에 526억 달러를 투자했으며,[26] 실제로 콩고민주공화국에만 4억 6,500만 달러를 배정했다.[27] 세계은행의 장점은 그 규모, 지속 가능성, 그리고 높은 기준에 있었다. 은행은 장기간에 걸쳐 프로그램에 투자하고 이를 모니터링할 수 있었다. 짐은 잉가 프로젝트에 전적으로 공감했고, 타당성 조사를 위한 자원도 이미 일부 투입한 상태였다. 하지만 세계은행과 관련해 하나의 과제가 있었다. 은행

---

*   한국명 김용. 세계은행 총재, 다트머스 대학교 총장 등을 역임한 한국계 미국인 의사이며 공중 보건 전문가이다.

의 주요 주주들(미국과 중국을 포함한 세계 주요 경제국들)이 어떤 프로그램에 대규모 지원이 들어갈지를 결정하는 데 영향력을 행사한다는 점이었다. 잉가 프로젝트는 규모 자체가 워낙 거대한 프로젝트였기 때문에 이러한 승인을 반드시 받아야 했다.

중국을 참여시키는 것이 내가 베이징으로 향했던 이유 중 하나였다. 불과 7개월 전, 오바마 대통령은 캘리포니아 팜스프링스Palm Spring's 근처의 아름다운 휴양지 써니랜즈Sunnylands에서 중국의 시진핑 총리와 만났다.[28] 그 회담에서는 중국의 국제적 부상에 대한 솔직한 논의가 오갔고, 대통령과 다른 인사들은 중국이 그 힘이 커지는 만큼 글로벌 공동체의 더 책임 있는 구성원이 되기를 독려했다. 두 정상은 미·중 관계의 상당한 갈등 요소에도 불구하고 유익한 협력을 이룰 수 있는 분야를 찾기를 열망한다고 밝혔다. 오바마와 시진핑의 공동 성명에서 그들은 기후와 국제 개발 프로젝트에서 신중하게나마 협력의 가능성을 긍정적으로 언급했다.

개발을 위한 협력관계의 잠재력은 막대했지만, 결코 쉬운 일은 아니었다. 중국은 이미 아프리카와 다른 지역에서 '일대일로One Belt One Road'*라는 이니셔티브를 통해 우호 관계를 구축하고 자원을 확보하기 위해 막대한 지출을 감수할 의지가 있음을 보여주고 있었다. 그러나 이러한 투자가 자금을 제공받는 측에도 항상 혜택을 주는 것은 아니었다. 중국은 보조금보다 부담스러운 조항이 포함된 엄격한 대출을 선호했는데, 이를 통해 아프리카 국민들은 중국의 의지에 종속되는 한편, 중국은 관리들에게 뇌물을 제공하면서 노동이나 환경에 대한 고려 없이 프로젝트를 강행했다.[29] 또한, 중국의 기업들은 보통 자국민을 고용하여 현지 노동력을 활용할 때의 이점을 무의미하게 만들었다. 그리고 주로 희귀 광물이나 이익이 되는 자원을 얻는 데에만 집중했으며 그 과정에서 투명성은 찾아보기 힘

---

* 중국이 추진하는 대규모 국제 경제 및 인프라 개발 프로젝트로 아시아, 유럽, 아프리카를 연결하는 현대판 실크로드 구축을 목표로 한다. '일대일로 이니셔티브 Belt and Road Initiative, BRI'로 부르기도 한다.

들었다.

한편, 미국 법은 해외에서 진행하는 프로젝트가 환경, 반부패, 인권 기준에 부합하도록 요구한다. 이러한 규정은 잉가와 같은 프로젝트에 장애물이 되기도 했는데, 각 규정마다 준수를 강력히 요구하는 환경 단체, 인권 운동가, 의회 의원 등 충실한 지지층이 있었기 때문이다. 하지만 이러한 규정 덕분에 미국의 프로젝트는 세계에서 최고의 기준으로 자리잡을 수 있었으며, 이는 투자로 인한 개발 성과가 반부패 관행 강화, 현지 일자리 제공, 환경 개선 등과 같은 효과를 낳도록 보장하는 데 도움이 되었다.

베이징에서의 첫 번째 회의는 중국의 주요 경제 고문 중 한 명인 류허Liu He와의 만남이었다. 그는 중앙재경위원회사무소Central Financial and Economic Affairs Commission Office 부국장으로 베이징에서 가장 강력한 지도자 가운데 한 명이었다. 류는 분명 국제 개발 영역으로 진입한 중국을 보여줄 만한 대규모 프로젝트를 원하고 있었다. 그러나 나는 중국이 미국의 규정, 특히 환경 기준과 외국 정치인들에 대한 정부 기관의 뇌물을 금지하는 해외 부패 방지법Foreign Corrupt Practices Act에 따라 자금을 조달해야 한다는 점을 분명히 했다.[30] 류는 중국 정부와 기업이 이러한 고려 사항을 수용할 뜻이 있다고 말했다. 당시 중국 측이 투명성과 부패 방지 쪽으로 나아간 것은 드문 일이었다.

그러나 다른 징후들은 그다지 긍정적이지 않았다. 사실, 써니랜즈 정상회의 이후 불과 6개월 만에 미·중 관계는 빠르게 악화되고 있었다. 중국에 관한 한, 미국은 오랫동안 고립보다 관여를 선호해 왔지만, 중국의 남중국해 군사화는 경계심을 불러일으키기 시작했고, 이는 국방부와 정부 전체, 그리고 아시아에 있는 미국의 동맹국들 사이에서 중국의 의도에 대한 의구심을 키웠다.[31]

이러한 상황은 때때로 발생할 수 있다. 파트너십은 다양한 역동성의 산물이다. 그중 중요한 하나는 사람들 사이의 상호작용이며, 류 같은 사람과 주고받는 협의 과정도 이에 포함된다. 하지만 파트너십은 다른 부서, 조직, 심지어 국가 간의 정치적 요소를 포함하는 더 넓은 세력에 의해 형성된다. 타이밍 역시 중요한 역할을 한다. 한 해, 짧게는 하루 동안 작동하던 것이 그다음에는 작동하지 않을 수도 있다. 상호관계나 힘의 지형이 빠른 속도로 달라질 수 있기 때문이다.

하지만 부서, 지역, 국제적인 범위를 망라해 어떤 형태의 정치든 언제라도 변화할 수 있음을 안다고 해서 이를 다루기가 쉬워지지는 않는다. 실제로 워싱턴으로 돌아왔을 때, 경고 신호는 점점 더 분명해져 가고 있었다. 불신이 점점 커진다는 사실이 확연히 느껴질 정도였다. 비록 공식적으로는 미중 관계에 변화가 없었지만, 사람들은 중국의 모든 움직임을 점점 더 회의적으로 바라보고 있었다. 나는 기반이 너무 빠르게 흔들리고 있어 성공적인 파트너십을 지탱하기는 어렵겠다고 생각했다.

당신도 언젠가는 자신이 걸어둔 베팅이 잘될지 모르겠다는 불안감을 느낄 수도 있다. 이러한 상황은 통제 불가능한 요인들과 연관이 있으며, 그래서 할 수 있는 일은 매우 제한적이다. 작은 단계를 밟아가며 진행 상황을 지켜보고, 그 과정에서 파트너들과의 신뢰 관계를 점검해 보아야 한다. 그러나 중요한 것은 신뢰가 더이상 존재하지 않을 때 이를 인정하는 것이다.

반대할 수 있는 사람

내가 베이징에서 돌아오던 길에 미국 상원에서는 짧은 표결이 열렸다. 나는 중국 및 콩고민주공화국과의 파트너십이 가진 복잡성을 걱정하고 있었지만 놓친 게 있었다. USAID와 다른 기관들이 사용할 예산을 결정하는 권한을 가진 상원 세출위원회 내 영향력이 큰 인물인 버몬트 Vermont 주 출신의 패트릭 리히Patrick Leahy 민주당 상원의원이 큰 표결에 짧은 수정안을 삽입한 것이었다. 수정안은 다음과 같았다. "미국의 정책은 대형 수력발전 댐 건설을 지원하기 위한 어떠한 대출, 보조금, 전략 또는 정책도 반대하는 것이다."[32]

이 프로젝트가 시작된 이래로, 우리는 환경 및 개발 분야에서 잉가에 대해 제기된 많은 우려를 공유하고 공감해 왔다. 잉가 프로젝트가 우리의 기대만큼 유익하다는 것을 증명하기 위해서는 이러한 우려를 제대로 해결해야 했다. 그래서 초기 단계부터 각각의 문제에 대응하기 위해 노력했다. 환경운동가들은 전통적으로 수력발전 건설이 초래할 수 있는 생태계 파괴를 걱정했다. 일부 댐은 계곡을 침수시키고, 어류와 기타 야생 동물에 큰 부담을 주기 때문이었다. 한편, 인권 운동가들은 댐 주변에 거주하는 사람들이 건설 및 침수 과정에서 강제 이주를 당하거나 불편을 겪을 가능성을 염려했다.

우리는 몇 달 동안 사실을 파악하고 우리의 입장을 대변하는 연대를 이루기 위해 행동해 왔다. 실제로, 우리의 분석은 잉가댐이 주변 환경과 사람들에게 미칠 긍정적인 영향력을 납득할 만한 근거로 제시했다. 현실적으로 베팅의 규모가 클수록 더 많은 파트너, 자원, 돌파구가 필요하며, 그만큼 반대 의견을 낼 수 있는 사람들도 많아진다. 이러한 반대 의견 일부는 사전에 파악되거나 진행하는 과정에서 알게 된다. 그러나 때로는 발견되지 않고 있다가 갑자기 나타나기도 한다.

상원의원 패트릭 리히는 의회에서 나에게 가장 우호적인 인물 중 하나였다. 일부 동료들과 전임자들은 상원의 감독에 대해 불평했지만, 나는 그럴 필요가 없었다. 리히는 매우 공정하고 개발에 관해서도 대단히 열의 넘치는 인물이었다. 심지어 지금도 그는 나를 매우 지지해 주고 있다. 하지만 리히는 수력발전에 대해 깊은 우려를 가지고 있었다. 우리는 그의 반대를 알고 있었지만, 우리의 분석과 몇몇 환경 단체의 지지가 우리의 주장을 뒷받침하기에 충분할 거라고 기대했다. 게다가, 사실 이 이니셔티브는 의회의 표결을 필요로 하지 않는 사안이었다.

수정안이 72 대 26으로 통과되었을 때, 나는 당황했고 우리 팀은 완전히 막다른 길에 부딪혔다.³³ 나와 우리 팀이 아무리 창의적인 해결책을 찾으려 해도, 여기에는 단순하게 던질 질문도, 개인적인 관계로 풀 수 있는 여지도, 쉽게 열고 나갈 회전문도 없었다. 그 표결과 함께 회의, 통화, 출장 등 모든 노력이 물거품이 되었다. 콩고민주공화국과 중국 문제를 걱정하느라, 정작 국내 지지 기반이 얼마나 불안정한지는 간과했던 것이다. 결국 미국은 잉가 프로젝트 진행 여부에 관한 세계은행의 핵심 표결에서 기권했다. 이는 명백한 '반대' 입장 표명은 아니었지만, 미국 정부가 이 이니셔티브를 뒷받침하는 연합을 결성하는 데 도움을 주지 않겠다는 분명한 신호였다.³⁴ 결국 미국이 연합에서 빠진 이상 댐을 현실화하는 데 필요한 수십억 달러를 마련하는 일은 불가능해질 수밖에 없었다. 잉가 캠페인은 중지되었다.

나는 잉가 프로젝트의 수학적 분석(수억 명의 평범한 아프리카인들에게 가져다줄 엄청난 혜택)이 사람들을 '찬성'하게 만들 것이라 생각했다. 적어도 '반대'하지는 않게 할 것이라고 짐작했다. 그리고 우리는 그 타당성을 입증할 시간이 있을 것이라고 생각했다. 그러나 리히 상원의원의 수력발전에 대한 입장이 어떤 의미인지 나는 더 분명히 인식했어야 했다. 또한 상원에서 입장을 표명할 수 있다는 것을 예견했어야 했다. 대규모 연합은 자국에서 시작된다는 것을 나는 아직도 잘 모르고 있었다. 이는 국내에서의 반대가 전체 계획을 무너뜨릴 수 있다는 뜻이었다.

큰 프로젝트에서는 예상치 못한 역풍이 급격히 커질 수 있으며 생각지도 못한 방향에서 불어오기도 한다. 그래서 상황을 민감하게 파악하는 것이 매우 중요하다. 누가 '반대'라고 외치며 프로젝트를 즉시 중단시킬 수 있는지 알아야 한다. 이번 경우, 나는 리히 상원의원과 상원의 반대 표명이 미칠 잠재적인 영향을 미리 인식하고 있어야 했다. 프로젝트의 가장 약한 고리를 알아내 그것이 어떻게 끊어질 수 있는지 이해하고 있어야 한다. 그래야만 좌절을 피하거나 대비할 수 있다.

모든 것이 엇나가다

잉가는 빅벳이 실패로 돌아갔을 때 어떤 기분인지 알게 해준 생생한 교훈이었다. 깊은 상처로 남았으며 피할 수 없었다. 그 손실은 고통스러웠다. 몇 주 동안 어떻게 그런 일이 일어났고, 내가 무엇을 놓쳤는지 머릿속으로 계속 곱씹어 보았다.

그리고 몇 달 후 그 이유를 더 확실히 상기시킬 일이 생겼다. 2014년 8월, 오바마 대통령은 사상 첫 미-아프리카 정상회의를 개최했다. 며칠간 이어진 이 행사는 아프리카 각국의 국가 원수와 정부 관계자 수십 명을 워싱턴으로 초청하여 무역, 투자, 민주주의, 안보에 대해 논의하는 자리였다. 행사는 국무부에서 진행되었고 국무부의 강당은 미래지향적인 분위기의 반짝이는 무대로 변신했다.[35]

대부분의 세션은 의미 있었으며, 아프리카의 미래에 대한 큰 계획을 논의하면서 새로운 관계를 맺거나 기존의 관계를 재확인하는 기회가 되었다. 오래된 친구들과 열의에 찬 새로운 얼굴들에게 인사하며 강당을 둘러보는 동안, 아프리카의 과거와 관련된 비생산적인 현실들이 떠올랐다. 그날, 누구보다도 나와의 대화를 원한 사람은 카빌라 대통령이었는데, 그는 잉가 프로젝트에 대해 몇 분간 이야기하고 싶다고 요청했다. 나는 아주 내키지는 않았지만 그러기로 했다.

우리는 조용히 대화할 수 있는 구석으로 갔고, 카빌라 대통령은 잉가 프로젝트가 여전히 진행될 가능성이 있는지 나에게 물었다. 나는 솔직하게, 상황이 좋아 보이지 않는다고 대답했다. 그러나 놀랍게도 대통령은 자신감을 보이며, 같이 노력한다면 방법이 있다고 이야기했다. 하지만 그는 공식 채널을 통해 소통하기보다는, 비공식 이메일 주소(놀랍게도 핫메일 계정!)와 당시 남아프리카공화국 주재 콩고민주공화국 대사였던 그의 친구를 통해 연락할 것을 제안했다.

그 마지막 일격은 내가 얻은 교훈을 더욱 분명하게 해주었다. 이후 이전의 계획들을 돌아보며, 나는 잉가 프로젝트가 성공적인 빅벳 사례에서의 느낌과는 다르게 느껴졌던 부분들을 구체적으로 파악하기 시작했다. 돌이켜보면, 처음부터 지나치게 불확실하고 불안정한 신호들이 여기저기 있었다. 항상 단 하루의 악재로도 모든 것이 무너질 것처럼 불안해 보였다. 이렇게 야심 찬 프로젝트의 성공 조건들이 한 번도 완전히 맞아떨어진 적이 없었던 것이다.

나는 훨씬 더 일찍 콩고민주공화국, 미중 관계, 그리고 미 의회에서 누구에게 베팅하고 있는가에 대한 단서를 제대로 봐야 했다. 안타깝게도 그건 이 빅벳으로 혜택을 받을 사람, 예를 들면, 소년병 같은 이들이 아니었다. 연합을 구성하는 모든 요소 하나하나에 더 집중했어야 했다. 그럼에도 불구하고, 사람들에게 변화를 강요하거나 공동의 목적에 동참하도록 설득하는 데는 한계가 있다. 잉가 프로젝트에서는 모든 것이 엇나갔다. 사람은 항상 쉽게 베팅할 수 있는 대상이 아니다. 어떤 사람은 예상치 못한 방식으로 변하기도 하고, 어떤 사람은 절대 충분히 변하지 않기도 한다. 설령 의회가 이 사안에 대한 표결을 전혀 고려하지 않았다고 해도, 핫메일 계정을 통해 잉가 3 프로젝트를 실현할 수는 없었을 것이다.

빅벳은 큰 실패로 이어지기도 한다. 나는 잉가 프로젝트에 많은 시간과 에너지를 쏟아부었지만, 허사가 되었다. 참담한 기분이었다. 실패는 그 자체로 고통스럽지만, 특히 국가 원수들과 상원의원들이 모두 지켜보는 큰 규모의 공적인 프로젝트라면 더욱 그렇다. 다행히 나는 빠르게 실패했고, 아프리카의 다른 지역에서 막 시작되던 위기에 대응할 시간을 가질 수 있었다. 하지만 나는 여전히 언젠가, 누군가는 마침내 콩고민주공화국 사람들에게 전력과 희망을 가져다줄 방법을 찾을 것이라는 믿음을 갖고 있다. 그러나 이번 건은, 나의 실패였다.

분명한 인식이 필요한 부분은 (나도 당시 더 분명하게 알고 있어야 했지만) 빅벳이 성공하기 위해서는 많은 것들이 제대로 맞아떨어져야 한다는 것이다. 복잡성은 필연적으로 따라오는 요소이다. 불운이나 타이밍이 맞지 않는 일도 발생한다. 중요한 것은 이러한 징후들을 읽고, 빅벳의 성공에 꼭 필요한 이들이 최대한 충실하고 역량이 있는지 확인하는 법을 배우는 것이다. 때로 이러한 사실은 실패를 통해서만 배울 수 있다.

파트너를 아는 법

이 부분의 제목을 '실패를 피하는 법'이라고 할 수도 있다. 그러나 사실 실패는 피할 수 없다. 목표를 크게 가진다면, 일하다가 잉가 댐과 같은 프로젝트를 만나게 될 것이다. 결코 끝까지 마무리되지 않거나, 때로는 시작조차 할 수 없는 그런 프로젝트들이다. 어쩌면 그런 경험이 여러 번 있을지도 모른다. 무엇을 하든 큰 실패를 피하기 위해 목표를 낮추지 말 것을 권한다. 물론 실패는 굴욕적이지만, 이는 큰 도전에 따르는 대가이다. 실패하고자 해야 한다. 그렇지 않으면, 목표를 낮추어 실패해도 티가 나지 않게 만드는 '포부의 함정'에 빠지게 된다.

반면, 빅벳을 성공적으로 유지시키는 방법들도 있다. 복잡한 사안들에 있어 때로는 모든 것을 제대로 해도 사람들이 계속 반대하거나, 더 나쁜 결과를 맞이할 수도 있다. 이것은 우리가 하는 일과 그 과정에서 우리가 직면하는 복잡한 도전의 본질이다. 중요한 것은 상대방이 누구인지 제대로 아는 것이다. 그러기 위해 내가 배운 몇 가지 방법을 소개하면 다음과 같다.

> ✓ 현실을 직시하라.
> 이전의 성공이 다음번에도 큰 성공을 보장하지 않는다는 사실을 명심하라.
> ✓ 누가 리더인가?
> 리더의 동기는 무척이나 중요하다. 어떤 사람들은 수백만 명에게 혜택을 주는 일보다 자신의 이익을 우선시하기도 한다. 이기주의가 부패의 원천이 될 수 있다는 사실을 반드시 고려해야 한다. 철저히 조사하여 누가 이익을 얻는지 또 어떤 방식으로 얻는지 파악하고 있어야 한다.

- ✓ 신뢰를 시험하라.

  연합은 신뢰에 달려 있다. 파트너들 간에 프로젝트를 확장할 만큼 충분한 신뢰가 있는지 확인하고 스트레스 테스트를 통해 검증해야 한다.

- ✓ 빠르게 실패할 용기를 가져라.

  실현 가능성이 없는 프로젝트에 시간을 낭비하는 것은 무의미하다. 실패는 쓰라린 경험이지만, 우리 같은 사람들은 세상을 바꿀 수 있는 빅벳을 위해 일해야 한다. 담담하게 실패의 위험을 받아들이고, 다음 과제로 나아갈 준비를 해야 한다.

- ✓ 누가 반대 의견을 낼지 알아둬라.

  나는 예상치 못한 반대로 인해 그렇게 당황하지 말았어야 했다. 당신의 프로젝트를 방해하거나 약화시킬 권한을 누가 가졌는지 파악해야 한다. 가능한 모든 위험을 식별하고, 그런 상황이 발생했을 때 대처할 방안도 생각해 보아라. 시야를 넓게 유지하라. 어디서 예상치 못한 위협이 나타날지 모르지만 당황스러운 상황에 대비할 방법은 존재할 것이다.

06
끊임없이 도전하기

06

끊임없이 도전하기

    2014년 10월, 나는 비행기에 올라 불안이 극에 달한 전염병epidemic* 발생 지역으로 향했다. 엎어진 잉가3 프로젝트와 같은 실패는 오랫동안 아픈 기억으로 남을 수 있다. 하지만 가장 중요한 것은 그 실패가 당신이 앞으로 나아가고, 큰 문제에 대한 새로운 해결책을 추구하는 과정을 막아서는 안 된다는 점이다. 잉가 프로젝트가 무산될 무렵, 또 다른 무서운 위기가 급작스레 등장했다. 서아프리카에서 발생한 에볼라Ebola 대유행이었다.

    나는 이륙 준비를 하면서, 말 그대로 하늘 위에서 중요한 가르침을 하나 얻었다. 종종 기존의 표준적인 방식으로는 대응할 수 없는 상황이 생긴다는 것이었다. 당신과 당신이 속한 조직이 새로 발생한 위기에 적절

---

* 원문에서는 엔데믹endemic, 에피데믹epidemic, 팬데믹pandemic 세 가지 용어를 구분해서 쓰고 있다. 구분의 기준은 질병의 발생 범위와 확산 정도이다. endemic은 특정 지역이나 인구집단에서 지속적으로 발생하는 감염병을 의미하며, '풍토병'으로도 불린다. 이는 질병이 해당 지역에서 일정한 패턴으로 꾸준히 발생하며, 예상 가능한 수준의 발병률을 보이는 경우로 말라리아와 뎅기열 같은 경우가 이에 해당한다. 반면, epidemic은 특정 지역에서 갑작스럽게 발생하여 빠르게 확산되는 전염병을 의미한다. 이는 예상치 못한 시점에 발생하여 단기간에 많은 사람들에게 퍼지는 특징이 있으며, 에볼라 바이러스와 사스가 에피데믹의 사례이다. 마지막으로, pandemic은 전 세계적으로 확산되는 대규모 유행병을 의미한다. 이는 여러 대륙에 걸쳐 광범위하게 퍼져 세계적인 위기를 초래하는 전염병으로 코로나19가 대표적인 사례이다.

한 대응방법을 마련했더라도, 현지의 상황이나 사실이 달라질 경우 이전의 모든 가정이 흔들릴 수 있다. 바로 그때가 새로운 해결책을 실험해봐야 하는 때이다. 때로는 빅벳 자체가 기존의 위협에 대응하는 새로운 방식으로 나타나기도 하는데, 이번 경우 그 위협은 지구상에서 가장 치명적인 병원균 중 하나인 에볼라였다.

당시 몬로비아Monrovia와 라이베리아Liberia 전역, 그리고 인접 국가들에서 매일 전례 없는 수의 사람들이 에볼라로 사망하고 있었다. 한편, 미국에서는 토마스 던컨Thomas Duncan이라는 라이베리아인이 접촉 이력을 속이고 치명적인 바이러스에 감염된 상태로 입국했다. 그는 결국 텍사스 댈러스Dallas, Texas의 한 병원에서 사망했으며, 이것이 미국에서의 첫 에볼라 사망 사례였다.[1] 또 다른 에볼라 환자인 미국인 프리랜서 뉴스 카메라맨은 네브래스카Nebraska의 병원에서 치료를 받고 목숨을 건졌다.[2]

당시 이로 인한 공포의 물결은 미국에서 그때까지 본 적이 없는 종류였다. 두려움은 어느 정도 이해할 만했다. 에볼라는 치명적인 바이러스로(과거 발병 사례에서는 최대 90퍼센트에 달하는 치사율을 보였다) 증상도 끔찍해서 환자들의 경우 눈에서 피가 흐르는 등 마치 공포영화의 한 장면을 연상케 하는 병이었다. 서아프리카에서의 발병 규모는 전례가 없는 수준이었고, 이제 미국 본토까지 그 병이 도달한 상태였다. 하지만 상황을 악화시킨 것은, 일부 사람들이 자신들의 이익을 위해 공포를 부추긴다는 사실이었다. 당시 뉴욕 부동산 개발업자이자 리얼리티 TV 스타면서 상당한 수의 트위터 팔로워를 거느린 도널드 트럼프Donald Trump는 사람들의 관심을 끄는 데 열을 올렸다. 거기에 중간선거가 다가오면서 다른 공화당원들도 트위터와 폭스 뉴스 출연을 통해 공포를 조장하며 미국인들을 광란 상태로 몰아넣고 있었다.[3]

이러한 패닉상태는 문제를 더욱 복잡하게 만들었다. 수십 년간 실정과 위기로 어려움을 겪어온 서아프리카 국가들은 국민을 보호하지 못했을 뿐 아니라, 이에 따른 경제적, 사회적, 정치적 영향을 통제하는 데에도 실패하고 있었다. 전통적으로 이런 대응을 주도해 온 국제 구호 단체들마저도 자신들의 안전을 우려하고 있었다. 우리는 격렬한 정치적 갈등과 시시각각 제기되는 보수 진영의 비판과 우려 속에서, 이러한 도전 과제를 해결할 수 있는 믿을 만한 계획을 고안해야 했다. 게다가 우리 역시 에볼라 자체와 이 질병이 세계적 팬데믹을 몰고 올 가능성에 대한 두려움이 가득한 상태로 모든 일을 해나가야 했다.

2014년 10월 중순, 라이베리아로 향하는 비행기에서 우리는 마침내 전염병을 통제할 수 있는 전략을 찾았다고 느꼈다. 바로 전 달에 오바마 대통령은 아프리카의 에볼라 문제를 해결하기 위해 미국이 세계를 이끌겠다고 확약했다. 이에 따라 현장에서 대응을 주도하는 기관인 USAID가 생명을 구하고 질병의 확산을 막기 위해 나설 수 있었다. 필연적으로 또 하나의 빅벳에 나서야 하는 상황에서 우리는 새로운 접근법을 개발하고, 커져가는 위기 속에서도 참신한 해결책을 검토해야만 했다.

민간 부문에서는 혁신성이 높이 평가되고 보상을 받는다. 하지만 내가 예방접종 채권, 아이티 지진, 그리고 기아 문제에서 경험했듯이, 사회적 영향을 미치는 조직이나 정부 기관은 훨씬 더 신중하게 접근하려는 경향이 있다. 특히나 위기 상황에서는 표준운영절차Standard Operating Procedure, SOP*에 의존하는 것이 일반적인 관행이다. 이는 불확실성과 논쟁을 최소화하고, 그로 인한 마찰을 줄이기 위해서이다.

그럼에도 나는 에볼라 SOP에 대해 날카로운 질문들을 던졌다. 이러한 나의 접근법은 일부 동료들과의 의견 충돌을 가져왔지만, 동시에 새로운 파트너십, 새로운 데이터, 새로운 방법의 개발로 이어졌으며, 우리의 전문가들만이 아니라 서아프리카 동맹국들로부터 많은 것을 배울 수 있는 기회가 되었다. 또 에볼라가 발생한 한가운데로 날아가 사람들이 여전히 거리에서 죽어가고 있는 상황에서 무엇이 효과가 있고 무엇이 효과가

---

* 조직, 산업 또는 특정 작업에서 일관성을 유지하고 효율성을 높이기 위해 작성된 구체적이고 체계적인 지침을 의미한다.

없는지 직접 확인하도록 만들었다. 우리의 모든 실험의 성과는 얼마나 빠르게 죽음을 멈출 수 있을지, 그리고 이 병원균이 전 세계적으로 확산될 가능성을 판단하는 데 중요한 역할을 할 예정이었다.

특히 위기 상황에서는 계획에 없었던 빅벳과 맞닥뜨릴 수도 있다. 성공하려면 모든 정보를 갖추지 않은 상태에서도 과감하고 적극적으로 나서야 한다. 그런 순간에는 자연스럽게 과거에 효과가 있었던 방식에 의지하고 싶어진다. 하지만 실제로 해야 할 일은 적합한 해결책을 찾을 때까지 실험을 계속하는 것이다. 에볼라와의 싸움은 나에게 이전의 그 어떤 경험보다 확실하게 그 사실을 가르쳐주었다.

비상 버튼

내 아이폰이 울려대고 있었다. 가장 원치 않는 순간에 전화벨이 울리는 게 처음은 아니었다. 2014년 6월, 서아프리카로 향하는 비행기를 타기 4개월 전, 아내 시밤과 세 아이들인 사잔, 암나, 그리고 2011년에 태어난 자이살을 데리고 나는 고향인 미시간으로 아주 오랜만의 휴가를 떠났다. 우리는 미시간 호숫가에 위치한 슬리핑 베어 듄즈 주립 공원Sleeping Bear Dunes State Park의 모래 언덕에서 하이킹을 하는 중이었다.

핸드폰과 긴급 알림 메시지는 우리가 휴가를 떠난 이유 중 하나였다. 며칠 동안이라도 모든 것에서 좀 벗어나고 싶었다. 여행에는 또 다른 목적도 있었다. 시밤과 깊은 대화를 나누는 것이었다. 너무 짧은 시간 동안 정말 많은 변화가 있었다. 10여 년 전만 해도 시밤과 나는 두 사람 모두 필란트로피 분야에서 일하며 세상을 더 나은 곳으로 만들겠다는 소신을 품고 시애틀로 이사했다. 이후 우리는 동부 지역으로 이사했고, 세 아이를 낳았으며, 둘 다 정부 일에 몸담게 되었다.

우리는 현재의 우리 위치와 앞으로의 방향을 진지하게 점검할 필요가 있었다. 시밤은 미 교육부에서 탁월한 성과를 이루었고 곧 워싱턴의

한 차터 스쿨charter school*을 운영하게 될 예정이었다. 그녀는 컨설팅 사업도 성공적으로 이끌고 있었다. 나는 USAID에서 동료들과 함께하는 도전적인 일들을 사랑했다. 좌절과 실망도 있었지만 말이다. 기꺼이 몇 년이고 더 즐겁게 일할 수 있었지만, 생일이나 휴가, 학부모 상담과 같은 가정에서의 소중한 순간들을 너무 많이 놓치고 있었다. 또한 정부에서 일하면서 그동안의 저축금을 거의 써버린 상황이었고 아이들의 미래, 교육비, 그리고 장차 대학 학비까지도 생각할 필요가 있었다. USAID의 급여도 괜찮았지만, 다른 곳에서는 더 많이 벌 수 있었다.

아이들과의 하이킹 전에, 시밤과 나는 우리가 하고 싶은 일에 대해 솔직하게 얘기했다. 오랜 세월 동안 나에게 맞는 일을 찾고, 나에게 맞는 길을 걷고 있는지 고민했기 때문에 지금 만족하고 있는 일을 떠난다는 건 생각만으로도 쉽지 않았다. 그만둔다면 무엇을 할지 뚜렷한 계획도 없었지만, 새로운 것을 시도할 때라는 생각이 들었다. 시밤과 나 둘 다 행정부의 공직을 떠날 시점이 왔다고 느꼈다. 워싱턴으로 돌아가면 대통령, 존 케리John Kerry 국무장관, 그리고 우리 팀에게 결심을 알릴 계획이었다.

하지만 이 계획도 다른 많은 계획들처럼 전화 한 통으로 바뀌고 말았다. 발신자 ID에 짐 김이라는 이름이 뜨지 않았다면 아마 전화를 받지 않았을 것이다. 짐과는 잉가 댐을 포함해 다양한 프로젝트에서 함께 일해 온 사이라 그는 바로 본론으로 들어갔다. "비상 버튼을 눌러야 할 것 같은데." 전화를 받자마자 그가 말했다. "서아프리카의 에볼라 상황이 얼마나 심각해졌는지 전 세계가 놓치고 있어요."

나는 짐에게 물었다. "무슨 일이 벌어진 건데요?" 우리 둘 다 알고 있었듯 경고음이 울린 건 그때가 처음이 아니었다. 우리는 이 에피데믹의 첫 번째 사례가 2013년 12월, 기니Guinea의 한 시골 마을에서 발생했으며,

---

* 미국의 자율형 공립학교를 말한다. 학부모, 교사, 또는 지역 사회에서 설립하여 주정부 또는 지방 교육청과의 계약charter에 따라 운영된다. 교육 혁신과 학업 성취를 높이기 위한 하나의 모델로 큰 자율성을 바탕으로 특화된 교육 과정을 제공한다.

한 달도 안 지나 기니 곳곳에서 정체불명의 바이러스가 퍼지고 있다는 소문이 돌기 시작했다.[4] 하지만 5월 초에 이르자, 소규모 국제 지원팀과 USAID 팀이 지역 보건 관계자들을 지원하며 대응한 결과, 감염자 수가 줄어들었다.[5] 이는 전형적인 시골 지역에서 발생한 에볼라 발병으로 보였다. 과거 수십 년 동안 여러 차례 발생했던 다른 시골 지역의 발병과 마찬가지로 몇백 명 이상의 희생자가 나오지 않고, 빠르게 시작된 만큼 금세 사그라드는 경미한 확산 사례로 여겨졌다.[6]

그 당시 아무도 에볼라가 왜 여름에 다시 기승을 부리게 되었는지 알지 못했다. 변종 바이러스가 돌연변이를 일으켰을 수도 있고, 처음부터 데이터가 부정확했을 수도 있다고 생각했다. 중요한 것은 '왜'가 아니라 '어디서'였다. 에볼라는 인구 백만 명이 사는 수도 몬로비아에 도달한 상태였다. 에볼라의 전염성과 3일에서 3주에 이르는 잠복기를 고려하면, 밀집된 도시에서는 이 건물에서 저 건물로, 이 구역에서 저 구역으로 순식간에 퍼져나갈 수 있었다. 또한 몬로비아의 공항을 비롯해 외국과 연결된 경로들을 봤을 때 도시에서의 발병은 에볼라가 아프리카를 넘어 유럽과 미국까지 확산될 가능성을 높였다.

아이들에게 하이킹을 같이하긴 힘들겠다고 말했다. 시밤은 내 표정을 보고 모든 상황을 파악했다. 그 시점에 발을 뺄 수는 없었다. 어떻게 보면 내 인생 전체(의대, 백신 연구, 아이티 경험 등)가 이번 아프리카의 전염병 발생 상황$_{outbreak}$과 싸우는 일에 나를 준비시켜 온 것처럼 느껴졌다. 나는 곧장 전화로 미시간을 떠나는 항공편을 예약했다. 우리가 무엇을 해야 하는지에 대한 정답은 없었지만, 많은 질문이 있었다. 그리고 그 질문에 답을 해줄 사람들을 나는 알고 있었다. 그들에게 전화하는 것이 다음으로 할 일이었다.

선택지를 만들어 낼 방법

가장 먼저 내가 연락한 이들 중 한 명은 국경없는의사회Médecins Sans Frontières, MSF의 회장이었던 조안 리우Joanne Liu였다. 국경없는의사회와 그 충실한 의사들은 대단했다. 종종 위기 현장에서 활동하는 유일한 국제 대응 조직이 바로 이들이었다. 응급 소아과 의사인 조안은 국경없는의사회 정신의 화신이라 할만한 솔직하고 열의 넘치는 인물이었다. 나는 그녀를 깊이 존경했고, 그녀라면 이 위기의 본질과 과제를 분명하고 냉정하게 짚어줄 것임을 알고 있었다.

조앤은 당시 상황에 당황하지 않았다. 그건 국경없는의사회의 방식이 아니었다. 그녀가 나에게 설명한 내용은 단순히 에볼라와 관련된 최악의 시나리오가 아니라, 통제되지 않은 발병 상황 속 국제적 대응에 대한 암울한 전망이었다. 국경없는의사회는 현장에서 활동하는 몇 안 되는 단체 중 하나였지만, 인력과 물자가 곧 한계를 맞이할 것이라고 했다.

나는 곧장 다른 단체들, 현장의 우리 팀과도 연락을 취했고, 비슷한 경고와 불안의 목소리를 들었다. 아프리카에서 가장 용기 있는 지도자 중 하나인 라이베리아의 엘렌 존슨 설리프Ellen Johnson Sirleaf 대통령, 그리고 인접국인 시에라리온Sierra Leone과 기니의 국가 원수들과 대화해 봐도 마찬가지였다. 그들은 모두 질병이 들불처럼 번지는 가운데 대응책을 마련하느라 고심하고 있었다.

전화로 나눈 모든 대화를 종합하니 우리가 직면한 상황이 더욱 분명해졌다. 짐과의 첫 통화부터 이 모든 대화에서, 그들의 목소리에 묻어나는 극도의 부담감과 어려움이 느껴졌다. 아무도 정확히 무엇을 해야 할지 알지 못했다. 많은 사람들은 발병이 통제 불능 상태에 빠질 것을 두려워하고 있었다. 여기에는 동시에 작용했던 세 가지 가속 요인이 있었다.

첫째, 라이베리아의 이미 취약했던 보건 시스템은 붕괴된 상태였고 남은 의료진들은 죽음과 공포의 물결 속에서 힘겨운 싸움을 벌이고 있었다. 의사와 간호사들은 에볼라 사태에 영웅처럼 대응했으나, 이제는 너무 많은 이들이 감염되었거나, 감염 의심 상태거나 사망한 상태였다. 초여름에만 30명 이상의 의료진이 사망했고, 많은 의료진은 안전을 지켜줄 장비조차 없이 일했다.[7] 말 그대로 자신의 일을 하다가 목숨을 잃은 이들의 인간적인 비극 너머 400만 인구의 나라에서 병원을 지키고 환자를 돌볼 인력이 점점 줄어들고 있었다.

둘째, NGO들은 현지 상황에 완전히 압도당해 직원들의 안전을 지키는 것조차 힘겨웠다. 결과적으로, 추가 인력을 현장에 파견할 수 없었다. 나는 아이티 위기 당시 함께 일했던 파트너스인헬스의 폴 파머, 그리고 인도주의 단체 CARE의 대표이자 훌륭한 공중 보건 지도자인 헬렌 게일Helene Gayle과 이야기해 보았다. 그들에게는 아프리카의 뜨거운 발병 지역에서 압도적인 환자 수를 감당할 자원이 없었고, 바이러스 확산을 막기 위해 광범위한 접촉자 추적을 수행할 능력은 더더욱 부족했다.[8] 어느 정도 경험과 의지를 갖춘 다른 NGO들도 안전을 보장할 방법이 마련되지 않으면 추가 인력을 보내기 어렵다고 우려했다. 필요시 감염된 구호 요원을 스위스로 이송한다 해도, 그들이 거기서도 안전할지 확신할 수 없었다.

셋째, 에볼라 확산에 관해 신뢰할 수 있는 실시간 데이터를 확보하는 데 어려움을 겪고 있었다. 대부분의 데이터 추적 시스템이 2014년 기준으로도 너무 옛날 방식이었기에 수기로 기록된 환자 정보는 2002년 GAVI에서 점검했던 백신 접종 장부를 떠올리게 할 정도였다. 더 심각한 문제는 기존의 아날로그 데이터 체계가 소통에도 여러 문제를 일으켰다는 것이다. 빠르고 디지털화된 소통을 이뤄줄 인프라의 부재로 인해, 에볼라 검사 샘플이 어느 환자의 것인지 추적하는 가장 기본적인 작업조차도 일종의 '전달 놀이'처럼 변질될 수 있었다.[9]

그 시점에서 우리는 감염 사례가 급격히 증가하고 있음을 알 수 있었다. 5월에는 총 75건의 사례만 기록되었지만, 불과 두 달 만에 신규 감염 사례는 거의 10배로 증가했다.[10] 전염병(에피데믹, 그리고 나중에 알게 되었듯 팬데믹)은 질병의 확산 경로를 추적해야 하지만, 제한된 검사 능력으로 인해 감염 여부 확인에 며칠이 걸렸다. 그동안 바이러스는 더 많은 추가 감염자들을 만들어 낼 수 있었다.[11] 공중 보건 시스템이 무너지고 통신 인프라가 열악한 상황에서, 모두가 말 그대로 눈을 가린 채 비행하는 상황이었다.

외부 전문가들과의 통화 및 USAID 브리핑을 통해, 이렇게 빠르게 확산되는 발병에 대응할 수 있는 능력이 우리에게 부족하다는 점이 명확해졌다. 보통 USAID와 미국은 자원, 첨단 기술, 그리고 우리만의 전문성을 통해 국제적 위기에 대응해 왔으며 이는 이전 에볼라 발병에서도 늘 해왔던 방식이었다. 그러나 안타깝게도 아이티의 경우와 마찬가지로, 이번에는 지원할 초기 대응 인력이 너무 부족했다.

전화 통화들은 한 가지 면에서는 마음에 위안이 되었다. 많은 통화 상대가 오랜 친구들이었기에 대화를 나누는 것 자체가 마음을 안정시키는 효과가 있었다. 그러나 그들 모두 내가 아는 가장 유능하고 역량 있는 사람들이었는데도 불구하고, 이 상황에서의 집단적 감정은 도와달라는 본능적인 절규에 가까웠다. 그 가운데서 공황에 빠지지는 않았지만, 이 복합적인 도전 과제와 예측이 안 되는 상황에 나 또한 엄청난 중압감을 느꼈다.

확실한 거 하나였다. 서아프리카에서 지속적으로 에볼라를 근절할 방법을 찾아 생명을 구하고 더 큰 확산을 막아야 한다는 것이었다. 대통령에게 사임 의사를 밝히는 대신, 나는 다시 위기 속으로 뛰어들었다. 대통령은 웨스트 윙West Wing*에 모인 팀 전체를 향해 점점 더 커질 게 분명한 정치적 소음에 신경 쓰지 말고 과학을 따르라고 지시했다. 문제는 과학이 그리 명확하지 않다는 점이었다. 우리는 과학적인 이해를 가지고 거기에 따라 방향을 설정해야 했다. 그리고 어떤 계획을 세우든, 이를 실행할 인력과 기반이 부족한 상태였다.

그때의 나는 새로운 방법을 실험해 본 경험이 있었다. 하지만 아이티

---
* 미국 대통령의 집무실인 오벌오피스가 있는 백악관의 서쪽 건물이다.

에서, 소말리아, 아프가니스탄까지 다양한 위기 지역에서 배운 것은, 새로운 방식을 시도하며 도전한다는 것이 평상시 상황이 좋을 때도 쉽지 않다는 것이었다. 하물며 끔찍한 위기의 한가운데에서는 말할 것도 없었다. 우리가 그때까지 했던 일은 목표를 설정하고 현장에서 무엇이 가능한지 그 가능성을 확인하는 것뿐이었다. 그러나 당시 가능성은 희박해 보였다. 그 사실은 우리에게 아무런 위안을 주지 못했지만, 실험을 시작할 발판은 제공해 주었다. 현지에서 어떻게 우리의 역량을 확장할 수 있을지 실험해 보는 출발점이 되어준 것이다.

당신도 아무것도 명확하지 않은 순간에 직면할 것이다. 의미 있는 행동을 취할 수 있는 능력조차 확신할 수 없는 상황에 놓이는 것이다. 그런 순간에는 선택지가 없는 상황 자체를 첫 번째 혁신을 위한 토대로 삼아야 한다. 때로는 선택지를 만들어 낼 방법을 찾는 것이 바로 첫 단계일 수 있다. 무엇을 알고 있는지, 어디로 가고 싶은지 명확히 하라. 그런 다음 한 번에 한 걸음씩 나아가야 한다.

편하게 질문할 수 있는 장소 마련하기

에볼라 위기와 연관된 행정부 주요 인사들은 모두 CDC 국장 톰 프리든Tom Frieden이 준비한 차트를 주목하고 있었다. 정확하고 숨기지 않은 경고와 함께 상황 설명을 하는 프리든은 한때 뉴욕시 보건부를 이끌었던 경험이 있으며, 전통적인 공중 보건 접근법의 총체이자 선구자 같은 인물이었다. 백악관 상황실의 대형 화면에 띄운 그의 그래프는 몇 달 동안 완만한 상승세를 보이다가 갑자기 급격히 치솟는 형태를 보였다.

이 급격한 변화로 인해 CDC가 제시한 서아프리카 에볼라 감염자 수 예측은 '하키 스틱' 그래프로 불리게 되었다. 감염자 수가 급증하며 그래프가 하키 스틱 모양으로 생겼기 때문이었다. 이 예측에 따르면 최대 140만 명이 바이러스에 감염될 수 있었으며, 약 70퍼센트에 이를 것으로 예측

되는 치사율을 감안하면 연말까지 백만 명이 사망할 가능성이 있었다.[12] 이 예측에 관해 몇 가지 의문이 들었던 나 역시 회의실의 다른 이들과 마찬가지로 충격을 받았다. 수치의 언급만으로도 다들 의자에서 고쳐 앉을 정도로 긴장감이 감돌았다. 그 이상 끔찍할 수 없는 실패의 결과였다.

모두 CDC의 예측에 주목하는 가운데, 이런 사안에 관한 전통적 사고를 가장 잘 대변하는 톰이 수십 년간 개발된 표준 프로토콜에 근거한 에볼라 대응 매뉴얼을 따를 것을 제안했다. 이 절차의 논리는 질병의 치명성을 고려하면 잔인할 정도로 단순했다. 감염 가능성이 있는 모든 사람을 엄격히 격리하라는 것이었다.[13] 1970년대 첫 발병 사례부터 시작된 이 전통적인 접근 방식(감염자와 비감염자를 철저히 분리하는 것)은 질병 확산을 막는 유일한 방법으로 자리 잡아 왔다.[14]

이건 첨단 의료가 가능케 하는 기적의 이야기와는 거리가 멀었다. CDC나 USAID에 대해 들어본 적도 없는 시골 마을 사람들도 이미 에볼라에 대처하는 법을 알고 있었다. 감염의 첫 징후가 나타나면 감염자들을 멀리 떨어진 텐트나 별도의 숙소에서 지내게 했다. 거기서 살아남으면 다시 돌아올 수 있었다. 대부분은 그러지 못했다. 더 조직화된 대응 방식은 에볼라 치료소Ebola Treatment Unit, ETU라고 불리는 시설을 활용했다. 현대 위기 상황에서 사용된 치료소는 단순한 텐트는 아니었다. 보호 장비와 온도 조절을 위한 냉각 장치, 그리고 바이러스 확산을 최소화하기 위한 유해물 소각기를 갖춘, 별도의 규칙이 적용된 분리 시설이었다. 그럼에도 불구하고 감염된 사람들에게 제공되는 것은 기본적인 완화 치료뿐이어서, 누가 살아남을지 기다릴 수밖에 없었다.

대규모 발병 상황에서 기존 프로토콜은 대규모 격리 조치를 요구했다. 톰과 공중 보건 전문가들은 서아프리카 전역에 에볼라 치료소를 구축하는 데 중점을 두고자 했다. 그러나 격리를 우선하고 에볼라 치료소를 세우느라 분주한 동료들 틈에서, 나는 이런 접근법이 효과가 있을지에 대해 깊은 의구심을 품고 있었다. 물론 CDC는 추적과 자문 역할을 맡았지만, USAID는 자체 팀과 이런 업무를 담당하는 협력 기관들과 함께 현장에서 미국의 대응을 주도해야 했다. 나는 CDC의 조언을 실행 가능한 계획으로 전환하고 해당 프로토콜을 실제로 적용해야 했다. 그러나 대규모 격리는 실용적이거나 논리적이지 않다고 느껴졌다. 당장 더 나은 계획이 있었던 건 아니지만, 왠지 기존의 매뉴얼을 그대로 적용하는 것은 맞는 방법이 아니라는 생각이 들었다.

에볼라 문제를 두고 백악관 회의가 이어지는 가운데, 나는 앤서니 파우치Anthony Fauci 국립 알레르기 및 전염병 연구소National Institute of Allergy and Infectious Diseases 소장을 만나러 갔다. 코로나19로 모든 TV 화면에 그의 얼굴이 등장하기 전부터, 토니는 이미 공중 보건 분야의 아이콘이었다. 그는 1980~1990년대 HIV 바이러스와 에이즈 대응에 앞장선 인물로 잘 알려져 있으며 이후 감염병 발병시 연방정부 차원 대응의 핵심 인물로 자리 잡았다.[15] 토니에게 나는 에볼라 대응 프로토콜이 어디에서 유래했는지 설명해달라고 요청했다.

토니가 읽어보라고 추천해준 기사들은 내 걱정을 덜어주지 못했다. 기존의 해결책은 40년 동안의 시골 지역 소규모 발병 사례에 기반한 것이었지만, 이번 위기는 근본적으로 다른 상황이었다. 9월까지 매주 수백 건의 새로운 감염 사례가 보고될 만큼 발병 규모는 전례 없는 수준이었다. 과거에는 어떤 에볼라 발병도 425건을 초과한 적이 없었다.[16] 이번 발병은 도시 지역, 특히 몬로비아의 판잣집 슬럼가 같은 곳에서 발생하고 있었다. 거기서는 질병이 더욱 쉽게 퍼질 뿐 아니라, 사람들이 원한다 해도 스스로 격리할 수 없는 상황이었다.[17] 또한 격리 프로토콜을 시행하려면 의료진과 응급 대응 인력이 필요했지만, 라이베리아에는 그런 인력이 절대적으로 부족했다.

이번 에볼라 상황의 특성을 고려할 때 기존의 표준 프로토콜로는 절대 상황을 감당할 수 없었다. 우리는 이번 사태에 맞는 새로운 대응 방안을 개발해야 했다. 이 시점에서 나는 정부 바깥의 친구와 전문가들의 모임인 이른바 '창의적 사고 그룹'과의 논의를 시작했다. 이 그룹은 주로 폴 파머, 헬렌 게일, 게이츠 재단 옛 동료인 릭 클라우스너, 그리고 하버드 대학의 계산유전학자인 파디스 사베티 Pardis Sabeti와 같은 인물들로 구성되었다. 이들은 모두 정부 소속이 아니라 회의나 기존의 관료주의 및 뿌리 깊은 관행으로 인한 부담에 덜 시달렸다. 또한 대부분 나처럼 표준 프로토콜이 이번 경우에는 적합하지 않다는 의구심을 갖고 있었다.

그들과의 통화는 내가 좌절감과 불확실성을 공유하고, 고충을 털어놓을 수 있는 안전한 공간이었다. 예를 들어, 우리는 라이베리아 사람들이 격리 시설에 대해 깊은 불신이 있다는 것을 발견했다. 거기 들어간 사람들이 거의 다시 나오지 못했기 때문이었다. 매일 밤 나는 집으로 돌아가는 길에 휴대전화로 이 문제와 다른 진전 상황을 논의했고, 우리는 관행적인 공중 보건 접근법에 대한 의문과 이렇게 위험한 상황 속에서 지금까지와는 다른 방식을 시도해야 한다는 부담을 안은 채 같이 고민했다.

이 대화들을 통해 나는 백악관 상황실에서 오바마 대통령과 그의 팀과 함께하는 공식 회의에서 어려운 질문을 던지고 새로운 아이디어를 제안할 자신감을 얻었다. 처음에는 나의 이런 방식이 톰 프리든과 약간의 마찰을 일으키기도 했다. 그러나 개인적인 차원의 문제가 아니었다. 우리는 과학을 따르라는 대통령의 지시에 어떻게 부응할지에 대해 서로 다른 관점을 가지고 있었다. 둘 다 자기 역할에 충실했고, 특히 비공개회의에서는 날카롭게 논쟁하기를 좋아했다. 나는 한 번도 톰의 동기를 의심하지는 않았다. 그는 과거에 효과가 있었고 데이터로 검증된 접근 방식을 고수해야 한다는 깊은 신념을 갖고 있었다. 반면, 대안적인 나의 접근은 당시 현지에서 본 것과 지역 사회에서 들은 것에 더 기반을 두고 있었다.

모든 위기에서는 흔히 검증된 방법으로 회귀하려는 자연스러운 경향이 나타난다. 직감적으로 맞지 않다고 느껴져도 안전한 경로를 고수해야 한다는 압박을 받게 된다. 그리고 잘못된 접근법처럼 느껴지는 방식을 주장하는 사람들과 씨름해야 하며, 불확실성과 위험의 무게를 감당해야 한다. 이런 경우 외부의 조언자 그룹을 만들면 도움이 된다. 같이 이야기하고, 쉽지 않은 질문을 던지고, 고충을 공유할 수 있는 사람들을 두는 것이다. 올바른 사람들로 구성된 그룹이라면, 당신이 모르는 것을 인정하게 하고, 배울 수 있게 돕고, 잘못된 점을 지적하며, 옳을 때는 자신감을 북돋워 줄 것이다.

전략에 실험 정신 불어넣기

릭, 폴, 파르디, 그리고 다른 이들과의 통화에서 우리는 항상 같은 질문으로 돌아오곤 했다. "기존의 프로토콜이 틀렸다면, 올바른 대응은 무엇인가?"

아프리카와 아이티 현장에서 일한 경험이 있는 폴은 우리의 새로운 대응방식이 라이베리아의 긴밀히 연결된 공동체 구조 안에서 작동해야 한다는 점을 지적했다. 이는 에볼라 치료소에 대한 또 다른 반대 사유가 되었다. 에볼라 치료소는 이미 두려움에 사로잡힌 상황에서 공동체를 깨뜨리고 있었기 때문이다.[18] 이러한 좌절감은 모든 에볼라 예방 노력에 대한 반발로 이어질 위험이 있었다.

에볼라 치료소에 대한 불신이나 공포 외에도, 라이베리아의 전통 장례는 가족과 친구들이 함께 모여 시신을 씻고 땅에 묻는 공동체적 행사였다. 이 일을 주로 맡았던 사람들은 엄마, 아내, 딸과 같은 여성들이었으며 이는 사랑과 존경의 표현으로 여겨졌다. 이는 애도 과정의 일부이자 고인을 기리는 방식이었다. 그러나 이런 관행은 감염 위험이 너무 크다는 판단하에 결국 당국이 이를 금지하기에 이르렀다.[19] 하지만 공동체 문화를 약화시키는 이런 법과 에볼라 치료소는 라이베리아에서 받아들여지기 어려웠다.

폴과 몇몇 USAID 팀원들은 라이베리아인들이 대안을 찾았을 가능성을 보고하기 시작했다. 그들은 전통적인 장례 관행의 위험성을 인식하고,

위험부담이 큰 시신 접촉을 담당하는 장례팀을 조직했다. 이 팀은 보호 장비를 착용하고 종교적 관행을 따라 시신을 정리한 후, 바이러스 확산을 제한하는 특수한 봉투에 시신을 안전하게 처리했다. 전통에 따라 고인을 존중하면서도 감염을 방지할 수 있는 방식이었다. 급속히 진행되는 위기에서는 어떤 조치가 효과 있는지 입증도 빨리 된다는 장점이 있었다. 9월 중순이 되자 USAID는 이러한 안전한 장례 관행을 자원과 인력을 통해 지원하기 시작했다.[20]

사실, 톰과 나 모두 엄격한 에볼라 치료소 격리가 더 나은 결과를 낼지, 아니면 장례팀과 같은 지역 사회 접근법이 더 나을지 알지 못했다. 이러한 불확실성으로 인해 그 길고 격렬한 날들을 지나는 동안 서로 부딪히기도 했다. 그게 바로 위기의 본질이었다. 우리는 둘 다 과학을 따르려고 노력했지만, 그 과학이 각자 다른 방향으로 우리를 이끌고 있었다.

무엇을 알고 있고 무엇을 알아야 하는지 명확히 하기 위해, 나는 아이티 지진 대응에서 효과를 보았던 방법으로 돌아갔다. USAID 데이터를 한 페이지로 정리하고 이를 공유하는 것이었다. 백악관에서는 이렇게 수시로 업데이트되는 한 페이지 보고를 '대시보드dashboard, 계기판'라고 불렀으며, 비슷한 방식을 아프가니스탄 전쟁을 포함한 복잡한 문제상황에 사용하기도 했다. 전략에 대해 동의하는지와 관계없이, 대시보드는 최소한 모두가 같은 데이터를 보고 논의할 수 있도록 강제하는 역할을 했다.

데이터 전략을 짜기 시작하면서, 톰과 나는 각자의 팀과 함께 대시보드에 포함될 내용을 의논했다. 다행히도 당시 실비아 버웰이 미국 보건복지부 장관 자리에 올랐다. 그녀는 게이츠 재단에서 일할 때 내 상사였으며 당시엔 톰의 업무를 감독하는 위치에 있었다. 실비아, 톰, 그리고 나는 함께 우리의 대응 과정을 어떤 식으로 측정할지 논의해 나갔다. 드디어 어느 날 아침, 나와 우리 팀은 부엌 식탁에 모여 우리 기준에 맞고 톰도 수용이 가능할 것으로 보이는 대시보드 버전을 완성했다.

대시보드에는 여러 측정 지표가 포함되었다. 톰의 주된 타겟인 격리 병동과 침대의 수가 당연히 목록에 올랐다. 나는 장례팀과 같은 여러 지역사회의 개입 지표도 포함시킬 것을 주장했다. 대시보드의 목표는 특정 방법 하나만 지정하기보다는 여러 가지 가능성을 열어두고 실험해 보는 것이었다. 즉, 다양한 선택지를 페이지에 포함시킴으로써 이를 시도하고, 그 영향을 측정하며, 성공할 경우 확장할 수 있는 기반을 마련하고자 했다.

대시보드를 둘러싼 논쟁 가운데, 나는 구호 활동가, 과학자, 감염병 전문가들로 빠르게 결성된 연합 내에서 도전하는 방법을 배우고 있었다. 대시보드는 조율을 위한 도구였지만, 우리는 그 안에서 도전 정신을 가져야 했다. 위기 상황에서는 확실성이 매력적이다. 하지만 최고의 에볼라 전문가들조차 이번 발병을 완전히 다른 과거 사례에 기반해 판단하고 있었다. 나는 확신이 있어서라기보다는 우리가 무엇이 효과적일지에 대해 얼마나 적게 알고 있는지 모두가 깨닫기를 바라는 마음에서 의견을 냈다. 대시보드는 우리가 시도할 몇 가지 선택지를 제공해 주었다.

어떤 위기든 초기에는 일반적인 불확실성 속에서도 대응 전략에 도전 정신을 주입하는 것이 꼭 필요하다. 특히 빠르게 진행되는 위기 상황에서는 자신의 접근방식이 틀릴 가능성을 염두에 두고, 새로운 해결책을 시도하며, 타당한 측정기준으로 그 효과를 테스트한 뒤 이를 기반으로 확대해 나갈 방법을 찾아야 한다.

신속하게 파트너십 구축하기

당시 우리에게는 격리 프로토콜이나 지역 사회 기반 해결책 중 어느 것도 효과적으로 실행할 만한 인력이 없었다. 라이베리아의 보건 인력이 붕괴되고, 현장에 투입된 국제 인도적 지원팀 인력은 충분하지 않은 상황에서, 적절히 상황을 통제하고 효과적으로 실험을 수행할 수 있는 훈련된 초기 대응 인력은 절대적으로 부족했다. 맹렬히 확산되고 있는 치명적인 전염병의 최전선에서 일할 능력과 용기를 갖춘 개인이나 기관이 절실히 필요한 상황이었다.

톰 프리든, 국가안보좌관 수잔 라이스, 그리고 나는 상황실에 있던 많은 이들과 함께 미군이 유일한 선택지라는 결론에 동의했다. 나는 정부에서 일하는 동안 아프가니스탄을 비롯해 위험 지역에서도 임무를 수행하는 미군의 놀라운 기강과 능력에 언제나 감탄했다. 그들의 역량은 독보적이었다. 미군은 자체적으로 훈련하고, 외부 지원 없이 현장에 배치되며, 질서 있게 작전을 수행하고, 필요시 신속히 철수할 수 있었다.

하지만 미군이 해외에서 치명적인 전염병 대응을 위해 배치된 적은 한 번도 없었기에, 이번엔 문제가 좀 복잡했다. 합참의장 마틴 뎀프시Martin Dempsey 장군과 국방장관 척 헤이글Chuck Hagel이 이 결정에 동의하고 안심할 수 있어야만 작전을 시작하고 지속하기가 수월했다. 이들의 염려는 충분히 이해할 만했다. 이러한 작업에 훈련된 국제 대응팀들global responders조차 자신들의 팀을 파견하는 데 주저하고 있는 상황이었다.

상황실에서 우리의 논쟁은 군대를 파견할지 여부가 아니라 어떻게 파견할 것인지에 대한 것이었다. 일부는 미군의 개방형 배치open-ended deployment를 선호했다. 에볼라 상황의 변화에 따라 유연하게 대처하면서 미군이 혈액 샘플을 실험실로 운송하거나 환자를 치료 시설로 이송하는 역할도 맡을 수 있었다. 하지만 그 과정에서 바이러스와 접촉할 가능성도 높았다. 국방부 지도자들은 위험이 큰 상황에서 명확하게 규정되지 않은 비군사적인 임무를 수행하는 것에 대해 우려를 표했다. 한편, 나는 아이티와 아프가니스탄에서의 군 협력을 떠올리며 군복을 입은 인력이 지역, 국제, USAID 및 CDC 팀을 지원하고 복구를 돕는 데 가장 적합하다고 생각했다. 단, 군대가 이 팀들을 대신하는 것은 아니었다.

아프가니스탄에서 함께 일했던 마틴 뎀프시 장군과 군대가 안전하게 기여할 수 있는 방안을 논의하기 위해 자리를 마련했다. 우리는 먼저 미군이 하지 않을 일을 정하는 것부터 시작했다. 미군 인력은 환자를 치료하거나 의료 업무를 수행하지 않을 것이다. 대신, 이 역할은 지역 전문가,

국제 보건 인력, 그리고 미국 보건복지부 산하 공공보건임무단US Public Health Service Commissioned Corps 소속 의사 및 간호사들이 맡을 예정이었다. 이들은 비상 상황에 투입되도록 훈련된 인력이었다.²¹ 그런 다음, 군대가 담당할 최선의 기여 방안을 마련했다. 우리가 보기에 미군은 위험 지역에서 시설을 구축하는 데 뛰어난 역량을 가지고 있었으므로, 지역의 인프라를 확장하는 데 도움을 주는 방안으로 의견이 모였다. 거기에는 감염자를 격리할 에볼라 치료소, 생물학적 위험biohazard 실험실, 그리고 몬로비아 공항에 응급 구조 요원들을 위한 세계적 수준의 야전 병원 건설 등이 포함되었다.

대통령은 이 계획에 동의하면서, 한 명의 군인이라도 에볼라로 사망한다면 작전 전체가 중단될 것이라고 강조했다. 이는 엄청난 실험의 시작이었다. USAID, 미군, CDC 등 각 조직은 각자의 표준운영절차와 프로토콜을 가지고 있었지만, 현장에서의 공포와 거의 패닉에 가까운 상황 속에서는 특별히 높은 유연성이 요구되었다. 우리는 신속하게 대응하되, 상황에 따라 융통성 있게 조정할 수 있는 태도도 필요했고, 그 안에서 어떻게 협력 속에서 실험하고 배울 수 있을지를 익혀나가야 했다.

라이베리아의 의료 인력을 재건하고 대응팀을 훈련하기 위한 파트너십은 참신한 아이디어 중 하나였다. 훈련은 미국 군대의 탁월한 분야 중 하나로, 이는 어떤 상황에서도 유능한 인력을 늘리는 중요한 방법이 될 수 있었다. 국경없는의사회의 경우, 오랫동안 군과 거리를 두어 왔다. 결국 많은 위기가 군사 행동에서 비롯되기도 하기 때문이다. 그럼에도 우리는 국경없는의사회와 미군을 설득해 힘을 합하게 만들었다. 몬로비아의 사무엘 캐니언도 스포츠 스타디움Samuel Kanyon Doe Sports Stadium에서 미국 군인들과 국경없는의사회 소속 인력을 처음으로 협력하게 하여 수천 명의 서아프리카 및 국제 인력을 대상으로 에볼라 대응 훈련을 실시했다.²²

10월 초가 되었지만 여전히 이 전염병이 어떤 식으로 끝날지 전혀 알

수가 없었다. 에볼라 감염 곡선은 여전히 가파르게 상승 중이었다.[23] 하지만 새롭고 혁신적인 단계를 거쳐 국경없는의사회와 같은 NGO, WHO 기술진, 지역 팀, 그리고 긴급히 투입된 미군 병력까지 포함하는 색다른 연합체를 만들어 냈다. 이미 도착한 1,800명의 미군 병력과 추가로 파견될 1,000명의 군인들이 이미 현장에 있던 700명의 국경없는의사회 소속 의사와 간호사, 그리고 점차 늘어나는 라이베리아 인력을 지원하고 있었다.[24]

이러한 대응을 구축하려면 새로운 방식으로 파트너들과 협력하는 법을 배우는 것이 필요했다. 제네바에 기반을 둔 국경없는의사회와 미군의 파트너십처럼 예상 밖의 조합은 드물다. 의외의 파트너와 함께 일하는 것, 특히 이 경우처럼 공중 보건 위기의 한가운데에서 인도주의 단체와 군대가 협력하는 것은 결코 쉬운 일이 아니다. 우리는 어려운 문제들을 해결하고, 공통된 목표를 위해 각 파트너의 강점과 한계를 조화시킬 수 있는 전략을 찾고자 어려운 결정들을 내려야 했다.

위기 상황에서 큰 결정을 내려야 할 때, 종종 규모가 크고 경직된 조직들 사이의 파트너십을 신속히 맺어주어야 할 수도 있다. 작은 대화부터 시작하고, 무엇이 가능하며 무엇이 불가능한지 현실적으로 정의해야 한다. 그런 뒤에야 오랜 파트너와 새로운 파트너 모두를 설득하여 새로운 위험을 받아들이고, 새로운 것들을 시도하며, 새로운 사람들과 협력하게 할 수 있다.

완벽한 데이터와 빠른 데이터 사이에서

당시 서아프리카 현장에서 연합을 형성하고 있었던 우리에게는 몇 가지 획기적인 아이디어가 있었다. 그런데 결과를 추적할 방법이 없었다. CDC 및 다른 기관들이 활용하는 전통적인 모델은 철저히 검증된 데이터를 생산하려 했는데 이를 확인하고 배포하는 데 며칠의 시간이 걸렸다. 문제는 빠르게 확산되는 바이러스의 경우, 3~4일이라는 시간이 감염 확산을 파악하고 이를 막기 위한 조치를 취하는 데 결정적이라는 점이었다. 우리는 정확성을 일부 희생하더라도 즉각적인 데이터가 필요했다. 그래야만 개입 방법을 조정하고 확산을 막아 생명을 구할 수 있었기 때문이다.

9월 말 어느 날 아침, 스웨덴의 뛰어난 보건 전문가이자 데이터 분야의 권위자인 한스 로슬링Hans Rosling에게서 부재중 전화가 와있었다. 한스는 아주 특별한 인물이었다. 나는 다른 사람들처럼 수년에 걸쳐 그의 흥미로운 강연과 발표를 통해 그를 알게 되었다. 참신한 분석, 첨단 애니메이션, 심지어 재미를 더하기 위해 작은 검을 삼키는 묘기까지(놀랍지만 사실이다) 결합하는 것이 그의 방식이었다. 한스는 데이터에 깊은 믿음을 갖고 있었으며, 그가 출연한 다큐멘터리 중 하나는 '통계의 즐거움The Joy of Stats'이라는 제목으로 방영되었다. 또한 모잠비크Mozambique 시골에서 2년 동안 살며 콘조konzo라고 불리는 희귀한 마비성 질환을 연구한 경험이 있어서 에볼라 데이터 확보와 관련된 우리의 어려움을 잘 알고 있었다.[25]

한스에게 전화하자 그는 이렇게만 말했다. "라이베리아로 가야 할 것 같아요." 당시 64세였고 간 질환으로 고생하고 있었음에도 불구하고, 그의 이타적인 결정은 큰 도움이 될 것이 분명했다. 한스는 에볼라 위기에서 데이터가 '충분히 좋은' 수준이어야 한다는 것을 본능적으로 이해했다. 즉, 데이터는 완벽하지 않더라도 매우 빠르고, 모든 사람에게 아주 투명해야 했다. 이를 지원하기 위해, 나는 존스 홉킨스 대학 의과대학의 전문가들과 스티브 반로켈Steve VanRoekel을 포함한 색다른 팀을 구성했다. 스티브는 마이크로소프트에서 경력을 쌓아 빌 게이츠와 일했으며, 이후 워싱턴으로 와서 백악관 관리예산국Office of Management and Budget의 최고정보책임자CIO로 일하던 중 휴직하고 팀에 합류했다.

한스와 그의 팀은 감염자, 감염 의심자(감염 가능성이 높음), 감염 가능자(감염 가능성이 있음) 등의 기본 지표를 추적하는 실시간 지도를 만들기 시작했다. 데이터는 훨씬 빠르게 제공되어, 우리가 확진 속도를 따라가지 못한다는 염려 없이 실험할 자유를 주었고, 가장 필요한 곳에 역량을 집중할 수 있게 했다. 몇 주 안에 한스 팀은 SMS 메시지와 마을 간 모터사이클 릴레이를 활용한 하이파이hi-fi 및 로우파이lo-fi* 전국 네트워크를 개발하는 데 성공했다. 젊은이들이 모터사이클을 타고 마을에서 마을로 이동하며 데이터를 전달하는 시스템이었다. 이 네트워크의 범위는 놀라웠고, 마치 패치워크patchwork**처럼 연결되는 성격이 가끔은 긴장을 누그러뜨리고 웃음을 주기도 했다. 어느 날 누락된 데이터에 대해 물었더니, 누군가의 모터사이클에 연료가 떨어졌다는 답변이 돌아오기도 했다.

한스의 팀은 또한 대사관 동료 및 USAID 팀원들과 함께 라이베리아의 통신사와 협력하여 스마트폰 앱을 통한 지역 사회 내 접촉 추적 시스템을 개발했다. 이 중 컴케어CommCare라는 단체가 개발한 앱은 지리적 위치 태그geotagging를 활용한 접촉 추적을 가능하게 만들었다.[26] 이 앱을 통해 사람들은 자신의 지역 사회에서 발생한 발병 사례에 대한 정보를 전달할 수 있게 되었고, 우리 팀은 신뢰할 수 있는 정보를 바탕으로 후속 조치를 취할 수 있었다. 또 다른 팀은 SMS 시스템을 개발하여 국가 보건 지도자들이 그보다 작은 시골 지역의 의료서비스 제공자들과 협조할 수 있도록 했다. 이 시스템은 의사소통의 격차를 해소하고 데이터가 전송 중 손실될 가능성을 줄였다.[27] 또한, 우리는 미군과의 협조로 혈액 샘플을 여러 실험실로 신속히 전달하여 분석에 필요한 시간을 극적으로 줄였으며, 양성 확진 판단까지 걸리는 시간도 크게 단축시켰다.[28]

이 데이터는 절대 「뉴잉글랜드 의학 저널The New England Journal of Medicine」의 엄격한 동료 검토를 통과할 수준은 아니었다.*** 많은 데이터가 지역

---

* 오디오 기술에서 시작된 용어로, 각각 고충실도high fidelity와 저충실도low fidelity를 말한다. hi-fi는 높은 품질과 세밀함이 필요한 상황에서, lo-fi는 단순하고 신속한 실행이 중요한 상황에서 사용된다.
** 다양한 조각을 이어붙여 하나의 전체를 형성하는 방식이나 개념을 말한다.
*** 세계적으로 권위 있는 전문 의학 학술지의 기준에 부합할 만큼 정확하고 검증된 자료는 아니라는 뜻이다.

정부나 국제 보건 당국에 의해 검증되기 전에 이미 활용되었다. 그러나 이 위기 속에서 데이터의 가장 중요한 점은 완벽함이 아니라 속도였다. 비록 수치가 걱정스러울 때도 있었지만, 우리가 데이터를 수집할 수 있다는 사실 자체가 진전과 가능성을 느끼게 했다. 데이터는 또한 무엇이 효과가 있는지 또 없는지를 초반에 알려주었다. 그에 따라 우리도 어떤 대응 방안을 빠르게 접거나 빠르게 키워나갈 수 있었다.

데이터는 연합 내에서 일종의 결합 조직connective tissue 같은 역할도 했다. 아이티 지진 때처럼 우리는 데이터를 워싱턴과 서아프리카에 널리 공유했다. 이는 모두가 정보를 숙지하게 만드는 최선의 방법이었고 실제로 효과적인 방안을 실험해볼 기회를 주었다. 이번 위기는 빠른 데이터가, 비록 그것이 불완전하고 정제되지 않았더라도, 새로운 방법을 시도하는 데 있어 모든 것이라는 사실을 보여주었다.

USAID에서 일하기 훨씬 전부터 나는 데이터의 가능성을 주목해 왔다. 범미보건기구의 낡은 자료집, 게이츠 재단의 스프레드시트, 아이티 지진 구호 활동 성과표, '미래를 위한 식량'에서의 기아 문제 추적 작업 등 모든 주요 빅벳 프로젝트에서 데이터는 핵심이었다. 진전을 확인하려면 측정이 필요하다. 따라서 빠르고, 가시적이며, 투명한 데이터의 엄격한 관리는 모든 의미 있는 시도에 있어 필수적이다. 이번 경우에는 복잡한 운영 구조 내에서 새로운 실험의 가능성을 만드는 데 필수적이었다.

결과를 추적하는 데 집중한다면, 완벽한 데이터와 빠른 데이터 중 선택해야 하는 순간이 올 것이다. 상황은 매번 다르다. 그래도 대부분은 너무 늦게 제공되는 완벽한 데이터보다는 빠른 데이터가 더 낫다. 이는 기준을 낮춰야 한다는 뜻은 아니다. 하지만 팀과 함께 일하는 경우, 빠른 데이터(비록 주의사항이 붙더라도)가 새롭게 도전하고 일을 추진하는 속도를 훨씬 더 높여줄 것이다.

효과 있는 것을 확대하기

2014년 10월 13일, 서아프리카로 향하는 비행기에 올랐을 때는 우리가 마침내 올바른 경로에 들어섰을지도 모른다는 자신감이 생겼다. 여전히 에볼라가 창궐한 지역으로 향하고 있었지만, 6주 전 아무런 계획이 없던 시점에 비하면 공포감이 덜했다. 나는 이제 충분한 파트너, 데이터 시스템, 그리고 지역 사회 개입 방안을 갖추어 흐름을 뒤바꿀 수 있다고 느꼈다. 이번 방문으로 현장의 에볼라 상황을 더 잘 이해하는 한편 우리가 상황을 통제하고 있다는 신뢰를 미국 국민들에게 주고 싶었다.

그럼에도 이륙을 기다리며 약간의 긴장감을 느꼈다. 공항 터미널에서는 한 케이블 뉴스가 미국 내에서의 에볼라 위험을 과장하며 보도하고 있었다. 케이블 TV, 트위터 등에서 트럼프, 뉴저지 주지사 크리스 크리스티Chris Christy, 그리고 다수의 공화당 의원들이 오바마 대통령을 강하게 비난하며 비행 중단과 국경 폐쇄를 포함하는 격리 대응 방식을 제안하고 있었다.[29] 그렇게 공포를 부추기는 상황에서도 오바마 대통령은 서아프리카 대응 노선을 유지했다. 동시에, 국내 대응을 강화하기 위해 추가적인 조치를 취했는데 여기에는 내가 고어 캠페인에서 함께 일했던 론 클레인Ron Klein 백악관 고문을 영입하는 것도 포함되었다. 론은 워싱턴에서 누구보다 뛰어난 운영 능력으로 인정받는 인물이었다.[30]

많은 이들이 불안감을 느끼는 것은 사실이었다. 나뿐만 아니라, 시밤, 아이들, 심지어 백악관 동료들까지도 이번 출장에 대해 걱정이 많았다. 주변 사람들은 내가 에볼라 발병 지역을 방문한다는 소식을 듣고 내 안전을 우려했으며, 돌아온 후 백악관 동료들과 거리를 둬야 하는지, 악수를 피해야 하는지, 심지어 아이들의 축구 경기를 보러 가지 말아야 하는지에 대해서도 염려를 내비쳤다.

마침내 끈적이고 무더운 아침 몬로비아에 도착했을 때, 나는 집에서의 걱정보다 현장 진행 상황을 확인하는 데 더 집중해 라이베리아를 시작으로 기니와 시에라리온의 상황을 점검했다. 미국, 유럽, 라이베리아 팀원들로 구성된 데이터 팀도 찾았다. 지금껏 그들의 보고서를 받아보기만 하던 내가 처음으로 팀원들과 직접 이야기를 나눌 기회를 가졌다. 그들은 정확히 자신의 역할을 하고 있었다. 서로 아이디어를 교환하고 데이터를 분석하기 위해 빠르게 움직였다. 나는 그들이 해결책을 찾을 수 있을 것이라는 확신을 얻었다.

그러나 우리의 모든 시도가 성공적인 것은 아니었다. 사망 이후 혈액이나 체액을 청소할 수 있도록 보호 장비, 스펀지, 비누가 포함된 세트를 나눠주는 방안을 고려했지만, 대규모로 시행될 경우 바이러스 확산의 범위와 속도를 더 키울 수 있다는 판단하에 바로 중단했다. 또 더위와 위험 수위가 모두 극심한 서아프리카 환경에서 감염 방지에 도움이 될 개선된 방호복 개발을 시도했다. 다행히 방호복 개발은 성공했지만, 아쉽게도 위기가 진정된 후에야 준비될 수 있었다.[31]

마찬가지로, 라이베리아 구 국방부에 미국 군인들이 건설한, 300개 병상 규모의 텐트촌도 방문했다. 거의 열두 군데에 달하는 이 대규모 격리 에볼라 치료소는 곧 운영을 시작할 예정이었지만, 분명 끔찍한 상황을 대비해 지어진 듯한 섬뜩한 느낌을 주었다. 데이터를 통해 사람들이 이 시설에 가고 싶어 하지 않는다는 것을 알고 있었다. 직접 방문해보니 격리 병동이 필요하긴 하지만 보호의 주요 동력이 되지는 않을 거라는, 처음부터 내가 가지고 있던 의구심을 확인하는 계기가 되었다. 어쨌거나, 우리가 시도한 많은 방안들이 이렇게 실현되어 생명을 구하고 있다니 놀라웠다.

시에라리온에서는 WHO와 USAID가 주관한 보호 장비 훈련 세션에 참여했다. 내가 참석한 세션은 우리가 보급하는 새로운 장비를 제대로 사용하는 방법을 현지 의료 종사자들에게 교육하기 위한 노력의 일환이었다. 매주 120명의 지역 사회 담당자들이 마스크, 에볼라 방호복, 그리고 기타 중요한 안전 장비의 올바른 사용법에 대해 교육받았다.[32]

라이베리아 방문 중 나는 이제껏 만난 가운데 가장 용감한 사람들에 속하는 이들을 만났다. 바로 라이베리아 장례팀 멤버들이었다. 이전 한 달 동안, USAID는 한 팀을 지원하는 것으로 시작해 라이베리아 각 카운티에서 활동하는 예순다섯 개의 장례팀이 안전하게 구성되도록 돕는 단계로 발전했다.[33] 이러한 장례팀 구성은 데이터를 통해 바이러스 확산을 막는 가장 효과적인 수단 중 하나로 드러났다. 현장에 있는 사람들의 이야기를 듣고 데이터를 기반으로 한 지역 사회 중심의 접근법이 효과적으로 작동한다는 증거였다.

그 방문을 통해 우리가 함께 상황을 반전시키기 시작했다는 확신을 얻었다. 감염자 수는 마침내 정체를 보이며 감소하기 시작했다. 한스와 그의 팀은 이러한 감소가 지역 사회에 개입한 덕분이라는 증거를 발견하고 있었다. 당시에는 몰랐지만, 내가 라이베리아에 있었던 시기는 감염이 정점을 찍은 직후였다. 그달 라이베리아에서만 3,000건의 감염 사례가 발생했다.[34] 11월 말이 되자 전국적으로, 특히 몬로비아의 가장 심각했던 구역들 내 감염자가 급격히 감소했다. 지역 사회의 대응이 유지되면서 12월에는 감염자 수가 또다시 3분의 2까지 줄어들었다.[35]

어떤 하나의 조치보다도, 이러한 결과 덕분에 나는 마침내 해결의 실마리가 보인다는 희망을 품고 서아프리카를 떠날 수 있었다. 물론 이 전염병은 여전히 더 치명적이거나 전염성이 강한 방향으로 악화될 위험이 있었다. 하지만 나는 작동 가능한 협력 체계, 지역 기반의 대응 계획, 그리고 성과를 추적하는 역량을 통해 우리가 빅벳을 이뤄낼 것이라는 확신을 안고 떠날 수 있었다.

귀국한 지 얼마 지나지 않아, 거의 매일 열리던 에볼라 상황실 회의에서 오바마 대통령은 거의 사용되지 않은 에볼라 치료소에 대해 물었다. 이 시설들을 건설한 것이 시간과 자원의 낭비는 아니었나 하는 의문이었다. 이후 「뉴욕타임스」는 미군이 건설한 11개의 격리 시설에서 단 28명의 환자만 치료를 받았다고 보도했다.[36]

에볼라 치료소와 그 프로토콜에 대해 회의적이었던 나 역시, 이 시설들이 거의 사용되지 않을 것이라는 점을 예상하지 못했다. 9월 당시에는 아무도 이를 알 수 없었다. 나는 대통령에게 그것이 왜 어려운 결정이었는지 설명했다. 어떤 방법이 효과가 있을지 책임감 있게 예상하기란 불가능했기 때문이다. 나는 대통령의 결정이 올바른 것이었다고 말했다. 미군 병력을 배치함으로써 인도적 지원 단체들은 안심했고 기부국들은 결집할 수 있었으며 현장 대응에 있어 쇄신의 기회도 제공되었다. 그리고 전체 대응 비용의 약 15퍼센트를 차지한 에볼라 치료소는 감염자 수가 다시 급증할 경우를 대비한 보험 정책과 같았다고 평가했다. 실험적인 접근 방식은 에볼라를 예정보다 빠르게 제압하는 데 기여했지만, 당시에는 그것이 성공할지 알 수 있는 방법이 없었다. 오바마 대통령도 여기에 동의했다.

모든 실험이 성공적일 수는 없다. 그렇다고 해서 그것이 시간과 자원의 낭비라는 뜻은 아니다. 다른 곳에서 우리가 전투에서 승리했다고 해서 에볼라 치료소가 무가치했던 것은 아니다. 실험이란 여러 가지를 시도하고, 효과가 있는 것을 확대해 나가는 과정이다. 이 과정에서 계산된 위험을 감수하기도 하며, 일부는 실패할 수도 있다. 그러나 우리는 결국 올바른 해결책을 찾게 될 것이다.

필요성은 발명의 필수 요소

백악관 옆의 행정청사Executive Office Building에는 소규모 강당이 있다. 여러 행사와 발표 장소로 사용되는 이곳은 비록 대통령 집무실인 오벌오피스처럼 역사를 지닌 장소는 아니지만, 오바마 대통령은 특히 운영 상황 업데이트를 위해 이곳을 정기적으로 사용했다. 2015년 2월 11일, 모두가 대통령의 입장을 기다리는 가운데, 나는 앤서니 파우치와 톰 프리든 사이에 앉아 있었다.

몇 분 후, 오바마 대통령이 연단에 올라 에볼라와의 싸움에서 전환점이 왔다고 선언했다. 흰 가운을 입은 의료진과 군복을 입은 군인들을 비롯한 여러 사람을 배경에 두고 선 대통령은 에볼라가 여전히 위협적이며 전염병이 끝나지 않았음을 분명히 했지만 비상 단계는 이제 종료되었음을 알렸다. 이에 따라 미국은 대부분의 군 병력을 귀국시키고 서아프리카에서의 개입을 단계적으로 축소할 것이라고 발표했다.[37]

연설 당시, 에볼라 위기는 크게 완화되었다. 공식적으로 전염병이 종료된 건 그해 6월이었지만, 라이베리아에서는 감염 사례가 이미 90퍼센트 감소한 상태였다.[38] 미국 정부는 대응에 24억 달러를 투입했다.[39] 총 2만 8,600건의 확진 사례 중 1만 1,000명 이상이 사망했으나, 이는 이전 발병 시보다 훨씬 낮은 치사율이었고, CDC가 경고했던 140만 명에는 훨씬 못 미쳤다.[40] 미국 본토에서 확인된 에볼라 사례는 단 11건에 불과했고, 이 중 2건을 제외한 모두가 서아프리카에서 감염된 경우였다. 사망자는 1명에 그쳤다. 2015년 8월이 되자 에볼라 영향을 받은 모든 국가 내 주당 확진 사례는 단 3건으로 줄어들었다.[41]

오바마 대통령의 연설이 있었던 그날, USAID에서의 나의 임기는 며칠 남지 않은 상태였다. 감염자 수가 감소한 것을 확인한 12월에 대통령에게 물러나겠다고 사의를 전했었다. 운명의 전환점이 살짝 달랐다면, 나는 아마도 대통령 뒤쪽에 자리한 흰 가운을 입은 의사나 공중 보건 종사자로 그 자리에 섰을지도 모른다. 하지만 나는 다른 방식으로 참여했으며, 내가 직접 본 모습에 마음이 아주 든든했다. 크고, 혼란스럽고, 복잡한 사람들과 함께 두렵고 극심한 스트레스로 가득한 환경 속에서 일했다. 그 안에서 우리는 필요에 따라 도전을 거듭하며 판도를 뒤집을 방법을 찾아냈다.

우리는 제일 중요한 유연성을 유지하며 증거에 따라 대응하고, 현장에서 부딪히면서 우리의 개입 방식을 조정해 나갔다. 이는 바이러스에 맞서는 과정에서 단순히 관습을 따르는 것에 대한 위험성을 일찍 깨닫게 해준 교훈이었으며, 5년 뒤에는 더 큰 교훈으로 이어졌다. 과학과 데이터를 따른다는 것은 매일의 발전 상황을 추적하며 그 과정에서 배우는 것을 의미했다.

이후 평가에서는 지역 사회 개입 전략이 병의 궤적을 변화시키는 데 가장 큰 영향을 미쳤다는 점이 밝혀졌다.[42] 특히, 에볼라로 사망한 사람들을 위해 안전한 장례 절차를 도입하려는 광범위한 노력은 일부 지역에서 감염의 80퍼센트에 달하는 원인을 직접적으로 해결하는 데 기여했다.[43]

에볼라 유행은 필요한 혁신과 불필요한 혁신의 차이를 분명히 보여주었다. 비즈니스와 정부의 많은 지도자들이 단순히 자신이 할 수 있다는 이유로 변화를 시도하는 경우가 종종 있다. 지금처럼 '기존 질서의 파괴자disruptor'들이 크게 환영받는 시대에는 '혁신'이라는 명목으로 기존 시스템을 깨뜨리는 행위가 더 가치 있는 것처럼 보일 수 있다. 그러나 실제로는, 신문의 경제면과 실업자 대열에 이런 파괴적 혁신으로 인한 피해 사례가 가득하다. 반면, 어떤 기업 혁신가들은 변화의 필요성을 너무 늦게 깨닫기도 한다. 코닥Kodak 같은 회사가 그런 사례이다. 물론, 애플처럼 침체된 위기를 획기적으로 극복하고 엄청난 성공을 거머쥔 유명한 사례들도 있다. 스티브 잡스Steve Jobs 아래에서 애플이 다시 날아오른 것이 대표적이다.

그러나 인류를 위한 일에서 가장 효과적인 혁신은 종종 자신이 돕는 사람들의 이야기를 들을 줄 아는, 특히 진심으로 듣는 법을 배운 이들에게서 나온다. 재난 발생 시 현지에 사는 사람들은 힘의 변화를 감지하고, 새롭게 드러난 정보를 보며, 더 나은 방법을 찾기 위한 동기를 가지고 있다. 실제로 에볼라와의 싸움에서 가장 훌륭한 혁신은 자신들의 수도에서 맹렬히 퍼져 나가는 치명적인 적에게 맞서 싸우던 라이베리아인들 스스로에게서 나왔다. 미국인들이 전화회의나 상황실에서 브레인스토밍한 아이디어에서 나온 것이 아니었다. 어떤 면에서 우리의 가장 큰 혁신은 그들에게서 배우는 지혜를 가지고 있었다는 점이다.

필요성은 발명의 필수 요소이다. 위기를 잘못 다루는 방법은 여러 가지가 있다. 하나는 항상 그래왔다는 이유로 전략을 고수하는 것이고, 또 하나는 변화를 위한 변화만을 추구하는 것이다. 연합을 이뤄 혁신을 이루는 유일한 방법은 이미 알고 있는 것과 알지 못하는 것을 명확히 구분한 뒤, 철저한 평가를 거쳐 다음 단계에 대한 올바른 결정을 내리는 것이다. 그건 정치적 소음이 귀를 멍하게 하고, 불확실성이 극에 달하며, 무서운 위험이 존재하는 상황에서도 마찬가지이다.

실험을 계속하는 법

빅벳에는 실험이 필요하다. 그러나 대규모 팀이나 그보다 더 큰 연합에서 실험하는 것은 특히 어렵다. 파트너 그룹이 다양할수록 복잡성이 커지고, 상충되는 목소리도 더 커지기 때문이다. 각 그룹은 고유의 프로토콜, 표준운영절차, 접근방식을 가지고 있어, 새롭게 도전해 보는 역량이 약화될 수 있다.

그럼에도 불구하고, 대규모 연합이 빅벳에 필수적이라는 사실을 이제는 알고 있을 것이다. 이러한 연합 안에서, 또 연합과 더불어 혁신을 이루려면, 다음 사항들을 고려할 수 있다.

- ✓ 기존 프로토콜을 철저히 검토하라.
  모든 분야에는 표준운영절차가 있다. 이 절차에 대해 까다로운 질문을 던지고 그 질문에 대한 답이 나올 때까지 아무것도 결정하지 말라.
- ✓ 외부 자문팀을 구성하라.
  특히 위기 상황에서 많은 노력을 하고 있을 때는 상황을 객관적으로 바라보기가 어렵다. 관련 전문 지식을 가진 친구나 이전 동료들과의 통화는 새로운 아이디어를 떠올리고 다듬는 데 도움을 준다.

- ✓ 실험에 도움이 되는 대시보드를 만들어라.

  이것은 자동차 계기판처럼 실시간으로 결과를 측정할 수 있는 분명하고 정확한 방법을 말한다. 무엇이 제대로 작동하고, 무엇이 작동하지 않는지 측정할 수 있다면, 새로운 아이디어를 시도해 보고 키워나갈 수 있다.

- ✓ 작은 대화를 통해 새로운 협력을 시작하라.

  무엇이 효과가 있을지, 무엇이 효과가 없을지를 알아내고 기반을 다지면서 한 걸음씩 나아가라.

- ✓ 빠른 데이터는 데이터가 없는 것보다 낫고, 심지어 더 좋지만 느린 데이터보다도 낫다.

  에볼라 위기 당시 사용한 데이터에 까다로운 기준을 적용했다면, 전염병은 훨씬 더 심각했을 것이다. 가장 유용한 측정치는 오토바이를 타고 도시를 돌아다니는 아이들에게서 얻을 수도 있다. 아무것도 없는 것보다 이게 낫다.

- ✓ 실패를 두려워하지 말라.

  기존 프로토콜을 뒤집으려면 실행 가능한 대안이 필요하다. 실행 가능한 대안을 개발하려면 일부 나쁜 선택지도 고려해야 한다.

07
통제를 내려놓고 나아가기

07

통제를 내려놓고 나아가기

2014년 9월 서아프리카 지역에서 에볼라 상황이 점점 더 심각해지던 때, 나는 백악관에서 있을 작은 저녁 모임에 뒤늦게 초대되었다. 버락 오바마 대통령이 인도 총리인 나렌드라 모디Narendra Modi를 위해 준비한 만찬이었다.

그 만찬은 내 경력 대부분을 관통해 온 하나의 여정에 또 하나의 작은 불씨가 되었다. 빅벳은 특히 그것이 점차 실현되어 가고 있을 때, 어느 순간부터는 그 자체의 생명력을 갖게 된다. 아무리 모든 것을 통제하려 애써도, 빅벳은 예상치 못한 곳에서 시작될 수 있고 방향을 틀거나 잠시 멈추기도 하며, 결국에는 더 이상 당신을 필요로 하지 않게 될 수도 있다. 이때 중요한 것은 소유권이나 통제가 아니다. 진정으로 중요한 것은 영향력이다. 빅벳이 성공하기를 바란다면, 때로는 그것을 놓아줄 줄도 아는 용기가 필요하다.

백악관에서 열린 그날 만찬은 조금 특별했다. 9일간 이어지는 힌두교 명절인 나브라트리Navratri 동안 단식 중이던 모디 총리는 따뜻한 물 한 잔만 마셨다. 나머지 사람들이 아보카도 샐러드와 바삭한 넙치 요리를 즐기는 동안, 모디 총리는 미 행정부의 아프리카 전력 공급 계획에 대해 언급했다. 파워 아프리카 프로그램은 잉가 프로젝트의 난항에도 불구하고 남아시아 지도자들의 관심을 끌고 있었다. 모디 총리가 나에게 말했다. "아프리카에서 하는 일을 보고 있습니다. 바로 그런 일을 인도에서도 해야죠."

흩어져 있던 점들이 순간 하나로 연결되었다. 인도에서 가족과 함께 보낸 시간과 B. R. 힐스에서 일한 경험 덕에, 나는 모디 총리의 아이디어에 바로 끌렸다. 당시 인도는 사실상 두 개의 나라나 마찬가지였다. 첨단 가전제품, 고속 인터넷, 풍부한 전력을 사용하는 수억 명의 사람들이 살아가는 하나의 나라가 있는가 하면, 또 다른 수억 명의 사람들은 불안정한 전력망에 의존하며, 매일 같이 정전이 반복되는 나라에서 살고 있었다.[1] 이들은 현대 교육, 의료, 그리고 일자리에 필수적인 안정적이고 저렴한 전력으로부터 사실상 차단되어 있는 상태였다.

그러나 이미 정부에서 맡은 공직을 마무리하기로 가족과 함께 결정을 내린 상태였던 나는 이 일이 누군가 다른 이의 몫이라는 걸 마지못해 받아들여야 했다. 이후 USAID가 진행할 일에 대한 결정권은 내 후임자에게 넘어가게 되었다.

이렇게 인정하기가 결코 쉽지는 않았다. 인간은 본능적으로 무언가를 소유하고 싶어한다. 통제하려는 욕망은 타고난다. 걸음마를 할 때부터 이미 우리는 "내 거야!"라고 소리치며 자신의 영역을 주장하기 시작해, 나이가 들어서도 그 본능을 이어간다. 전문가로 일하면서도 통제는 협상하기 어려운 문제이다. 특히 나이가 젊은 전문가일 때는 더욱 그렇다. 우리의 아이디어 대부분은 사실 온전히 우리 소유는 아니다. 그것은 예상치 못한 순간에 찾아오는 불씨 같은 것으로, 팀의 산물이고, 동료나 배우자의 영감 덕분이거나, 때로는 고용주의 지적재산일 수도 있다. 온갖 위험과 궁극적인 성공에도 불구하고, 에볼라 대응을 '소유'했던 건 과연 누구라고 할 수 있을까?

그럼에도 불구하고 모디 총리의 발언은 새로운 문을 열어주었다. 만찬이 있고 얼마 지나지 않아 나는 리처드 블럼Richard Blum과 대화를 나누게 되었다. 그는 신흥 시장에서의 사모펀드 개척자이며 캘리포니아 상원 의원인 다이앤 파인스타인Dianne Feinstein의 남편이기도 했다. 나에게 친구이자 멘토가 되어준 딕은 대단히 충실한 필란트로피스트이자 개발 전문가로, 오바마 대통령의 국제개발협력Global Development Council에서 활동하고 있었다. 딕과 나는 왜 어떤 계획이 성공하는지, 그리고 어디에서 다음 발전의 가능성이 열릴지에 관해 몇 시간이고 이야기를 나눌 수 있었다. 그는 내게 무엇이 가장 흥미로운지, 밤잠도 마다하게 만드는지 물었다. 나는 '전력 공급'이라고 답했다.

잉가 프로젝트는 무산되었고, USAID의 다음 빅벳은 후임자에게 넘겨야 했지만, 나는 여전히 에너지 빈곤 종식을 위한 사명에 몰두하고 있었다. 부유한 국가에서는 풍부하고 저렴한 에너지가 깨끗한 물과 공기처럼 당연시된다. 그러나 인도, 남아시아의 다른 지역들, 아프리카 전역, 남미 일부 지역에서는 거의 8억 명의 사람들이 암흑 속에 살아가면서 매년 전구 하나를 밝히는 데 필요한 에너지보다도 적은 양을 소비하고 있었다. 또 다른 28억 명은 간헐적이거나 불안정한 전력 공급에 의존하고 있었다.[2] 그 결과, 캘리포니아에 사는 십 대는 방과 후 코딩 수업에 참석하기 위해 테슬라를 몰고 갈 수 있는 데 반해, 콩고민주공화국에 사는 십 대는 밤에 공부하기 위해 램프 하나를 더 켜고자 전봇대에 올라 전선을 연결하려다 감전될 위험을 감수해야 하는 것이 현실이었다.

USAID를 떠나면서도 이러한 불공정을 해결하기 위해 일하고 싶었다. 나는 국가 전력망에서 수백 마일 떨어진 곳에 사는 사람들에게도 임시방편이 아닌 확장된 형태로 전기를 공급할 수 있는 해결책을 그려볼 수 있었다. 또 이 해결책을 가장 취약한 계층에게 제공할 수 있는 연합체는 어떤 형태여야 하는지에 대해서도 어느 정도 감이 있었다. 즉, 적절한 규제 권한을 갖춘 정부와 필요한 자원을 보유한 민간 기업 및 투자자들이 포함된 형태로 이루어지는 연합이면 될 것 같았다.

모디Modi와의 대화를 시작으로, 나는 에너지 빈곤을 종식시키기 위한 빅벳에 거의 10년을 투자하게 되었고, 그 작업은 지금도 계속되고 있다. 에너지 빈곤처럼 거대한 문제에 있어서는 더 많은 사람들이 빅벳을 자기 것으로 느끼고, 그것을 실현하기 위한 열정을 똑같이 쏟아내도록 설득해야 했다. 다른 사람들이 이 사명에 대해 책임감과 통제력을 갖도록 만드는 과정은 자신의 것 일부를 포기하는 것에서 시작된다. 결과에 대한 연합체 간 이해관계 범위가 넓어질수록, 더 많은 이들이 힘을 합쳐 이를 앞으로 밀고 나갈 것이다.

나의 목표에 충실하도록

2016년, 그달만 해도 백 번째는 된 듯한 유럽의 공항을 걸어가고 있었다. 그 전 해에는 블룸과 사모펀드 대기업 TPG의 창립자이자 성실한 필란트로피스트인 데이비드 본더먼David Bonderman의 초기 자금을 바탕으로 사모펀드 회사인 래티튜드 캐피탈Latitude Capital을 설립하는 데 도움을 주었다. 당시의 나는 유럽에서 잠재적인 투자자들을 종종 만났으며, 아프리카에서는 주로 미래의 프로젝트를 찾아다니느라 출장이 끊임없었다. 그날도 어느 공항인지 정확히 기억이 나지 않는다. 프랑크푸르트, 취리히, 런던 등 모든 공항이 다 비슷비슷했다. 어딜 가나 명품 브랜드들의 광고가 깔려있는 것도 마찬가지였다.

새로 시작한 일이 잘 풀리고 있었고, 필란트로피 분야나 정부에서 일할 때보다 훨씬 더 많은 액수의 안정적인 급여를 받고 있던 나는 광고에 마음을 뺏겨 한 럭셔리 시계매장으로 들어갔다. 아내 시밤에게 줄 화려한 선물을 사겠다는 생각이었는데 롤렉스Rolex에 눈길이 갔다. 내가 공직을 떠난 이후, 시밤은 E. L. 헤인스 공립 차터 스쿨Haynes Public Charter School의 최고경영자로 일하고 있었다. 프리스쿨부터 12학년까지의 학생들이 재학중인 이 학교는 다양성과 활력으로 빠르게 명성을 얻고 있는 공립 차터스쿨로 워싱턴 D.C.의 성장하는 지역에 위치했다. 그녀는 매일 같이 가정

환경이 어려운 수많은 학생들의 앞날을 위해 애쓰는 중이었다. 그리고 나는 무슨 이유에서인지 고급 시계 하나쯤은 그녀에게 꼭 필요하다고 생각했다.

나는 2015년 USAID를 떠난 직후 딕, 데이빗과 함께 래티튜드를 설립했다. 우리는 안정적인 전기 공급을 받지 못하는 수십억 명의 사람들에게 전력을 제공할 기회가 있다고 생각했으며, 이 과정에서 수익을 창출할 수도 있다고 생각했다. 에너지 빈곤은 인류 발전human development의 주요 장애물을 꼽을 때조차 대부분의 사람들이 별로 고려하지 않는 문제다. 사람들은 극심한 빈곤의 공포를 직접 경험하지 않았더라도 그 심각성을 이해하고 이를 해결해야 할 중요한 문제로 받아들인다.[3] 하지만 연간 일정량의 전력을 사용할 수 없는 에너지 빈곤에 대한 인식은 놀라울 정도로 낮다. 특히나 에너지 빈곤으로 초래되는 높은 비용을 고려하면 그 인식 수준이 충격적일 정도이다.

20세기에 농업의 발전이 한 사회의 경제적 이동성*을 정의했다면, 21세기의 디지털 경제에서는 전력 접근성이 훨씬 더 결정적인 요소이다. 오늘날 디지털 경제에 참여하고 첨단 기술을 활용하는 데 필요한 최소 전력량은 연간 1인당 약 1,000킬로와트시kWh이다. 하지만 81개의 에너지 빈곤 국가에 거주하는 35억 명은 연간 그만큼의 전력조차 소비하지 못하고 있다. 반면, 대부분의 미국인들은 한 달에 그 정도의 전력을 사용한다.[4] 에너지 빈곤은 그로 인해 더 심각한 문제들을 일으킨다. 현대의 삶에서는 너무나 많은 부분이 전력에 의존하고 있기에 전기가 없으면 현대 교육, 의료 서비스, 일자리, 안락함, 심지어 안전까지도 박탈당하게 된다.[5]

전력에 대한 접근이 얼마나 필수적인지 나는 저소득 국가를 여행할 때마다 목격했다. 낡고 허술한 중앙 전력선에 수십 개의 불법 임시 전선

---

* 개인이 자신의 경제적 상태를 개선할 수 있는 능력을 뜻한다. 이는 개인 또는 가족이 소득 수준, 자산, 생활 수준 등을 향상시키면서 사회경제적 지위를 높일 수 있는 기회와 과정을 포함한다.

을 연결해 가정과 사업체로 위험하게 전력을 끌어오는 모습이 흔히 눈에 띄었다. 그리고 값비싼 대안인 디젤 발전기에서 나는 악취도 종종 맡을 수 있었다. 사람들은 얼마 되지 않는, 대부분 안정적이지도 않은 전력을 얻기 위해 자신들의 건강과 안전을 희생하고 있었다. 바로 이런 이유로 래티튜드의 사업 방향은 설득력이 있었다. 간헐적으로 전기를 훔쳐 써야 했던 사람들은 더 나은, 더 믿을 만한 전력을 위해 기꺼이 비용을 지불할 의향이 있는 잠재 고객들이었던 것이다.

래티튜드의 일은 투자자를 찾는 일과 수익을 내면서도 사회적 가치를 창출할 만한 프로젝트를 찾는 일로 나뉘어 진행되었다. 일단 투자자를 찾기 위해 우리는 세계를 누비며 대규모 연금 관리자들과 그 외 자본가들을 설득해 우리 펀드에 투자하도록 유도했고, 어느 정도 성공을 거두었다. 투자자들은 사회적 영향력이 있는 일을 위한 자금 지원에 열려 있었지만, 저소득 국가에 투자하기 위해서는 높은 수익률을 원했다. 저소득 국가들은 미국과 같은 부유한 국가보다 성장 속도 자체는 빠르지만, 종종 정치적, 경제적, 기타 불안정성으로 인해 위험한 투자 대상으로 여겨졌다.

두 번째 과제인 적절한 프로젝트를 발굴해서 진행해 나가는 일은 더 어려웠다. 100년이 넘도록, 국가가 국민들에게 전력을 공급하는 데에는 한 가지 경로만 존재해 왔다. 거대한 중앙집중형 전력망을 구축하고, 이를 주로 가스나 석탄, 원자력, 혹은 경우에 따라 수력발전소 같은 거대한 발전소와 연결하는 방식이었다. 이런 경로는 부유하고 정치적으로 안정된 국가들의 경우에는 잘 작동했으며 멀고 외진 지역들에도 전기 공급이 가능했다(당시에는 탄소 배출 같은 외부 효과에 대해서는 크게 걱정하지 않았다). 그러나 잘살지 못하는 나라들은 부패, 비효율적인 감독, 기술 부족 등으로 인해 이와 같이 거대한 시스템을 구축하는 데 많은 어려움이 있었다.

래티튜드를 설립했을 당시 두 번째 경로가 막 열리기 시작했다. 태양광 패널, 배터리 저장 기술, 원격 계량 및 문제 해결과 같은 기술의 엄청난 발전은 전력망이 미치지 못하는 지역 사회에 재생 가능한 에너지 시스템을 공급할 수 있는 가능성을 열고 있었다. 특히 배터리 기술은 아직 발전 단계에 있었지만, 이러한 유연하고 친환경적인 시스템은 기존의 대형 발전소와 중앙집중형 전력망에 대한 의존을 줄일 수 있는 대안이 될 수도 있었다. 기존 전력망 시스템은 애초에 전력망 바깥의 소외된 지역에서는 제대로 작동하지 않는 경우가 많았기 때문이다.

안타깝게도 2016년 당시 이런 두 번째 모델은 우리가 추구하던 유형의 투자를 받기에는 아직 덜 정립된 상태였다. 출장이나 주요 거래 조건을 통해 우리가 검토한 프로젝트 중 대다수는 기존 경로에 기반을 둔 것들이었다. 즉, 대규모 화석연료 발전소가 도시 고객들에게 전력을 공급하는 방안으로, 전력망에서 멀리 떨어진 시골이나 빈곤 지역에 거주하는 가장 소외된 사람들은 그 대상이 아니었다. 게다가, 투자자들이 요구하는 높은 수익률을 보장하기는 거의 불가능에 가까웠다. 환율 변동, 성장 목표 미달, 공공사업public utilities 기업체의 미지급, 정부의 부실한 관리체계와 같은 위험 요소가 산재해 있었기 때문이다.

이 접근 방식이 에너지 빈곤을 종식시키기에 최선이 아니라는 것이 분명해짐에 따라 나 역시 이런 벤처 사업이 내 삶에 맞는 선택인지에 대해 고민하게 되었다. 확실한 판단을 얻기 위해서는 좀 더 강력한 깨우침이 필요했다. 공공 부문에서 오랜 시간을 보낸 후, 저축액을 다시 늘리고 아이들의 대학 학비를 준비하기 위해 나는 돈을 벌고 싶었다. 사실 그보다 더, 나는 주어진 보상 체계에 따라 일하는 경향이 있는 사람이었다. 금융 분야에서는 그 보상이 돈이었고, 나는 다른 사람들보다 더 많이 벌고 가끔은 호화스러운 선물도 사고 싶었다.

어느 공항의 시계매장 진열대 앞에 서서, 시밤을 위한 시계를 고른 나는 아내에게 전화를 걸었다. 서프라이즈로 선물하기보다 확답을 받고서 사고 싶었다. 내가 고른 시계를 얘기하자, 갑자기 전화 연결이 끊어진 것처럼 느껴졌다. 잠시 후 시밤이 이렇게 물었다. "대체 왜 그런 걸 사려고 하는 거야?" 자기가 롤렉스에 관심이 있을 거라고 내가 생각한 것에 대해, 그리고 그런 지위의 상징과 같은 물건에 내가 매력을 느꼈다는 사실에 아내는 매우 기분이 상한 것처럼 들렸다. 전화를 끊고 판매 직원에게 사과하면서, 나도 내 목표에 혼란이 생긴 건 아닌지 걱정되었다.

몇 달 후, 시밤과 나는 아이들을 데리고 남아프리카공화국으로 여행을 떠났다. 케이프타운Cape Town 근처에서 우리는 로벤섬Robben Island으로 이동하는 페리에 올랐다. 그곳은 넬슨 만델라가 아파르트헤이트에 반대하다가 18년간 감옥 생활을 했던 곳이었다. 나는 만델라의 감방, 바닥에 깔린 매트와 작은 창문을 보는 아이들의 표정을 지켜보고 있었다. 그리고 아이들보다 고작 열 살 안팎으로 더 많은 나이였을 때, 내가 당시 디트로이트를 방문한 만델라를 보면서 인류에 기여할 방법을 찾겠다고 다짐했던 기억을 떠올렸다.

그 나이에 품었던 야망을 떠올리며, 래티튜드에서 내가 무엇을 위해 일하고 있는지를 돌아보니, 나는 뭔가를 내려놓아야 한다는 것을 깨달았다. 화면에 나오는 만델라를 보며 나 스스로에게 부여했던 사명을 포기할 준비가 되지 않았다는 걸 깨달았다. 에너지 빈곤을 종식시키기 위해 일한 것은 단지 은행 계좌를 채우기 위해서가 아니었다. 그건 전 세계 사람들의 삶을 더 나은 것으로 만들고 싶었기 때문이다.

다행히도 얼마 지나지 않아 나는 록펠러 재단의 13대 회장직을 제안하는 전화를 받았다. 선택은 쉬운 일이 아니었다. 나에 대한 신뢰를 보여주었던 팀과 투자자들을 떠나야 했기 때문이었다. 그러나 이 일은 나 자신에게도, 그리고 오래전 나의 시밤이 함께 결정한 우리의 가치관에도 훨씬 더 부합하는 일로 느껴졌다. 더욱이 록펠러 재단에는 스마트 파워Smart Power라는 에너지 빈곤 종식을 목표로 하는 유망한 계획이 있었다. 이 직책을 통해 나는 에너지 빈곤 종식을 위한 노력을 지속할 수 있었다.

책임감을 가지고 참여하도록 설득하기

3년 후, 나는 나무 책상 위로 몸을 구부린 채 주변에 있는 사람들에게 바느질하는 법을 가르치고 있는 한 재봉사를 지켜보고 있었다. 그녀의 이름은 루비 쿠마리Ruby Kumari, 시멘트 블록으로 지어진 그녀의 학교는 인도 북부 비하르Bihar주, 네팔 국경 근처 갠지스Ganges 강변에 자리한 외딴 마을 파르사Parsa에 위치해 있었다.[6] 몹시 더운 저녁, 정부가 운영하는 불안정한 전력망에서 공급되던 전기는 해가 지자 갑자기 끊겼다. 그러자 윙윙거리는 기계 소리, 불빛, 그리고 마을의 일상생활까지 모든 것이 한꺼번에 사라진 것처럼 느껴졌다.

그러나 금방, 전기는 다시 들어왔다. 루비의 작은 학교에서 멀지 않은 곳에 최첨단 기술이 적용된 소형 전력망mini-grid 단지가 있었다. 깔끔한 이 소규모 발전소는 국가 전력망과 완전히 분리된 시설이었다. 세 줄로 배열된 태양광 패널이 태양을 향해 기울어져 있고, 몇 미터 떨어진 작은 부속 건물 안에 배터리가 저장되어 있었다. 소음과 배출가스가 없는 이 작은 발전소는 거리를 환하고 활기차게 만들었고, 시장 노점들이 장사를 계속하고, 해가 진 후에도 학생들이 공부할 수 있도록 해주었다.[7]

이 소형 전력망 단지는 무엇이 가능한지 증명해냈다. 거기서 생산된 전기는 루비 같은 사람들뿐만 아니라 내가 그날 저녁 방문한 작은 의료 시설, 학교, 목공소에 이르기까지 모두에게 새로운 힘을 실어주고 있었다. 각각의 장소에서 안정적인 전력 공급 덕분에 기회와 가능성이 늘어났다. 루비는 소형 전력망으로 공급되는 저렴하고 재생 가능한 전력을 통해 자신의 학교를 열고 자녀들을 부양할 수 있었다. 이를 통해 그녀는 비정규적이고 불안정했던 재봉사 일을 접고 마을의 젊은이들을 위한 학교를 열어 재봉을 가르치면서 아이들에게도 보다 안정적인 생활을 제공하게 되었다. 루비의 이야기와 그 소형 전력망의 기적은 결코 당연한 것이 아니었다.

스마트 파워 인디아Smart Power India로 알려진 이 팀은 파르사 같은 마을에 전력을 공급할 대안이 있음을 증명하기 위해 거의 십 년에 걸친 노력을 쏟아부었다. 록펠러 재단의 아시아 사무소를 운영했던 인도의 개발 전문가 애쉬빈 다얄Ashvin Dayal이 뉴욕의 에너지 빈곤 프로그램을 인계받아 팀을 이끌었다. 이전에는 방 한 칸을 밝히거나 전기톱을 돌리기 위해 전기가 꼭 필요했던 사람들은, 값싸고 시끄럽고 환경을 오염시키는 디젤 발전기를 구매하거나 임대해야 했다. 그렇지 않으면, 주 전력망에서 간헐적으로 공급되는 저렴한 정부 전력에 의존할 수밖에 없었다.

록펠러 팀은 스마트 파워가 가격에서 경쟁력을 갖추고 신뢰성에서 우위를 점할 수 있다면, 고객들이 기꺼이 그들이 제공하는 서비스를 선택할 것이라고 믿었다. 하지만 그 목표에 도달하려면 엄청난 혁신이 필요했다. 애쉬빈과 다른 팀원들은 이 모든 제약을 단독으로 해결하거나 변화의 모든 측면을 통제할 수는 없다는 사실을 깨달았다. 그러기에는 재단의 시간도, 전문성도 부족했기 때문이다. 따라서 이들은 돌파구를 마련할 수 있는 수혜자와 파트너들과 협력해야 했다.

스마트 파워Smart Power 팀은 초기 파트너십을 통해 많은 것을 배웠다. 초기 파트너들은 주로 이윤 추구보다는 전력 접근성을 확대하는 데 전념한 그 지역의 조직들이었다. 이러한 협력은 기술의 가능성을 보여주고 발전기를 비롯한 기존 전력망과 경쟁할 수 있는 제품을 개발하기 위해 무엇이 필요한지 밝혀주는 선구적인 과정이었다.

그 결과, 애쉬빈과 팀은 성공을 위한 구체적인 비전을 발전시켰다. 그것은 효율적이고 비용 대비 효과적인 구성 요소들로 이루어져 기능성 좋은 소형 전력망을 구축하는 것이었다. 또한 기술적 진보만큼이나 상업적 돌파구를 만드는 데 열정적인 파트너들을 찾기 시작했다. 그 과정에서 그들은 필요한 구성 요소에 집중하고, 위험과 실패로 인한 기회비용을 최소화하기 위해 소규모의 독립적인 계약을 활용했다. 록펠러 팀의 높은 열의도 돋보였다. 한 예로, 유체역학 분야의 박사로 재단의 혁신 프로그램을 이끌었던 지아 칸Zia Khan이 협력자와 함께 낡은 배를 타고 홍수로 범람한 갠지스강을 건너 소형 전력망 구성품을 직접 운반한 적도 있었다.

이러한 노력에도 불구하고, 혁신을 위한 과정은 여전히 시간이 필요했다. 초기 시제품은 비용이 많이 들고 비효율적이었다. 어떤 초기 모델은 사용자에게 도달하기 전에 발전량의 절반 이상이 손실되었다. 사용량을 측정할 효과적인 방법이 없어서 청구서가 부정확하게 나오는 문제도 있었다. 또 다른 문제는 유지보수였다. 도시에서 아주 멀리 떨어진 마을의 태양광 전력망 시스템을 비용 대비 효율적인 방식으로 관리하고 수리하는 것은 상당히 어려운 일이었다. 일부 배터리는 높은 온도에서 지속적으로 사용할 경우 작동하지 않기도 했다. 그 결과, 초창기에는 비용이 어마어마하게 높았다. 우리의 태양광 모델은 킬로와트시당 약 0.75달러의 전력 비용을 발생시켰는데, 이는 주 전력망의 약 0.10달러에 비해 훨씬 비쌌다.[8]

그럼에도 불구하고, 파트너들과 협력하며 소형 전력망 프로그램은 점차 자리를 잡아갔다. 허스크 파워시스템Husk Power Systems은 비하르 출신이지만 콜로라도 포트콜린스Fort Collins, Colorado에 본사를 둔 작은 회사로, 수천 명의 고객으로부터 수백 가지 방식으로 소형 전력망의 운영을 추적할 수 있는 자체 데이터 관리 시스템을 개발했다.[9] 스파크 미터Spark Meter는 워싱턴 D.C.에 본사를 둔 회사로, 고객이 자신의 전력 사용량을 매우 작은 단위로 추적할 수 있도록 하고, 사용한 전력만큼 휴대폰으로 결제할 수 있는 미터기를 개발했다.[10] OMC 파워OMC Power는 휴대폰 기지국을 대상으로 하는 비즈니스 모델을 정교하게 다듬어, 일관된 수익원을 확보하는 동시에 인근 마을에도 혜택이 돌아가게 했다.[11] 이와 같은 혁신적인 파트너십 덕분에 소형 전력망 프로그램은 점차 발전해 나갔다.

진전이 있었음에도 불구하고, 모든 전력망이 성공한 것은 아니었다. 특히 초반에는 지리적 조건이 운명을 결정했다. 일부 마을은 전력 수요나 지형적 구조 때문에 소형 전력망에는 적합하지 않았다. 그 결과, 설치된 일부 유닛을 다른 곳으로 이전해야 했는데, 이 과정에서 비용이 많이 들고 좌절감도 맛봐야 했다. 심지어는 디젤 발전기 산업과 연계된 일부 이해관계자들의 극심한 저항도 있었다. 한 번은 어느 소형 전력망의 전선이 알 수 없는 이유로 모두 끊어져 버리는 일도 일어났다.

파르사를 걸어다니며, 나는 이 작업의 결과가 가져온 혁명을 목격할 수 있었다. 더 이상 전통적인 정부의 전력망 모델이나 디젤 발전기가 마을에 전력을 공급하는 유일한 방법이 아니었다. 실제로, 소형 전력망이 공급하는 전력은 킬로와트시당 약 0.25달러로 경쟁력 있는 가격을 형성했고, 주 전력망보다 훨씬 더 신뢰할 수 있었으며 디젤 발전기보다 훨씬 저렴했다.[12] 가격 개선은 부품의 공동 구매, 전력망의 효율적 관리, 그리고 에너지 저장 기술의 향상이 가져온 결과였다. 정부 전력망보다는 가격이 높음에도 불구하고, 사용자 설문 조사 결과는 주민들이 믿을 만한 전력 공급에 더 높은 비용을 지불할 의향이 있으며 이 안정적인 전력을 이용해 일자리를 만들어 내고 있음을 보여주었다.

이에 대한 증명은 파르사를 넘어 자유 시장에서도 이루어졌다. 결국, OMC는 파르사 사례처럼 록펠러 재단의 지원으로 제작된 소형 전력망을 효과적으로 운영하는 능력을 입증했고, 이로 인해 일본의 거대 기업 미쓰이Mitsui & Co.가 OMC의 운영에 상당한 지분을 투자하게 되었다.[13] 이 거래로 OMC는 자신들의 전문성을 다른 지역의 프로젝트로 확장하게 되었고, 이러한 투자는 해당 모델이 효과적이라는 분명한 증거가 되었다. 게다가 록펠러 재단의 목표는 OMC와의 지속적인 파트너십이 아니라, 전 세계적으로 에너지 빈곤을 종식시키기 위한 더 넓은 길을 여는 것이었다. 현재 OMC는 북인도 두 개 주에서 2만 5,000명 이상의 사용자에게 전력을 공급하며 350개의 발전소를 운영하고 있고, 1,000개 이상의 발전소가 추가로 설치 중이다.[14]

해결책을 찾는 과정에서 때로는 직접 해결책을 개발해야 할 때도 있다. 에볼라 대응에서 현지 리더들이 치명적인 바이러스의 확산을 막기 위해 새로운 방법을 발견했던 것처럼 필요성은 발명의 원동력이 된다. 소형 전력망 개발의 경우 동업자들은 과거 여러 시도를 가로막았던 기술적 장벽을 극복해야 했다. 필란트로피 분야에서 흔히 그러하듯, 우리는 그들의 작업에 필요한 자금을 지원했지만, 성공은 그들 스스로가 이뤄냈다. OMC는 그러한 성공이 수익도 가져올 수 있음을 입증했다. 이는 다양한 파트너들과 협력하여 혁신을 이루는 방법 중 하나일 뿐이다. 중요한 것은 그들 스스로 충분한 책임감ownership을 갖도록 만들어, 처음 상상한 것보다 훨씬 더 멀리 아이디어를 발전시킬 수 있도록 설득하는 것이다.

기꺼이 나누는 자세

뭄바이에 위치한 타지 마할 팰리스Taj Mahal Palace 호텔, 모두가 타지Taj로 부르는 이 호텔은 파르사 마을에서 900마일 거리에 있을 뿐 아니라 전혀 다른 세상이었다. 이 엄청난 규모의 다채로운 건축물은 100년이 넘는 시간 동안 스타 배우들과 왕족들을 맞이해 온 장소였다. 한 세기가 넘는 역사의 호화로운 타지 호텔은 또한 개장 당시부터 대형 선풍기와 화려한 엘리베이터를 가동하기 위해 전기를 사용한 인도 최초의 호텔이기도 했다. 나는 여러 해에 걸쳐 이곳을 방문한 적이 있었는데, 한 번은 오바마 대통령과 함께, 다른 때는 특별한 가족 행사를 위해 갔었다.

2019년 나는 나타라잔 찬드라세카란Natarajan Chandrasekaran을 만나기 위해 타지 호텔을 찾았다. 그는 타타 그룹Tata Group의 광범위한 계열사를 관리하는 지주회사의 회장으로 흔히 찬드라Chandra로 불렸다. 100년이 넘는 역사의 타타 그룹은 인도를 비롯한 세계 각국에서 철강, 자동차(세계적으로 유명한 재규어Jaguars와 랜드로버Land Rovers 포함), 화학 제품, 호텔 객실에 이르기까지 거의 모든 것을 판매하는 거대 다국적 기업이다. 그중 타타 파워Tata Power는 인도와 아시아 여러 지역의 고객 수백만 명에게 전기를 공급하고 있었다.

찬드라와 타지에서 만났을 당시, 록펠러 재단의 동업자들은 인도 전역에 약 160개의 소형 전력망을 설치한 상태였다. 인상적인 속도였지만 여전히 너무 느렸다. 안정적인 전기 공급을 받게 된 수천 명의 마을 주민들의 삶이 개선된 것은 부인할 수 없는 사실이었지만, 더 큰 목표를 이루기 위해서는 여전히 많은 과제가 남아있었다. 아직도 충분하고 안정적인 전력에 접근하지 못하는 수억 명의 인도인들이 있는 상황에서 보다 많은 이들에게 해결책을 제시하려면 비용 구조를 더 줄이고, 서비스 역량을 유지하며, 운영 효율성을 훨씬 더 극적으로 높일 만한 방법이 필요했다. 결국, 애쉬빈과 그의 팀은 여러 주를 대상으로 1,000개의 소형 전력망을 설치하는 방안을 마련했고 이런 규모로 일을 진행시킬 파트너를 찾아나섰다.

애쉬빈과 나는 타타 그룹이 우리가 필요로 하는 파트너라는 데 동의했다. 타타는 이미 스마트파워 팀과 협력하여 소형 전력망의 성능을 개선하는 작업을 진행하고 있었다. 무엇보다도, 타타는 대규모 비즈니스에 강한 기업이었다. 인구가 13억 명 이상인 인도에서 시장 점유율은 수익으로 가는 가장 확실한 길이었다. 타타의 투자 규모 철학scale ethos은 무엇보다도 비즈니스 우선이었지만, 동시에 이를 통해 인도에서 중산층을 형성하는 것도 목표로 삼고 있었다. 중산층의 성장은 국가의 발전을 촉진할 뿐만 아니라 향후 수십 년간 타타 제품의 주요 소비층을 확보하는 것이기도 했다.

타타와 여러 차례 회의를 거친 후, 우리 팀은 5만 개의 마을 중 5분의 1에 해당하는 1만 개의 소형 전력망을 구축하는 계획을 세우기 시작했다. 이 마을들은 이러한 전력화 방식에 적합하다고 판단된 곳들이었다. 협상이 계속되는 동안, 나는 USAID 재직 당시 인도 출장에서 처음 만났던 찬드라에게 연락을 취했다.

그날 오후 타지 호텔에서 찬드라는 자리에 앉자마자 단순히 특정 개수의 소형 전력망이 아니라, 우리의 모델이 인도 시골 지역에 사는 수억 명의 사람들에게 전기를 제공할 수 있는 광범위한 해결책이 될 수 있다는 믿음에 관심을 두고 있다는 것을 분명히 했다. 하지만 궁금함을 견디지 못하고 그가 질문했다. "왜 5만 개의 소형 전력망은 안 되는 겁니까?" 그것이 우리의 파트너십의 최종 목표가 될 것이라고 나는 웃으며 대답했다.

우선 타타는 1만 개의 소형 전력망을 구축하기로 합의했다. 이는 거의 2,500만 명의 사람들, 그리고 수십만 개의 사업체와 소규모 농장에 전력을 공급할 예정이었다. 타타는 록펠러의 소형 전력망 모델을 확장하기 위해 10억 달러를 투자할 계획도 세웠다.[15] 재단 측에서 상당한 금액의 자본을 투자하겠다고 제안했지만, 타타는 이를 원하지 않았다. 그들 팀은 단지 록펠러 재단의 전문성과 모델을 활용하기를 원했다. 이를 통해 빠르게 사업에 착수하고, 기술 발전을 활용함으로써 더 수익성 높은 프로젝트들을 이끌어 내기를 원했다.

그 결과, 재단 이사회 중 일부는 이번 협약에 대해 날카로운 질문을 던졌다. 우리가 힘들게 얻은 전문성을 공동 벤처의 일환으로 넘겨주고 있었기에, 이사회 중 일부는 우리가 이 프로젝트에서 소유권과 수익성을 확보할 수 있는지 알고 싶어 했다. 나 역시 그들의 주장을 이해하고 동의했다. 이상적으로는, 인도에서 에너지 빈곤을 해결하고 난 뒤 발생한 수익을 록펠러 재단의 미래 투자와 보조금 지원에 활용할 수 있으면 바람직하겠다는 생각이었다.

그러나 타타와의 협력에서는 그것이 당장 필요한 조건이 아니었다. 대신 나는 이렇게 설명했다. 우리의 목표는 타타와 동일하며, 그것은 바로 속도와 규모였다. 인도의 모든 마을에 소형 전력망을 빠르게 구축하고 영향을 미치기 위해서는, 비록 맡은 사명이 다르더라도 규모를 키우는 것에 같은 열망을 가진 파트너와 협력하는 것이 최선이었다. 어떤 이들에게는 이윤 추구가 최우선인 기업에 의존하는 것이 불편하게 느껴질 수 있었다. 그러나 이것이 바로 스마트 파워 인디아가 지원하고자 한 사람들을 돕는 가장 현명한 방법이었다. 다른 사람들과 우리의 야망을 공유하려면, 우리의 지식과 전문성을 나누는 것이 필요했다.

거대한 대기업과의 협력이 인류를 위한 선을 추구하는 이들에게 자

07 통제를 내려놓고 나아가기 **219**

연스러운 선택으로 느껴지지 않을 수도 있다. 이런 일을 할 때, 일부 기업들은 문제의 일부로 보이기도 쉽다. 그러나 당신의 목표가 대규모로 사람들을 돕는 것이라면, 다른 사람들이 합류하도록 만들어야 한다. 그러기 위해선 안전지대를 벗어나 소유권과 통제력의 일부를 포기해야 할지도 모른다. 이 모든 것은 거대한 변화를 가져오기 위한 것이다. 가장 큰 영향력을 가진 파트너들과 협력하려면, 다양한 이들과 기꺼이 나눌 수 있는 자세가 필요하다.

함께 배우고, 적응하며, 성장하기

2021년 10월 나는 스코틀랜드 글래스고Glasgow, Scotland에 있는 에어비앤비 숙소 뒷방에서 아이폰을 붙들고 있었다. 다음 날은 유엔기후협약 당사국총회COP26 개막일이었고, 이 회의는 유엔이 주관하는 일련의 중대한 기후 정상회의 중 하나였다. 나는 세계 지도자, 과학자, 금융가, 그리고 활동가 앞에서 인도와 소형 전력망을 뛰어넘어 에너지 빈곤 해결 노력을 확장하려는 록펠러 재단의 계획을 주제로 연설할 예정이었다. 하지만 어둑어둑한 아파트에서 나는 연설 연습 대신 이 빅벳을 더욱 확장하기 위해 한 파트너를 설득 중이었다.

록펠러 재단이 타타와의 협약을 시작한 지 2년이 흐르며, 세상은 많은 변화를 겪었다. 코로나19 팬데믹으로 전 세계가 멈춰 섰고, 500만 명 이상이 목숨을 잃었으며, 백신이 보급되기 전까지 강력하고 광범위한 봉쇄 조치가 이어졌다. 이에 대응해 부유한 국가들은 수조 달러를 투입하여 사회 안전망을 강화했지만 저소득 국가들은 그런 조치를 취할 자원이 부족했다. 그 결과 수천만 명이 빈곤에 빠졌고, 끼니를 거르고, 예방접종을 놓치고, 전기 요금을 지불하지 못하게 되었다. 팬데믹 첫해에만 약 9천만 명이 전기를 사용할 수 없게 되었다.[16]

록펠러 재단에서는 너무 많은 지역 사회가 뒤처지는 모습을 목격했다. 어떤 경우에는 우리의 지원금과 프로그램을 통해 이뤄진 진전이 이전으로 되돌아가는 상황도 생겼다. 우리는 이 순간에 과감한 결단을 내려야 한다고 판단했다. 이사회는 이에 따라 통상 연간 지출의 세 배를 결의해 향후 3년간 10억 달러를 투입하기로 했다. 그중 7억 달러는 상업 채권을 통해 조달되었는데 이는 재단 설립 108년 역사상 처음으로 필란트로피를 목적으로 자본 시장을 활용한 사례였다.[17]

인류가 다시 일어설 수 있도록 이 자금을 운용할 최고의 방안을 고민하던 순간, 우리는 자연스럽게 마을 파르사를 떠올렸다. 그리고 에너지 빈곤을 끝내면 전 세계적으로 어떤 기회의 물결이 나타날지 생각하면 답이 나왔다. 알맞은 타이밍도 우리가 에너지 빈곤을 위한 빅벳에 나서도록 만들었다. 기술, 가격, 그리고 지정학적 상황 모두가 실질적인 진전을 이루기에 적합한 상태로 보였다. 다만, 이러한 이니셔티브를 시도하려면 우리가 사용할 수 있었던 5억 달러를 훨씬 넘는 자금이 필요하다는 예상이 나왔다. 그러나 우리는 우리의 의지가 다양한 파트너들을 결집시키며, 수십억 인구를 위한 에너지 접근 방식을 새롭게 상상하고 실현해 나가는 데 중요한 출발점이 될 수 있으리라고 믿었다.

하지만 곧 알게 된 사실은, 안타깝게도 에너지 빈곤 문제 해결이 모든 이의 우선순위는 아니라는 점이었다. 특히 팬데믹이 한창이고 기후 위기가 더욱 심각해지는 상황에서는 더더욱 그랬다. 애쉬빈은 세계 각지의 잠재적인 동업자들과 소통하기 위해 선다 브리지트 존스Sundaa Bridgett-Jones를 배치했다. 선다는 USAID에서 거의 10년, 록펠러 재단에서도 거의 같은 기간 동안 일한 경험이 있었다. 그러나 팬데믹 한가운데서 에너지 빈곤을 종식시키기 위해 수억 달러를 요청하는 일은 거의 불가능한 과제처럼 보였다.

그러던 중 우리는 스웨덴의 글로벌 가구 대기업 이케아의 필란트로피 부문인 이케아 재단Ikea Foundation의 최고경영자 페르 헤그네스Per Heggenes와 만날 기회를 얻었다. 페르는 오랜 기간 세계에서 가장 취약한 집단, 즉 극단적 기후 변화로 가장 많이 고통받는 이들인 이주민과 난민들을 돕기 위해 노력해 온 인물이었다. 페르를 비롯한 예비 동업자들과의 대화를 통해, 그들은 협력하는 데 열려 있었지만 기후 변화에 더 명확한 초점을 두고 싶어한다는 점이 분명해졌다. 만약 우리가 이 시스템들이 에너지 빈곤을 종식시키는 동시에 전 세계적으로 탄소 배출량을 유의미한 수준으로 줄일 수 있음을 증명한다면, 이케아 재단과 다른 파트너들도 기꺼이 참여할 의사를 보였다.

개념적으로 애쉬빈, 선다, 그리고 팀 내 많은 구성원들이 이것이 가능하다는 데 동의했다. 우리가 전개하려는 시스템은 사실 거의 탄소 배출이 없는 시스템이었기 때문이었다. 하지만 먼저 준비가 조금 필요했다. 우리는 처음으로 우리의 목표가 기후에 미치는 영향을 집중적으로 연구할 팀을 구성했다. 또한 우리가 추구하는 작업의 잠재적인 탄소 절감률을 평가할 견고한 측정기준도 마련해야 했다. 전에는 단순히 전력 접근성만 측정했다면, 이제는 미래의 탄소 배출을 없애서 얻는 혜택까지 측정할 필요가 있었다. 우리가 발견한 결과는 다음과 같았다. 81개의 에너지 빈곤 국가들이 전통적인 탄소 중공업 모델을 통해 에너지 빈곤을 해결할 경우, 이들 국가가 2050년까지 전 세계 탄소 배출량의 70퍼센트를 차지하게 될 거라는 전망이었다. 이는 부유한 국가들이 탄소 배출을 크게 줄인다 해도 기후 변화를 막는 것은 사실상 불가능해진다는 의미였다.[18]

그러나 탄소 배출을 지양하면서도 전 세계 사람들이 마땅히 누려야 할 전기 접근성을 보장하려면, 단순히 소형 전력망으로는 충분하지 않았다. 다행히도 재생 가능 에너지 기술의 빠른 발전은 부유한 국가들의 친환경 에너지 전환으로 이어지고 있었다. 예를 들어, 메트로 전력망Metro grids은 전체 마을에 전력을 공급할 수 있고, 새로운 유형의 수력발전 기술은 환경 자원을 보호하면서도 그동안 주목하지 않았던 강으로부터 전력을 얻을 수 있었다. 또한 전력망 내 대용량 에너지 저장소를 설치하여 재생 가능 에너지의 전력화를 더욱 촉진할 수 있었다. 이러한 기술적 돌파구와 적절한 연합 구성은 화석연료로부터 경제 사회를 벗어나게 만들 가능성을 점차 키워주었다.

준비 작업을 완료한 후, 팀은 전진할 수 있는 유일한 길은 적응이라는 결론에 도달했다. 우리는 계획했던 이름(스마트 파워 글로벌Smart Power Global) 대신 지구와 인간을 위한 글로벌 에너지 얼라이언스Global Energy Alliance for People and Planet라는 새로운 명칭도 정했다. 우리의 사명을 확장해 10억 명의 사람들을 전기와 이어주고, 1억 5,000만 개의 친환경 일자리를 창출하며, 탄소 배출량을 40억 톤 가량 줄이는 목표를 포함했다.

곧이어 이케아는 록펠러 재단의 약정에 맞춰 5억 달러를 기부하기로 동의했다.[19] 그 결과, 진정한 연합이 탄생했다. 이케아와 록펠러는 단순히 에너지 빈곤의 종식이 아니라, 전 세계적으로 에너지 전환을 촉진하자는 공통의 목표에 합의했다. 이제 에너지 빈곤 종식을 위한 세계적인 움직임은 화석연료에서 재생 가능 에너지로 전환하는 속도를 높이고 기후 변화에 맞서기 위한 더욱 광범위한 노력으로 결합되었다. 우리가 예상하는 대로 에너지 전환이 이루어진다면, 이는 에너지 빈곤과 탄소 배출을 동시에 줄일 수 있었다.

이케아가 합류한 뒤, 나는 베이조스 얼스 펀드Bezos Earth Fund의 회장이자 최고경영자인 앤드류 스티어Andrew Steer에게 전화를 걸었다. 이 펀드는 아마존 창립자 제프 베이조스Jeff Bezos와 로렌 산체스Lauren Sanchez가 기후 변화에 대응하기 위해 설립한 필란트로피 단체였다.[20] 에너지 전환 프로젝트에 대한 우리의 사명은 베이조스 얼스 펀드의 비전과 완벽히 일치했다. 그럼에도 불구하고, 앤드류, 제프, 그리고 로렌은 무척이나 질문이 많았고, 애쉬빈과 우리 팀은 글래스고에서 열리는 기후 회의 장소로 떠나기 직전까지 그 모든 질문에 완벽히 답하며 그들의 신뢰를 얻는 데 성공했다.

COP26 기간 동안 글래스고의 숙소에서 전화를 걸어 베이조스가 이 연합에 합류할지 여부를 마지막으로 확인했다. 다행히 앤드류는 그들이 함께하기로 결정했다고 말했다. 베이조스의 약속을 얻어낸 상태에서, 나는 연단에 올라 여러 국제 개발은행의 기부를 포함한 100억 달러 규모의 협약을 발표했다. 연설에서 언급했듯 "모든 사람을 위해 에너지를 영구적으로 변화시키기 위한" 것이었다.[21]

이러한 전 세계적인 연합을 이뤄내는 데는 민첩한 대응이 필수적이었다. 우리의 목표, 전략, 그리고 예비 동업자와 끊임없이 조정해 나가는 과정이 필요했다. 이런 유연성은 인류가 직면한 가장 큰 과제에 대해 엄청난 변화를 실현하고자 하는 연합을 구축하는 데 필수적인 요소였다. 이 과정이 결코 쉽지는 않았다. 더 철저한 준비 작업이 요구되었고, 기존의 모델을 수정하고 전환해야 했으며, 연합의 명칭과 사명조차도 바꿔야 했다.

만일 당신이 어떤 초기 아이디어에 너무 집착하면 배우고, 적응하고, 다른 사람들과 함께 성장하기가 더 어려워진다. 우리의 경우 이케아와 베이조스와 손을 맞잡음으로써, 그들이 연합체 운영에 직접적인 역할을 할 수 있도록 설계할 수 있었다. 그 결과, 더 의미 있고 더 큰 영향력을 갖춘 프로젝트가 탄생했다. 빅벳에 있어서 목표에 도달하기 위해 파트너와 자원을 찾는 과정에서는 처음 가졌던 사명의 범위를 조정해야 하는 경우도 생긴다.

놓아주다

하나의 빅벳을 구상해서 시작하는 데 성공했다면 어떤 시점에서는 그것을 내려놓아야만 하는 때가 온다. 훌륭한 팀원들에게도 작별을 고해야 한다. 에너지 빈곤 문제를 해결하는 것이 내가 느끼는 성공보다 더 중요했다.

경력을 쌓아가는 모든 단계와 이어지는 회의 때마다 우리는 자신의 아이디어, 자신의 솔루션, 자신의 프로젝트를 통제하고 있는 모습을 보이고 싶은 충동을 자연스럽게 갖게 된다. 그러나 성공하려면 소유권을 포기하고 공유해야 한다. 빅벳의 목표는 어떤 문제에 대한 해결책을 인류 전

범위로 확장하는 것이기 때문에, 종종 이를 달성하는 유일한 방법은 외부로부터 더 큰 도움을 받아들이고, 자신이 만든 것을 놓아주는 데 있다. 글로벌 에너지 얼라이언스의 경우 해당 빅벳은 더 이상 록펠러 재단이나 나 개인의 것이 아니었다.

2022년 10월 내 메일함에 한 통의 이메일이 도착했다. 애쉬빈이 작별을 고하는 이메일이었지만, 다행히 록펠러 재단이나 나에게 개인적으로 작별을 고하는 것은 아니었다. 이메일에는 290명이 넘는 재단 직원 중 30명이 떠난다는 소식을 담겨있었다. 글로벌 에너지 얼라이언스Global Energy Alliance에서 풀타임으로 일하기 위해 내린 결정이었다.

이름조차 정해지기 전부터 우리가 함께 만들어 낸 연합의 형성에 기여한 팀원들의 이름을 떠나는 이들의 명단에서 확인하며 우리가 이뤄낸 것에 대한 자부심과 잃게 될 이들에 대한 아쉬움이 교차했다. 떠나는 직원들은 록펠러 재단의 가장 뛰어난 인재라 말할 수 있는 이들로, 기술과 농촌 개발 분야의 전문가들이었다. 그중 한 명은 재단에서 14년간 일했으며, 선다 한 사람만 봐도 10년을 재단에서 몸담아온 인물이었다. 하지만 리더의 역할에는 인재들이 떠나는 모습을 지켜보는 것도 불가피하게 포함된다. 이는 결국 고통스럽지만 성공의 징후이기도 하다. 사람들에게 충분한 기술, 열정, 능력을 심어주어 더 큰 자리로 나아갈 수 있게 하는 것이기 때문이다. 그리고 떠나는 것은 사람들만이 아니었다. 우리는 통제권 역시 포기하고 있었고, 그건 결코 쉬운 일이 아니었다.

록펠러 재단은 오랜 역사 동안 독립된 조직들을 창설하여 매우 다양한 방식으로 인류에 공헌하는 기록을 이어왔다. 우리는 국제연맹League of Nations의 보건기구를 육성했으며 이는 이후 세계보건기구WHO로 발전했다.[22] 또한 국제 농업연구자문그룹Consultative Group for International Agricultural Research을 설립했는데, 이곳은 나중에 녹색 혁명Green Revolution을 주도하는 중요한 독립 기관으로 성장했다.[23] 이 같은 전통 속에서, 우리는 글로벌 에너지 얼라이언스 또한 궁극적으로 독립적이고 자율적인 기관으로 분리

될 수 있다고 보았다.

원 조직에서 파생된 새로운 조직이 탄생하는 이러한 스핀오프spinoff는 민간 부문에서 흔히 일어나는 일이었다. 예를 들어, 컴퓨터 대기업 휴렛팩커드Hewlett-Packard는 반도체 테스트 및 측정 분야에서 잘 알려진 모델을 개발한 후 이를 애질런트Agilent라는 독립 회사로 분리했다. 프로젝트가 큰 성공을 거두면, 이를 하나의 독립된 조직으로 만들어 그 잠재력을 극대화할 자유를 주는 것이 합리적일 때도 있다. 우리는 글로벌 에너지 얼라이언스에 대해 같은 접근 방식을 취했다. 차이점이 있다면 민간 부문에서는 아이디어, 투자, 인재가 분리되더라도 재정적 이익으로 이를 보상받는다는 점이었다.

반면, 필란트로피 분야는 경우가 다르다. 우리는 처음에 인도에서 소규모 프로젝트로 시작했다. 이후 타타와 함께 이를 확장했고, 결국에는 전 세계적인 연합을 구축했다. 검증된 경영진을 고용해 연합을 이끌게 하고, 이를 조언할 글로벌 리더십 위원회와 관리할 이사회를 구성했다. 이제 연합 전체가 독립적으로 분리되는 상황이 되니, 크나큰 자부심과 함께 약간의 상실감도 느껴졌다. 성공에는 책임이 따른다. 이제 이 빅벳의 미래는 내 손을 떠났고, 어쩌면 록펠러 재단의 손도 벗어나게 된 것이다.

그럼에도 불구하고 우리에게 돌아온 보상은 바로 발전이었다. 글로벌 에너지 얼라이언스는 전 세계 81개의 에너지 빈곤 국가 중 10여 개가 넘는 국가에서 활동 중이며, 더 많은 나라들로 확장해 나가는 중이다. 남아프리카공화국에서는 그 나라 최대의 석탄 화력발전소를 폐쇄하고 친환경 일자리를 창출하는 데 도움을 주고 있다.[24] 콩고민주공화국의 25개 도시에서는 동업자들과 함께 거대한 메트로 전력망을 구축해 수백만 명의 사람들과 수만 개의 사업체에 전력을 제공할 계획을 세우고 있다.[25] 나이지리아에서는 1만 개의 소형 전력망을 구축하여 수백만 명의 사람들을 위한 전력 공급을 돕고 있으며,[26] 인도에서는 타타 파워와 협력하여 그들의 역량을 키워나가고 있다. 또한 말라위를 시작으로 신흥국가들의 전력망 내 대용량 에너지 저장소 응용 사례와 같은 변화에도 참여하고 있었다.[27] 영향력 면에서 우리가 이 연합에 걸었던 빅벳은 명백한 성공이었다. 그리고 이 베팅은 여전히 진행 중이며, 점점 더 커지고 있다.

백악관에서 열린 모디 총리와의 저녁 만찬에서 시작해 래티튜드 캐피탈, 스마트파워 인디아, 그리고 글로벌 에너지 얼라이언스에 이르기까지 에너지 빈곤을 끝내기 위한 나의 여정은 여러 가지 모습으로 발전해 왔다. 이 과정의 각 단계에서 통제를 내려놓는 것의 유익과 대가를 모두 경험했다. 특히 타타 파워와의 협력에서는 록펠러 팀이 혁신을 이루고 확장하기 위해서 소유권을 포기해야 했다. 연합을 맺을 때는 이렇게 포기하거나 내려놓아야 하는 상황이 더욱 심해진다. 초기에는 세 개의 필란트로피 단체 중 하나였던 록펠러 재단은 지속적인 진전을 통해 이제 열아홉 개의 파트너가 있는 연합체의 일부가 되었다.

파트너십의 단점 중 하나는 통제권 상실인데, 이는 성과와 책임을 중시하는 리더들에게 결코 쉬운 일이 아니다. 야망이 큰 사람들에게는 대부분 끝까지 전부 자신이 이끌어 가거나 심지어 혼자서 해내려는 경향이 내적으로 존재한다. 나 또한 연합을 위한 좋은 아이디어가 여전히 많으며, 그건 애쉬빈과 다른 사람들도 마찬가지이다. 처음에는 우리가 이 사명을 위한 하나의 목소리였다면, 이제는 합창이 되었다. 다른 목소리들이 더해질수록 우리는 훨씬 더 강해진다. 우리는 더 많은 사람들의 삶에 영향을 미치고 이를 개선하고자 한다. 여러 대륙의 다양한 국가에서 미래 세대를 위한 이상적인 방식으로 전기가 생산되고 전달되는 방식을 변화시켜 나갈 것이다.

통제하려는 마음을 내려놓는 법

소유권을 포기하는 것은 어렵다. 특히 경력 초반에는 더 그렇다. 하지만 시간이 지나도 그 어려움이 크게 줄어들지는 않는다. 새로운 프로젝트나 빅벳을 시도하려면 자신의 아이디어, 관계와 인맥, 그리고 시간과 에너지를 투입해야 한다. 이런 이유로 자신이 투입한 자원들이 어떻게 사용되는지 통제하고, 성공에 대해서도 어느 정도 소유권을 느끼고 싶어 하는 건 자연스러운 일이다.

하지만 빅벳은 단순히 새로운 파트너를 끌어들이는 것만이 아니라, 그들 역시 이 도전에 대해 권한과 책임감을 가질 수 있게 만들어야 한다. 그렇게 할 때 그들 역시 성공을 위해 필요한 일은 무엇이든 할 마음이 생긴다. 만일 당신이 통제 성향이 높은 사람이라면, 다음 몇 가지 방법이 더 편하게 통제력을 내려놓는 데 도움이 될 것이다.

> ✓ 당신의 사명을 기억하라.
> 당신을 움직이게 하는 사명이 무엇인지 끊임없이 상기하고, 당신의 빅벳을 의사결정의 중심에 두어야 한다. 사명을 가장 우선에 둘 때, 통제력을 포기하는 것은 여전히 씁쓸하지만 그 과정은 당신의 베팅이 성과를 내고 있다는 증거로 보이게 된다.
>
> ✓ 목표를 설정하고, 변화시킬 사람들을 찾아라.
> 모든 돌파구를 혼자서 마련할 필요는 없다. 다른 사람들이 새로운 방식을 찾을 수 있도록 능력을 주고 동기를 부여해야 한다.
>
> ✓ 지식과 전문성을 제공하라, 심지어 이를 통해 이익을 얻으려는 사람들도 예외로 하지 말라.
> 빠르게 확장시키는 것이 목표라면, 그 목표를 가능하게 할 수 있는 누구와도 협력해야 한다.
>
> ✓ 파트너를 끌어들이기 위해 변화에 적응하라.
> 목표가 확장이라면, 다른 사람들이 참여할 수 있도록 당신의 목적을 유연하게 조정할 준비가 되어 있어야 한다.
>
> ✓ 내려놓아라.
> 만약 성공하게 된다면, 당신의 연합은 독자적인 생명력을 얻게 될 수도 있고, 어쩌면 당신의 가장 유능한 인재들과 함께 독립해 나갈 수도 있다. 작별을 받아들이고, 그들이 성공할 수 있도록 최선을 다해 도와라.

08
변화의 순간, 방향 전환하기

. # 08

변화의 순간, 방향 전환하기

전 세계가 코로나19로 인해 혼란에 빠진 가운데, 나 역시 집에 틀어박혀 아내 시밤과 아이들과 제한된 작업 공간 속 과부하된 와이파이를 두고 씨름하고 있었다. 미국의 모든 가정집이 비슷한 풍경이었을 것이다. 시밤은 위층에서 줌Zoom으로 회의 중이었고, 나는 시밤의 홈오피스를 빌려 쓰고 있었으며 아이들은 집 안 여기저기에 흩어져 있었다. 아이티 지진과 서아프리카의 에볼라 사태를 USAID 지휘본부와 백악관 상황실에서 대응한 경험이 있는 나였지만, 이제는 극심한 팬데믹 가운데 거실 바닥에 널려있는 교과서들에 걸려 넘어지고 다니면서 107년 역사의 재단을 어떤 방향으로 이끌지 고심하는 상황이었다.

미국인들은 근래 역사상 전례 없이 엄청난 스트레스와 불확실함 속에서 수시로 바뀌는 방침과 일상을 적응해 나가야 했다. 뉴스와 소셜 미디어는 냉동 트럭에 실리는 시신들의 모습과 센트럴파크에 병원 텐트가 설치되는 모습 등을 계속 내보냈다. 밤공기를 채우며 울려 퍼지는 사이렌 소리 속에서 사람들은 가족과 동료와의 소통, 사회적 거리두기를 통한 공공장소에서의 교류, 일상 속의 기본적인 의식 등을 어떤 식으로 새롭게 해나가야 할지 고민하고 있었다.

어떤 빅벳은 반드시 해야만 하는 필요성에서 비롯된다. 무슨 조치든 취해야 하는 상황인 것이다. 그러나 비상사태가 이 정도로 강렬하게 닥쳐와 모두를 깊고 불안정한 혼란 속으로 몰아넣으면, 명확한 것은 거의 없고 하나의 선택만이 남게 된다. 꽉 붙들고 버틸 것인가, 아니면 아직 누구도 확실히 보지 못한 해결책을 찾기 위해 방향을 돌릴 것인가.

2020년 3월 나는 바로 그 기로에 서 있었다. 그러나 코로나19 팬데믹과 그로 인한 봉쇄가 개인, 지역 사회, 경제에 막대한 피해를 입히는 동안, 나의 현실은 공중 보건 분야에서 전통성 있는 재단의 수장이자, 갑작스레 온라인 학습이라는 새로운 방식에 던져진 세 아이의 아빠였으며, 일상을 잃어버리고 집에 갇혀 거의 미칠 지경인 미국인 중 하나에 불과했다. 나는 노트북 하나로 계속되는 전화와 줌 회의에 참여했다. 에볼라 대응 작업에서 함께한 친구들, 프로그램을 지키기 위해 애쓰던 록펠러 재단 동료들, 혼란스러운 연방 관료 체제 속 미국 정부 관계자들과 소통했는데 질문은 항상 같았다. 어떻게 여기에서 벗어날 것인가?

답을 찾기 위해 록펠러 재단은 어려운 방향 전환을 해야 했다. 봉쇄 조치가 가장 취약한 계층의 삶을 악화시키는 가운데, 록펠러 재단은 곧 미국 역사상 가장 불평등한 위기 중 하나로 발전할 이 사태에 맞서 신속히 프로그램을 재구성하기 시작했다.[1] 대부분 해외로 향하던 식량 지원 프로그램은 방향을 바꿔 미 전역 학군을 통해 학교 급식에 의존하던 아이들에게 음식을 제공하기 시작했다. 경제적 기회를 확대하는 프로그램은 위기 상황을 견딜 수 있는 보호장치가 부족할 가능성이 높은 소수 민족 소유의 기업을 지원하는 방향으로 전환되었다.[2] 뒤이어 우리는 일하는 가정과 빈곤층 아이들에게 혜택을 줄 수 있도록 연방 및 주 세금federal and state tax 제도를 재편하는 방안도 내놓았다.[3]

우리는 또한 재단 역사상 가장 큰 빅벳 중 하나를 감행했다. 그것은 미국 전역에 저렴한 COVID-19 검사를 대규모로 보급하는 것이었다. 쉽게 접근 가능한 신속 검사는 기관과 개인에게 데이터를 제공하여 사람들의 안전을 지키고 봉쇄 문제를 해결할 수 있었다. 미국에 코로나19 검사 시장을 형성하기 위해, 우리는 팀을 재정비하고, 전문성을 강화하며, 네트워크의 목적과 우리의 위험 감수 역량도 재고해 봐야 했다. 동시에, 정치적 혼란 속을 헤쳐나가며 집단적 사고groupthink*의 덤불에 빠지지 않도록 경계해야 했다.

다행히 코로나19 같은 순간이 자주 찾아오지는 않는다. 그러나 이러한 순간이 닥쳤을 때, 대부분의 개인과 기관들은 현재 상황이 처한 변화와 상관없이 기존에 하던 대로 하려고 한다. 그러나 어떤 순간은 너무도 극적이고 중요해서 이에 완전히 대응하기 위해서는 과감한 방향 전환hard pivot을 단행하고, 기존의 상태를 뒤엎어서 하나의 '빅벳'에만 전력을 다해야 한다.

재빠르게 전환하다

2020년 2월 중순 어느 일요일, 미국에서 코로나19로 인한 봉쇄lockdown가 시작되기 몇 주 전, 나는 거실의 회색 소파에 늘어져 『디제잉 포 더미스DJing for Dummies』**라는 책을 읽고 있었다. 바로 얼마 전까지 스위스 다보스Davos, Switzerland에서 열린, 전 세계 정재계 지도자들이 모이는 세계경제포럼World Economic Forum을 포함해 여러 곳을 방문하고 돌아온 상태였다.[4] 다보스는 기묘한 분위기였다. 코로나19가 중국에서 확산되어 이제는 이탈리아 알프스 바로 건너편까지 도달한 상태였기 때문이다.[5] 나는 집에 돌아와서 다행이라 여기며, 새로운 취미가 될 수 있을 거라 생각한 디제잉 공부를 시작해 시밤과 내 결혼기념일 파티에서 직접 음악을 틀

---

* 집단 내의 조화와 합의를 중시한 나머지, 비판적 사고나 창의적 접근이 억압되는 현상을 말한다. 이는 종종 잘못된 결정으로 이어질 수 있으며, 특히 다양성과 독립적인 의견이 중요한 상황에서는 부정적인 결과를 초래할 수도 있다.

** 존 스티븐턴John Steventon이 저술한 초보자용 디제잉 입문서로, 디제이DJ의 기본 개념부터 실전 공연까지의 전 과정을 체계적으로 서술한 책이다. 세계적인 입문서 시리즈인 For Dummies 시리즈 중 하나이다.

생각을 하고 있었다.

하지만 시밤은 늘 그렇듯이 나를 생각의 늪에서 꺼내주었다. 에볼라 대응에 깊숙이 연계되었던 나지만, 이번에는 정부가 (당시까지만 해도 주로 외국에서 발생 중인) 위협을 상대하고 있어 코로나19는 나와 무관한 것처럼 보였고 어딘가 소외감마저 들게 했다. 시밤은 거실로 들어와 생각에 빠져 있는 나를 흔들어 깨우며 다시 현실로 잡아당겼다. 그녀가 물었다. "지금 전 세계적인 팬데믹이 오는 중 아니야?", 『디제잉 포 더미스』가 아니라 거기에 집중해야 하는 거 아닌가?"

지금 와서 돌아보면 이해하기 어렵지만, 코로나19가 뉴욕과 다른 미국 도시들을 강타하기 직전 몇 주 동안, 나뿐만 아니라 대부분은 이 사태에 대한 미국의 대처방안에 대해 별로 심각하게 생각하지 않았다. 이전해 10월에 발표된 글로벌 보건안보 지수Global Health Security Index에서는 미국을 갑작스러운 팬데믹에 가장 잘 대비된 국가로 평가했고 나도 거기에 동의했다.[6] 비록 에볼라 사태에서 CDC의 접근 방식에 좌절했던 적이 있지만, 그 조직의 유능한 직원들과 데이터 관리 능력에 대해서는 존경심을 갖고 있었다. 그런 여러 이유로 미국의 의료 시스템과 정부가 코로나19에도 적절히 대응할 수 있을 것이라 믿었다. 내가 걱정이 된 건 가난한 나라들이었다. 일을 해오는 내내, 자원이 부족하여 취약한 나라들에게 바이러스가 얼마나 심각한 타격을 가할 수 있는지 목격해 왔기 때문이었다.

그러나 불행하게도 너무나 많은 미국인들이, 특히 가장 가난하고 취약한 계층은 적절한 의료 서비스를 받지 못하거나, 심장 및 폐 질환, 비만, 당뇨병과 같은 기저질환이 있어 코로나19에 쉽게 희생될 수밖에 없는 상황이었다. 도널드 트럼프 대통령의 경우 이러한 위기를 다루는 데에 특히나 서툴렀는데, 나쁜 소식을 받아들이는 것을 아주 어려워했고, 정확한 정보를 제공하는 것에도 미숙했다. 뿐만 아니라 CDC를 포함한 연방정부의 다른 기관들도 실수를 저질렀으며, 이러한 실수는 잘못된 소통으로 인해 더 악화되었다. 결국 이런 실수와 소통의 문제들은 연방정부가 대중의 신뢰를 잃게 만드는 결과로 이어졌다.

　나에게는 이 상황이 에볼라 사태의 끔찍한 재현처럼 느껴졌다. 그런데 이번엔 미국의 현실이었다. 대규모 사망의 충격적인 이미지와 정부의 무능력한 대응이 나를 충격에 빠뜨렸다. 미국의 공중 보건을 확립하는 데 기여해 온 기관의 수장으로서, 급증하는 확진자 수와 개인 보호 장비 및 인공호흡기 부족에 대한 보고는 매우 당황스러웠다. 초기부터 분명했던 것은 이 위기가 단순한 보건 문제를 넘어 기아와 경제적 불평등 등 록펠러 재단이 집중해 온 분야에도 심각한 영향을 미칠 것이라는 점이었다.

　그때쯤 나는 디제잉 책을 치우고 결혼기념일 파티를 취소했다. 그리고 록펠러 재단의 이탈리아 시설, 뉴욕 본부, 워싱턴 사무소, 이후에는 케냐와 태국 사무소를 닫고 모든 직원들에게 재택근무를 요청했다. 우리 팀은 재단의 방향을 전환하여 미국과 세계가 위기에 대처할 수 있도록 돕는 역할을 하는 힘겨운 과정을 시작했다. 팬데믹 대응에 나선 것은 하나의 선택이었다. 모든 개인이나 기관이 그런 선택을 하지는 않았지만, 그것이 우리의 선택이었다. 왜냐하면, 어떤 면에서는 당시 상황이야말로 록펠러 재단의 존재 이유였기 때문이다. 처음부터 록펠러 재단은 미국의 공중 보건 분야에 정밀한 과학적 접근 방식을 접목시키기 위해 설립된 기관이었다.

　그 시점에서 우리가 어떻게 도움을 줄 수 있을지에 대한 감이 오기 시작했지만 재단의 방향 전환은 쉽지 않았고, 특히나 신속한 전환은 어려웠다. 필란트로피라는 분야는 즉각적으로 움직일 수 있도록 설계되지 않는다. 재단의 보조금은 종종 몇 년씩 미리 계획되며, 비교적 자산이 풍부한 재단이라 하더라도 여유분으로 남아있는 자본은 많지 않기 때문이다.

　임시로 꾸린 홈오피스와 휴대전화 통화, 줌 회의를 통해, 록펠러 재단의 엘리자베스 이Elizabeth Yee 비서실장과 나는 다른 팀원들과 함께 재단의 거의 모든 우선순위를 전환하는 작업에 분주히 뛰어들었다. 우리가 진행 중이던 모든 활동을 검토하여 어떤 보조금이나 파트너십을 다시 활용할 수 있을지 살펴봤다. 자금을 조정해 일부 유동 자본을 확보했으며, 매주 이사회와의 대화를 시작했다. 이런 대화 중에는 정기적이고 간략한 보고를 통해 우리가 배운 점을 공유하고, 이사회의 아이디어를 구하고, 주요 결정을 확인받았다. 이 모든 것이 우리를 또 다른 빅벳을 위한 준비로 이끌었다.

결정적인 행동 찾기

2020년 4월 2일자 「월스트리트저널」에, 나는 무척이나 직설적인 제목의 기고문을 발표했다. "코로나19 검사가 우리의 해결책이다 Testing Is Our Way Out."[7] 공동 집필자는 노벨 경제학상 수상자이자 세계은행 수석 경제학자 출신의 폴 로머 Paul Romer였다. 폴은 데이터를 전체적으로 파악해 더 큰 그림을 보여주는 탁월한 사고력의 소유자였다. 그러나 그에게 이번 과제는 단순한 지적 활동이 아닌 개인적인 문제이기도 했다. 그의 딸이 코로나19에 대응하는 의사로 일하고 있었기 때문이었다.[8]

우리의 기고문은 초기의 방향 전환 결정 없이는 불가능했을 것이다. 처음부터 나는 록펠러 재단이 단순히 텅 빈 매대나 개인 보호 장비 부족 현상에 대응하는 것을 넘어, 즉각적이고 근본적인 문제를 해결할 책임이 있다고 느꼈다. 긴장과 혼란이 가득한 순간에 우리는 항상 같은 질문을 던진다. "지금 해야 할 가장 중요한 행동은 무엇인가?" 에볼라 위기를 다루면서 기존의 오래된 가정과 프로토콜에 의문을 제기할 필요성을 절실히 깨달았지만, 한 가지는 분명한 사실로 남아있었다. 감염병 발생 시 가장 중요한 정보는 누가 양성인지, 그리고 어디서 발병이 일어났는지 아는 것이다. 백신이 나오기 전까지는 감염 여부를 확인하는 검사가 사람들에게 어느 정도 통제권을 줄 수 있는 유일한 방법이었다.

하지만 불행히도, 팬데믹이 시작된 지 몇 주가 지나도록 미국의 진단 검사 역량은 턱없이 부족했다. 트럼프 대통령은 검사에 별 관심이 없어 보였고, 초기에는 정부도 별다른 도움을 주지 못했다. 당시에는 아무도 그 이유를 몰랐지만, 나중에 밝혀진 바에 따르면 CDC가 결함이 있는 시약 사용 등으로 코로나19 검사 설계에서 실패하고 그 과정을 다시 진행시키기가 어려운 상황이었다.[9] 더 빠르고 접근 가능한 검사가 없었기에, 대통령부터 일반 국민까지 미국인 그 누구도 바이러스가 어디로 퍼지고 있는지, 그리고 어떻게 해야 이를 가장 효과적으로 억제할 수 있는지 자세히 알지 못했다. 그 결과 모두가 엉성한 프로토콜에 의존할 수밖에 없었다. 즉, 봉쇄와 격리에 급급했을 뿐, 재개를 위한 명확한 방안은 없는 상황이었다.

우리는 당시 코로나19 검사 역량의 부족이 가장 중요한 문제라고 판단했고, 여기에 재단의 역량을 총동원하기로 결정했다. 보통 대부분의 필란트로피 단체들은 미국 연방정부를 행동으로 이끌거나 무대응하는 정부의 공백을 메우려고 나서지 않는다. 하지만 우리는 그 역할을 맡기로 했으며 이는 록펠러 재단이 훨씬 더 만반의 준비를 갖춰야 한다는 의미였다. 빠른 결정을 내리고, 실시간으로 영향을 미치기 위해 노력해야 했다. 또한 실무 지식과 충분한 자원, 그리고 프로토콜 및 절차 수립 방안을 갖추어 팀과 자문단을 강화시켜야 했다.

다행히 몇 달 전 나는 비행기에 탑승하던 중 조노 퀵Jono Quick을 우연히 만난 적이 있었다. 그는 에볼라 대응을 포함한 여러 프로젝트에서 몇 년 동안 함께했던 동료였다. 조노는 하버드에서 수련 과정을 거친 의사로 빈곤 국가의 보건 시스템 구축을 돕는 조직을 이끌었던 인물이기도 하다. 우리가 이야기를 나누기 얼마 전, 그는 『전염병의 종말The End of Epidemics』이라는 책을 출간하기도 했다.[10]

위기가 최고조에 달한 상황에서, 나는 조노에게 전화를 걸어 록펠러 재단에 합류해 주기를 부탁했다. 이는 우리 팀과 재단 외부에 우리가 과감한 전환을 하고 있으며 코로나19와의 싸움에 더 깊이 뛰어들고 있다는 메시지를 담은 신호 중 하나였다. 100년 역사의 기관을 혁신과 실천을 위한 엔진으로 변화시키는 작업은 사람에서 시작되었다. 기존 팀에게는 새로운 방식으로 새로운 일을 하도록 맡기는 한편, 조노와 같은 새로운 팀원들도 영입해 우리의 역량을 빠르게 키워나갔다.

나는 다시 전화기를 들고, 그때까지 거의 20년간 이어온 대화를 재개했다. GAVI에서 긴밀히 협력하고 에볼라 사태 당시 중요한 조언을 제공했던 릭 클라우스너가 다시 외부 파트너로 합류했다. 그는 창의적인 접근법을 가진 최고의 전문가들로 자문 그룹을 구성하는 일을 도와주었다. 곧 우리의 전화회의에는 브루클린을 거쳐 피닉스에서 활동한, 전직 제약업계 전문가이자 생산 경험이 풍부한 마라 아스피널Mara Aspinall, 의사 출신의 벤처 투자자이자 암 전문가인 마이크 펠리니Mike Pellini가 참여하게 되었다. 또, 연방 의료 행정가 출신이자 듀크 대학교 듀크-마골리스 보건 정책 센터Duke-Margolis Center for Health Policy의 창립 이사인 마크 맥클레런Mark McClellan도 합류했다.

폴 로머 역시 곧 이 대화에 함께했다. 그는 주요 기관과 핵심 산업이 폐쇄된 상태로 유지될 경우 국가 경제에 미칠 손실을 계산하고 있었다. 그는 예상 손실을 월 약 3,500억 달러로 보았고, 이는 국가 경제와 국민들이 감당할 수 없는 수준이었다.[11] 우리는 기고문을 통해 막대한 비용을 피할 수 있는 유일한 방법이 검사 장비 생산량을 대폭 확대하고, 간이 시험screening 진행을 위한 협조임을 설명하기로 했다. 먼저 필수 근로자를 대상으로 검사를 시행한 뒤 점차 범위를 확대함으로써, 미국이 비교적 안전하게 봉쇄를 해제할 수 있도록 해야 한다는 것이었다.

위기 상황에서 가장 중요한 첫 단계는 근본 원인을 파악하고, 문제를 해결하는 데 있어 결정적인 행동이 무엇인지 찾는 것이다. 그런 뒤에는 높은 위험이 따르는 상황에서 과감한 방향 전환을 실행할 만한 팀이 있는지 평가해야 한다. 이때 중요한 것은 변화가 필요한지의 여부가 아니라, 얼마나 빠르게 변화를 만들어 낼 수 있는가이다.

그러려면 적절한 인물들을 바로 찾아야 한다. 이 경우에는, 기존 직원들과 새롭게 채용된 몇몇 인력, 그리고 창의적인 시각을 가진 외부 전문가 그룹을 섞어 빠르게 팀을 구성했고, 이 팀과 함께 코로나19 대응 아이디어를 세상에 내놓기 시작했다.

다양한 기여자가 함께하는 협력의 장

기고문이 발표된 지 며칠 만에, 나는 브래디 번치The Brady Bunch*의 오프닝 장면처럼 여러 칸으로 화면이 나뉜 줌 회의에 정기적으로 참여하게 되었다. 하지만 여기선 각각의 칸마다 미국 공중 보건 분야에서 가장 뛰어난 전문가들이 자리하고 있었다. 코로나19 검사의 필요를 강조한 내 기고문은 일종의 신호탄 역할을 했다. 밤하늘에 쏘아 올린 호출 신호처럼 더 나은 방법이 있을 것이라고 믿는 사람들을 불러 모은 것이다. 화면에 비친 얼굴들을 보면서 나는 우리가 올바른 길에 서 있으며, 앞길을 개척할 가장 우수한 인력을 모았다는 확신이 들었다. 이들은 각 주와 지역 사회에서 일하고 있는 실천가들, 연구 분야 최고의 두뇌들, 그리고 제조 및 비즈니스 업계의 전문가들이었다.

물론, 우리만 이런 논의를 하고 있는 건 아니었다. 당시 거의 모든 사람이 팬데믹과 관련된 줌 회의를 하고 있었다. 그러나 록펠러 재단은 단순히 의견을 나누거나 기고문을 발표하는 것 이상을 할 만한 역량이 있었다. 수십 년 동안, 록펠러 재단은 사람들을 소규모로 소집하여 신중하면서도 전략적인 회의를 조직해 특정 문제 해결에 보탬이 되어 왔다. 우리는 미국이 봉쇄에서 벗어날 수 있도록, 필요한 대규모 검사 장비를 생산하고 배포하기 위한 국가적 차원의 계획을 마련할 수 있는 적합한 사람들을 모았다.

불행히도 당시 활용 가능한 유일한 검사는 고가의 실험실 기반 중합효소 연쇄반응polymerase chain-reaction, PCR 검사였다. 이 검사는 매우 정확했지만, 결과를 받는 데 평균 3일, 경우에 따라 최대 7일이나 걸렸다.[12] 미

---

* 1969년부터 1974년까지 방영된 미국의 시트콤으로, 여섯 자녀를 둔 대가족이 등장한다.

국 실험실은 100만 명당 23건의 검사를 수행했는데, 이는 미국의 가장 가까운 동맹국들 가운데 영국(100만 명당 347건)이나 대한민국(100만 명당 3,692건)과 비교하면 현저히 낮은 수치였다.[13]

다행히도 록펠러 재단의 커뮤니케이션 및 정책팀을 이끌던 아일린 오코너Eileen O'Connor는 이 주제와 관련하여 미국 내 모든 전문가를 찾아내는 데 상당한 재주가 있었다. 변호사이자 전직 국무부 관료였던 그녀는 근본적으로 기자의 본능을 가진 사람이었다. 냉전이 끝나가던 무렵 CNN의 모스크바 특파원이었던 아일린은 어떤 일에 적합한 인물들을 찾아내는 법을 누구보다 잘 알고 있었다. 그녀는 아직 우리에게 연락을 취하지 않은 모든 전문가를 거의 다 찾아냈고, 우리가 시작한 대규모 논의에 이들을 초대했다.

결과적으로 줌 회의는 점점 규모가 커졌다. 이 회의들은 코로나19, 그리고 검사 장비의 생산, 공급, 활용에 대한 세미나처럼 진행되었다. 물론, 시트콤인 브래디 가족의 인물들처럼 모든 사람의 의견이 항상 일치했던 것은 아니다. 몇몇은 검사의 세부 사항에 깊이 파고들어 현실적인 수요를 예측할 줄 알았지만, 어떤 제안들은 아예 실현 가능성이 없다는 점을 보지 못했다. 반면, 일부는 큰 그림만 보거나 세부 사항을 두고 토론하는 데에만 집중했다. 모인 이들 중 몇 사람은 오랫동안 서로 논쟁을 벌여온 관계였고, 다른 이들 또한 코로나19의 복잡성과 불확실성을 바라보는 관점과 이를 극복할 방안에 대해 각기 다른 견해를 가지고 있었다. 한 번은 존경받는 전문가 한 명에게 논의에서 빠져달라고 요청해야 하는 경우도 있었다. 본인의 관점이 타당하긴 했지만, 그것만이 유일한 해결책이 아니라는 사실을 받아들이지 못했기 때문이었다.

가장 큰 논쟁은 PCR 검사와 항원 검사 중 무엇을 선호할 것인지 또는 이러한 검사를 설계하는 수많은 방법 중 어떤 것을 택해야 하는지에 관한 것이었다. 참석자 가운데 일부는 정확성이 매우 중요하다는 이유로 PCR

검사만을 권장해야 한다고 강력히 주장했다. 하지만 대다수는 전염성을 확인할 수 있는 항원 검사가 더 저렴하며, 빠르고 간편하게 검사 규모를 확대할 수 있기 때문에 보다 나은 선별 검사를 위해 필요한 도구라는 데 동의했다. 결국, 보고서는 어떤 검사가 더 좋은지 명시하지는 않았지만, 제안된 검사 규모를 달성하기 위해서는 항원 검사만이 실행 가능한 방식이라는 결론을 내렸다.

4월 21일에 발표된 우리의 보고서는 주당 100만 건 이하였던 검사 횟수를 7월까지 300만 건, 10월까지 3,000만 건으로 세 배 증가시킬 것을 요구했다. 당시에는 이 목표가 불가능해 보일 만큼 너무 야심이 크다는 반응이 대부분이었다. 그러나 이 보고서가 다른 보고서와 달랐던 건 그만큼의 검사 수준을 달성하기 위한 구체적인 실행 단계를 명확히 제시했다는 것이었다. 이 계획은 빠르게 '1-3-30 플랜'으로 알려졌다.[14] 릭과 나는 몇몇 동료들과 함께 모임의 다양한 권고안을 다듬어 압축된 형태로 정리했다. 우리는 이 권고안을 '합의안'이라 불렀지만, 사실은 완전하지 않은 대략적인 합의안으로밖에는 볼 수 없었다. 줌 회의에 참여한 거의 모든 사람이 1, 3, 30 중 특정 부분에 대해서는 이견을 보였었기 때문이다.

그럼에도 불구하고, 이 계획은 돌파구를 찾았다. 발표 다음 날, 우리는 토니 파우치와 줌 회의를 가졌다. 2014년 에볼라 대응 당시, 백악관 상황실에서 토니와 자주 소통한 기억이 있었다. 당시 내가 느꼈던 것처럼 많은 미국인들도 코로나19 팬데믹이 발생했을 때 토니에게서 차분하고 안정적인 태도를 보았다. 토니는 이미 검사 역량의 확대를 요구한 록펠러 재단의 보고서를 읽은 상태였고 그 내용에 아주 큰 호감을 보였다. "나에게는 음악처럼 들리는 이야기"라고 그는 말했다. 그의 반응을 통해 당시 정부가 검사 문제를 해결할 준비가 되어 있지 않다는 사실이 분명하게 드러났다.

위기 상황에서 길을 찾기 위해서는 다양한 기여자들이 모일 수 있는 빅 텐트big tent*가 필요하다. 그들의 의견을 최대한 활용하려면, 갈등이나 대립을 두려워해서는 안 된다. 새로운 전문성을 받아들이는 과정은 다소 번거로울 수도 있지만, 그 가치는 충분히 크다. 목표는 서로 빠르게 소통하고 배우며, 우선순위에 대해 대략적인 합의를 이루고, 이를 최대한 활용할 수 있는 시스템을 구축할 사람들을 찾는 것이다. 거기서부터 앞으로 나갈 수 있는 발판이 마련된다.

빠르고 포용적이며 솔직한 방식으로

연합을 구축하는 것은 하룻밤 사이에 이루어지지 않는다. 단순한 연락망을 진정한 연합으로 바꾸는 것은 공통의 목적과 서로에 대한 충실함이며, 이는 신뢰로 이어진다.

4월 초 어느 날 팬데믹이 본격화된 지 한 달도 되지 않아 나는 디트로이트 시장 마이크 더건Mike Duggan과의 통화에 응했다. 자동차 도시인 디트로이트 근처에서 자란 나는 그 지역 사회와 관계를 계속 유지하며, 게이츠 재단, USAID, 그리고 록펠러 재단에서 일하는 중에도 시간이 날 때마다 미시간으로 돌아가 관계를 공고히 하고 고향의 새로운 발전을 응원하곤 했다. 그러던 중 한 번은 2013년 시장 선거에서 당선된 마이크 더건을 만났고, 그 후로 서로 연락을 유지해 오고 있었다. 그와의 대화는 디트로이트 같은 지역 사회가 직면한 도전 과제를 깊이 이해할 수 있는 기회였다.

2020년 봄, 마이크 더건 시장은 바이러스가 개개인의 건강뿐만 아니라 지역 사회 전체에 미칠 위협에 대해 우려하고 있었다. 당시 그는 특히 지역의 안전 문제를 심히 우려했다. 556명의 경찰관이 모두 코로나19로 격리된

---

* 다양한 관점을 포용하고 서로 다른 배경, 이념, 또는 이해관계를 가진 사람들을 하나로 모으는 전략이나 접근 방식을 말한다. 이 책에서는 코로나19 대응을 위해 여러 분야의 전문가, 이해관계자, 또는 그룹을 하나로 모아 협력의 시너지를 창출하려는 접근 방식을 말한다.

상태였고, 그중에는 부경찰서장도 포함되어 있었다.[15] 비상 상황에서 경찰력이 없는 지역 사회가 어떤 끔찍한 결과를 불러올 수 있는지는 꼭 디트로이트 출신이 아니더라도 누구나 공감하는 바였다. 시장은 경찰관들이 안전하고 지속 가능한 방식으로 업무에 복귀할 방법을 찾고 있었다.

그 시기에 우리는 마이크 외에도 여러 지역에서 근무하는 공무원들의 이야기를 듣고 있었다. 과거 수십 년 동안, 록펠러 재단은 전 세계와 미국 전역의 도시 및 지역 사회에서 레질리언스 오피서resilience officer를 고용하도록 지원해 왔다. 이들은 보건, 환경 보호, 인프라 향상을 목표로 활동하는 전문가들이었다. 팬데믹이 시작되자, 여러 도시의 시장들은 종종 이들에게 도움을 받아 위기에 대응했다. 실제로 코로나19에 대한 초기 경고 중 하나도 록펠러 재단이 중국에서 지원했던 레질리언스 오피서들에게서 나왔다.

나는 또한 USAID의 전직 수석 고문인 앤드류 스위트Andrew Sweet에게 현재 하는 일을 멈추고 록펠러 재단의 초기 코로나19 대응 노력에 합류해 달라고 요청했다. 앤드류는 사람들을 모으는 데 탁월한 능력을 가진 인물이었다. 그는 누구와도 깊은 관계를 형성할 수 있을 뿐만 아니라 그 관계를 기반으로 사람들끼리 관계를 맺도록 연결시키는 능력이 있는, 타고난 조정자였다. 록펠러 재단에서 그는 들어오는 모든 요청을 처리하고 직접 전화를 돌리기 시작했다. 몇 주 만에 우리는 미국 전역의, 소속 정당을 불문하고 점점 많은 수의 시장, 주지사, 그리고 여러 공무원들과 대화를 나누기 시작했다.

결국 앤드류는 이 공무원들을 단순히 록펠러 재단과 연결하는 것 이상으로, 그들끼리 서로 연결시켜 테스팅 솔루션 그룹Testing Solutions Group이라는 이름의 줌 회의로 모이게 했다. 비록 이 회의들이 즉흥적으로 이루어지긴 했지만, 이는 봉쇄에서 벗어나기 위해 실질적인 해결책을 모색하는 사람들 간의 폭넓은 연합의 시작이었다. 회의를 관리하는 일은 쉽지 않았다. 이 포럼은 규모가 크고 다양한 사람들이 참여했으며, 이들의 관심과 참여를 유지하는 것이 중요했다. 결과적으로 앤드류와 팀의 노력 덕분에 이 회의는 100명 이상의 공무원들이 실질적이고 효과적인 전략을 공유하는 장이 되었다. 위기를 해결하고 지원이 필요한 사람들을 돕기 위해 무엇이 효과적이고 무엇이 효과적이지 않은지에 관한 폭넓은 나눔이 이루어졌다.

우리는 또한 궁극적으로 연방정부가 어떤 방식으로든 이 연합에 참여해야 한다는 점을 알고 있었다. 그러나 트럼프 대통령이 검사에 반대하는 입장을 공개적으로 표명하며, 공식적인 확진자 수가 증가하는 것을 원치 않는다고 말한 상황이라, 미국 정부 관계자들과의 대화가 항상 순탄치는 않았다.[16] 우리는 더 이상 나아갈 수 없는 막다른 길에 처하거나, 사실을 받아들이려 하지 않는 사람들을 만나기도 했다.

다행히, 파우치가 우리를 브렛 지루아르 제독Admiral Brett Giroir과 연결해 주었다. 그는 진중한 성격의 소아과 전문의로, 미 보건복지부HHS 산하 보건 차관보Assistant Secretary for Health에 임명되어 코로나19 대응을 이끌 임무를 맡은 인물이었다. 당시 미국 정부가 검사 문제에서 주도권을 되찾도록 고군분투하던 가운데, 우리는 브렛과의 연결이 매우 다행스러웠다. 마침내 그는 HHS가 애보트 래보라토리Abbott Laboratories*로부터 1억 5,000만 개의 항원 검사 키트를 구매할 것이라고 발표했다.[17]

물론, 우리가 항상 의견이 일치한 것은 아니었다. 코로나19 검사에 대한 보고서가 공개되면서 미디어로부터 왜 검사가 봉쇄를 끝내는 데 중요한지, 그리고 왜 실행되지 않고 있는지에 관해 설명해달라는 요청을 많이 받았다. 우리는 언론과 소셜 미디어를 통해 미국 정부가 충분한 조치를 취하지 않고 있다는 점을 솔직히 밝혔다. 또한, 연방정부가 추가적인 검사 키트를 구매해야 한다고 공개적으로 주장했으며, 이를 위해 국방물자생산법Defense Production Act**과 같은 특별한 전시 권한의 사용까지도 고

---

* 　미국의 다국적 의료기기 및 헬스케어 기업을 말한다.
** 　전쟁 및 정치 경제적인 국가 비상사태 시 대통령 직권으로 정부가 특정 물품의 생산을 확대, 관리할 수 있게 한 미국의 법을 말한다.

려해야 한다고 강조했다. 더불어, 정부와 보험사들이 검사 비용을 부담해야 한다고 강력하게 요구했다.[18]

이후 나는 또 다른 기고문에서 공동 저자와 함께 CDC가 프로토콜을 변경해 항원 검사를 더 약화시켰다는 의견을 냈다. 뉴욕타임스가 이 기고문에 단 제목은 내가 생각한 것보다 훨씬 더 직설적이었다. "결국 여기까지 왔다. CDC를 무시하라It Has Come to This: Ignore the C.D.C.."[19] 이 글이 게재된 다음 날, 브렛과의 또 한 번의 줌 회의가 예정되어 있었다. 그가 어떤 반응을 보일지 걱정이 된 나는 전날 밤 잠을 설쳤다. 코로나19 검사 작업을 지켜내기 위해 쓴 글이었지만, 제목이 우리의 중요한 협력자를 멀어지게 만들까봐 우려되었다. 브렛이 줌 회의에 들어왔을 때, 나는 바로 이 기고문 얘기를 했는데 그의 반응이 상당히 놀라웠다. 그가 말하길 기본적인 우리의 입장에 동의한다는 것이었다. 이후 CDC는 프로토콜에 대한 거센 저항을 받으며 이를 철회하였다.

이러한 유대감은 하루아침에 만들어지지 않는다. 단순한 연락망을 연합으로 전환시키는 것은 공동의 목표와 헌신적인 노력, 그리고 거기서 비롯되는 신뢰다. 계속되는 회의 속에서, 앤드류와 록펠러 팀은 모든 경험을 공유하며 그 신뢰를 구축했다. 우리는 또한 어떤 이들이 '급진적인 솔직함'이라고 표현한 소통 방식을 함께 일하는 모든 구성원에게 권장했고, 연방정부 및 다른 파트너들과의 대화에서도 이런 태도를 견지했다.

위기 상황 속에서 방향을 모색하고 결단을 이루려면, 때때로 광범위한 연합을 새롭게 구축해야 한다. 이를 위해서는 사람들에게 다가가야 하며, 때로는 다소 긴장감이 있을지라도 빠르고 포용적이며 솔직한 방식으로 소통해야 한다. 이는 종종, 권력을 가진 이들에게 불편한 진실을 전달하는 것을 뜻하기도 한다.

위험을 감수하기 위한 절차

9월 9일 나는 집에서 차를 몰고 메릴랜드 스파크스Sparks, Maryland로 향했다. 볼티모어Baltimore 근교에 위치한 이곳에는 벡톤 디킨슨 회사Becton, Dickinson & Co. 소유의 제약 공장이 있었다. 방대한 미국의 의료 산업 규모로 볼 때는 작은 공장이었지만, 나는 거기서 중대한 발표를 할 예정이었다. 회사는 15분 내 결과를 알 수 있는 코로나19 검사의 연방 승인을 막 받아낸 상태였다.[20] 나는 아랫면에 굵은 오렌지색 줄무늬가 박힌 검사 키트 박스들이 쌓여있는 것을 배경으로 메릴랜드 주지사인 래리 호건 Larry Hogan과 함께 했다. 그는 메릴랜드 주정부가 750만 달러 상당의 검사 키트를 구매해 요양 보호사 및 기타 필수 근로자들을 보호하겠다고 발표했다.[21] 이 발표에 이르기까지의 여정은 그날 운전한 약 60마일의 이동 거리보다 훨씬 길고, 위험하며, 고된 과정이었다.

1-3-30 전략이 전국적인 헤드라인을 장식한 후에도, 기업들은 여전히 필요한 규모만큼 생산하는 것을 주저하고 있었다. 우리가 GAVI의 백신 작업을 통해 배운 것처럼, 기업들은 수요가 보장되지 않으면 투자와 생산 확대를 꺼리는 경향이 있었다.[22] 기업들은 일관성 있게 많은 주문이 이루어지는 경우에만 대량 생산을 시작하려 했다. 그러기 위해서는 CDC가 검사 프로토콜을 수립하고, 기관들이 검사를 의무화하며, 보험 회사들이 비용을 환급하는 것에 동의해야 했다. 경영진들에게는 이러한 조치가 투자를 결정하는 데 필요한 신호였다. 우리는 이 목표에 맞게 시장을 변화시키기 위해 여러 가지 조치를 취했는데, 그중 많은 단계에는 위험이 따랐다.

마라 아스피널과 우리 그룹의 다른 구성원들은 시약부터 검사 설계까지의 모든 과정을 전문가 수준으로 파악하게 되었고, 몇 주 동안 회사 경영진들을 쫓아다니며 가능한 것들을 알아보고자 심층적인 질문을 던졌다. 이는 우리 팀이 시약, 공급망, 검사 설계에 대해 제조회사가 알고 있는 것만큼, 혹은 그보다 더 잘 안다는 의미였다. 당시는 CDC가 공식적인 검사 프로토콜을 발표하지 않은 상태였기 때문에, 보험사들이 검사 비용을 환급해 주기를 기대하기는 어려운 상황이었다. 이에 우리는 미국 식품의약국FDA 전 위원장인 마크 맥클레런과 그의 듀크 대학 연구팀에게 도움을 요청했다. 그들은 연방정부로 인한 공백을 메우기 위해 CDC가 보통 개발하는 프로토콜과 유사한 프로토콜을 개발하기 시작했다.[23]

우리는 또한 전국의 공무원들과 접촉하거나 그들로부터 연락을 받았다. 여기에는 당시 전국 주지사 협회National Governors Association 회장이었던 래리 호건 메릴랜드 주지사를 비롯하여 J. B. 프리츠커Pritzker 일리노이Illinois 주지사, 아사 허친슨Asa Hutchinson 아칸소Arkansas 주지사가 포함되어 있었다. 호건은 주정부들이 의견을 모아 같이 검사 키트를 구매하는 방안에 관심을 보였다. 당시 이용 가능한 검사 키트는 상대적으로 적었고 가격이 비쌌기 때문에 여러 주 사이에 경쟁이 벌어지고 있었다. 보건복지부의 주문과 워싱턴의 빠른 자금 투입에도 불구하고, 연방정부의 구매력은 시장을 활성화하기엔 충분하지 않았다. 호건과 우리 팀은 여러 주가 협력하여 충분한 양의 검사 키트를 구매한다면, 생산자들에게 실질적이고 지속 가능한 시장을 창출해줄 수 있을 것이라고 판단했다.

이러한 논의는 빠르게 역동적인 임시 연합체로 발전했으며, 이는 주 및 준주 검사 연합State and Territory Alliance for Testing, STAT으로 알려지게 되었다. 처음에는 6개 주로 시작해, 이후 10개, 그리고 결국 모든 주state와 준주territory가 STAT에 합류했다.* 연합의 기본 이론은 구매력을 결집시키는 것이었다. 메릴랜드가 25만 개의 검사를 추가로 주문하고, 캘리포니아가 100만 개를, 뉴욕이 75만 개를 원한다고 해도 개별 주문은 상대적으로 작은 규모였다. 하지만 STAT를 통해 주문을 통합하면, 생산자들에게 더

---

*   준주territory는 연방제 국가에서 주로 승격시키지 않은 지역으로 독립적인 주 정부가 아닌 연방정부의 감독하에 관리된다. 푸에르토리코, 괌, 북마리아나 제도, 미국령 사모아, 미국령 버진아일랜드 등이 이에 해당한다.

크고 명확한 신호를 보낼 수 있었다. 결국, 이 연합은 600만 개의 검사 키트를 주문했다.[24]

그러나 다시 이것만으로는 충분하지 않게 되자 나는 거의 절망적인 심정으로 손을 들어 올릴 수밖에 없었다. 우리 그룹의 초기 멤버였던 마이크 펠리니는 자신의 진단 회사를 설립하고 이후 매각해 본 경험이 있는 인물로, 당시에도 해당 업계의 경영진들과 꾸준히 연락을 주고받고 있었다. 어느 날, 마이크가 나에게 전화를 걸어 STAT의 주문량으로도 충분하지 않아 제조사들이 더 큰 약속을 원하고 있다고 설명했다. 그러면서 록펠러 재단이 최소한 1억 달러의 주문을 보장해 줄 의향이 있는지 물었다.

당시 록펠러 재단은 자문과 보조금 지급 면에서 훨씬 더 실무적으로 움직이고 있었으며, 몇 달 전만 해도 믿기 힘들 만큼 빠르게 대처하고 있었다. 하지만 아직까지 본격적으로 큰 위험을 감수한 적은 없었다. 그렇지만 중요한 요소들은 이미 준비되어 있었다. 몇 달 전, 이사회와 함께 방향을 전환하고, 법률, 재무, 회계 부서를 재조정한 상황이었기 때문에, 우리는 추가적인 위험을 감당할 준비가 되어 있었다.

물론, 우리가 모든 것을 완벽하게 해낸 것은 아니었다. 그 불확실한 시기 동안, 우리가 내린 어떤 결정들은 비효율적인 것으로 드러났다. 예를 들어, 한때 우리는 샘플을 모아 누가 양성인지 확인하는 배치 검사 batch testing를 도입하는 방안을 검토한 적이 있었다. 완벽하지는 않아도 신속한 데이터를 제공하려는 아이디어였지만, 얼마 안 가 실용적이지 않다는 결론에 이르렀다.[25]

그럼에도 불구하고, 그때까지 재단이 해온 모든 노력은 마이크에게 록펠러 재단이 주문을 뒷받침하겠다고 말할 수 있는 자신감을 나에게 심어주었다. 평소 같았다면 결코 하지 않았을 단독 결정이었다. 그에 따른 우리의 재정적 부담을 급하게 머릿속으로 계산해 보는데, 거의 20년 전 GAVI에서 가장 위태로웠던 시기에 그랬던 것처럼 긴장감으로 목이 꽉 막히는 느낌이 들었다. 하지만, 나는 이 방법이 유일한 해결책이라고 생각했다. 록펠러 재단의 혁신 금융팀Innovative Finance Team 소속인 마이크 멀둔Mike Muldoon이 우리의 기금을 활용하여 최대 3,000만 달러까지 재정 보증을 마련하는 데 도움을 주었다. 이를 통해 STAT는 즉시 검사 키트 주문을 시작할 수 있었으며, 필요한 경우 추가적인 지원을 제공할 계획이었다.[26]

9월이 되어 내가 래리 호건 주지사와 함께 벡톤 디킨슨 회사에 들어섰을 때, 우리가 취한 다양한 조치들이 기업들의 대량 생산을 유도하는 데 충분한 역할을 했다는 걸 알 수 있었다. 행사에서 호건 주지사는 메릴랜드가 협약의 일환으로 25만 개의 검사 키트를 구매해 요양원과 교도소 및 주 전역의 소외된 커뮤니티에 배포하고 있다고 발표했다.[27]

전환에는 결국 일정 수준의 위험 감수가 필요하다. 미국의 신속 항원 검사 시장을 형성하는 과정에서 재단이 중심 역할을 수행하는 것은 복잡한 일이었으며, 이는 재단이 더 시급하고, 더 큰 규모의 재정적 위험을 감수할 것을 요구했다. 이러한 작업이 가능했던 유일한 이유는 우리가 이사회 및 조직 내에서 지나치다 싶을 정도로 충분히 소통했기 때문이었다. 그 결과, 우리가 미국이 광범위하고 보편적인 검사 접근성을 확보하도록 하는 데 결심한 이상, 이사회는 이를 실현하기 위해 할 수 있는 모든 것을 다해야 한다는 우리의 기본 아이디어를 지지했다.

위기 상황에 맞서, 때로는 이런 위험을 감수해야 할 때도 있다. 그럴 때 좀 더 편안함을 느낄 수 있는 한 가지 방법은 위험을 감수하기 위한 절차를 사전에 정립해 놓는 것이다. 이를 통해 빠르게 무거운 결정을 내려야 할 때 조직이 필요한 속도와 규모를 확보할 수 있다. 결국 이것은 조직 내 모든 수준에서 종종 과도할 만큼 활발히 소통하는 것이 핵심이다.

집단적 사고에서 벗어나기

볼티모어를 방문하고 얼마 지나지 않아, 나는 아이들의 학교 일로 줌 회의에 참여했다. 팬데믹 기간에 많은 부모들이 그랬듯 우리 부부는 세 아이 사잔, 암나, 그리고 자이살을 위한 온라인상의 '가상 학교' 활동에 더 깊이 관여하게 되었다. 시밤은 자신의 새로운 사업을 위한 투자자를 찾는 와중에도 아이들의 수학 과제를 도와주고 있었다. 그런 우리는 특별한 사례가 아니었으며, 솔직히 말해 다른 가족들보다 더 나은 환경이었다. 우리집 아이들에겐 공부할 공간, 연결할 컴퓨터, 그리고 안정적으로 작동하는 와이파이가 있었다.

전염병 관련 경험이 있는 만큼, 나는 학교의 비공식 과학 자문위원회에 참여해 달라는 요청을 받기도 했다. 몇 주에 한 번씩 모이는 이 그룹은 최신 확진자 수와 방역 지침을 고려해 학교 정책을 어떻게 조정해야 할지 의논했다. 이러한 회의는 우리 시대의 교육과 팬데믹에 대한 미국 사회의 변화하는 사고방식을 엿볼 수 있는 흥미로운 기회인 동시에 가끔은 답답한 경험이기도 했다. 2020년 가을이 되자 자문위원회에서는 대면 수업으로의 복귀, 마스크 착용 의무화 여부, 그리고 학생 및 교직원의 검사 빈도와 같은 문제를 의논했다.

이 자문위원회에서 다룬 질문들은 학교 이사회 회의, 각 가정의 저녁 식탁, 그리고 그해 가을 정치 캠페인에서도 전국적으로 뜨거운 논쟁을 불러일으킨 주제들이었다. 나는 트럼프 대통령의 부정확하고 때로는 위험한 메시지에 큰 좌절감을 느꼈지만, 동시에 특정 인구층, 특히 나의 또래 집단인 상대적으로 교육 수준이 높고, 부유하며, 진보적인 미국인들 사이에서도 봉쇄 조치에 대한 광범위한 지지가 형성된 것에 실망했다. 학교와 사무실, 지역 사회를 장기간 폐쇄함으로써 초래되는 장기적인 부작용에도 불구하고, 많은 이들, 소위 블루스테이트blue states*라고 불리는 주와 지역 사회에 거주하는 민주당 지지자 다수가 이러한 엄격한 봉쇄 정책이 필수적이라고 믿고 있었다. 그래서 학교와 같은 기관을 활용해 이를 강행하려 하면서 이 결정이 학생들, 특히 유색인종 지역의 학생들에게 미치는

---

* 미국에서 민주당 지지 비율이 높은 주를 민주당의 상징색인 파란색으로 표현한 것이다.

피해는 충분히 고려하지 않았다.

팬데믹이 몇 달째 계속되면서, 나는 봉쇄 조치가 가져올 장기적 영향에 대해 점점 더 분노를 느끼게 되었다. 팬데믹과 관련된 여러 줌 회의에서 지역 공무원들은 지속되는 봉쇄 정책이 아이들, 특히 저소득층과 소수인종의 아이들에게 미치고 있는 파괴적인 영향력에 대해 이야기했다. 대도시 지역의 대형 학군 내 학교들이 다시 문을 열지 못하면서, 취약계층의 아이들은 점점 더 뒤처지고 있었다. 예를 들어, 볼티모어에서는 학생들의 연간 학업 성취도 점수가 20년 만에 가장 큰 하락폭으로 나타났다. 3학년에서 5학년 학생들 중 단 9퍼센트만이 영어 점수 기준치에 도달했으며, 수학에서는 단 7퍼센트에 불과했다.[28] 한 회의에서 플로리다 브로워드 카운티Broward County, Florida의 고위 관료는 전체 학생들 가운데 상당수가 온라인 수업에서 아예 사라졌다고 말했다. 그는 이렇게 표현했다. "없어졌어요, 다시는 돌아오지 않죠." 나는 이 말이 머릿속에서 지워지지 않았다.

우리는 봉쇄 조치를 당연시하는 분위기를 깨고, 학생들을 돌아오게 만들기 위한 방안을 찾아나섰다. 데이터와 면밀한 검증을 기반으로 코로나19 검사의 효과를 명확히 보여줌으로써 사람들이 안전하게 사업체, 직장, 그리고 가장 중요한 학교로 복귀할 수 있도록 돕는 것이 목표였다. 우리는 콜로라도에서 이미 효과를 보이고 있는 사례를 연구 중이었는데, 그곳에서는 일부 학교가 검사를 통해 학생들을 다시 학교로 복귀시키고 있었다. 또한, 유럽을 포함한 해외에서도 성과가 있는 유사한 프로그램이 있는지 살펴보았다.

테스팅 솔루션 그룹을 통해, 앤드류와 그의 팀은 미국 내 6개 지역의 학교에서 시범 사업을 실행하기 위한 계획을 마련했다. 여기에는 로드아일랜드 센트럴 폴스Central Falls, Rhode Island, 캘리포니아 로스앤젤레스Los Angeles, California, 루이지애나 뉴올리언스New Orleans, Louisiana, 오클라호마 털사Tulsa, Oklahoma, 그리고 워싱턴 D.C.가 포함되었다.[29] 검사 키트가 부족한 상황이라 시범 사업은 빠르게 진행되어야 했다. 한 시점에서, 브렛을 비롯한 다른 관계자들이 이 사업을 위해 14만 개의 검사 키트를 제공했다. 이에 우리는 대상 학교들에 연락하여 주소를 확인했고, 미 국방부가 각 시범 학교에 수만 개의 검사 키트를 긴급 배송할 수 있도록 지원했다.[30]

파일럿 프로젝트에서 수집된 데이터는 외부 전문가들에 의해 철저한 분석을 거친 뒤, 이에 기반한 권장 프로토콜이 개발되어 보급되었다. 우리는 교육 분야 이해관계자들의 폭넓은 네트워크를 통해 협력했는데 이들 중 다수는 20여 년간 교육 분야에서 일하며 훌륭한 네트워크를 구축한 시밤의 추천으로 알게 된 이들이었다. 과학자, 의사, 교사, 노조 대표, 행정가, 그리고 경제학자로 구성된 이 그룹은 아이들을 다시 학교로 돌려보낼 수 있는 검사 활용 방안을 마련하기 위해 수많은 시간을 줌 회의에서 논의하며 보냈다.

그들과의 대화는 때로 종종 매우 어렵기도 했다. 한 번은 중학교 과학 교사이자 노동조합 관계자인 한 사람이, 우리 쪽 전문가들이 학교를 다시 열기 위해 검사를 권장할 만큼 충분히 연구를 이해하지 못한다고 말했다. 개인적인 감정이 강하게 들어간 발언이었다. 많은 교사들은 자신의 개인적인 상황에 따라, 충분한 자원과 안전한 프로토콜이 제대로 마련되지 않은 상태에서 20~30명의 학생들과 함께하는 교실로 돌아가는 것을 두려워했다. 쉽게 말해 자신들이 안전하리라는 믿음이 없었다.

서서히 파일럿 프로젝트의 데이터와 학생들의 학업 성취도 시험 점수는 망설이던 이들 중 일부를 설득해 무언가 다른 방법을 시도해야 한다는 인식을 갖게 했다. 또한 우리는 사람들이 대화에 모두 참여할 수 있게 함으로써, 권장 사항이 얼마나 신중하게 만들어졌는지 알리며 신뢰를 얻어나갔다. 그렇게 우리는 학교를 더 안전하게 만들기 위한 지침을 개발하기 위해 노력했다. 그리고 백신의 도입은 이러한 우리의 노력에 동력을 실어주었고, 특히 교사 노조와의 협력에서 중요한 전환점이 되었다. 1-3-30 계획과 마찬가지로, 사람들이 이러한 조치에 우호적이지는 않았다. 그래도 미국교사연맹American Federation of Teachers의 리더인 랜디 와인가튼Randi Weingarten조차 더 많은 학교를 다시 열기 위해 우리와 긴밀히 협력했다.[31]

이러한 작업을 수행하기 위해 우리는 기존의 통념과 사고방식을 쉽게 받아들이지 않도록 저항해야 했다. 이것은 항상 편안한 과정은 아니었다. 반대 의견을 가진 사람들 중에는 아이들 학교의 친구들, 록펠러 재단의 동료들, 그리고 보다 넓은 네트워크에 속한 사람들도 포함되어 있었다. 많은 이들이 봉쇄 조치를 너무 빨리 해제하는 것이 아니냐는 우려를 나타냈고, 심지어는 학교 재개를 옹호하는 것이 과학이나 책임감 있는 공중 보건 대응 자체를 부정하는 사람들과 같은 입장으로 보일 수 있다고 걱정했다.

언젠가 집단적 사고를 단순히 피하는 것뿐 아니라, 그것을 벗어나기 위한 시도를 해야 할 때가 올지도 모른다. 갈등이 심하고 스트레스가 많은 위기 상황에서 이것은 결코 쉬운 일이 아니다. 우리는 양측의 의심과 회의론을 다 받아들이지는 않으면서도 잘 듣는 것이 얼마나 중요한지 배웠다. 또한 데이터, 사례, 그리고 증언을 통해 체계적으로 반대편의 주장에 대한 반박 논리를 세워나가는 것의 중요성도 깨달았다. 물론 우리가 모두를 설득하는 데 성공한 건 아니었다. 그러나 같이 나아갈 방향을 설정하기에 충분히 많은 사람들을 설득하는 것만으로도 괜찮다.

또 다른 방법

2021년 3월 16일 디제잉 입문서를 손에서 내려놓은 지 1년이 조금 지난 시점이었지만, 팬데믹은 여전히 끝날 기미가 보이지 않았다. 그럼에도 성인용 백신이 보급되면서 사람들은 희망을 가져야 할 이유가 생겼다. 팬데믹 초기, 검사가 대응에 필수적이라는 핵심 집단의 믿음이 이어져, 1년 후에는 더 많은 사람들이 백신 접종을 보완하거나 당시 백신 접종이 어려웠던 사람들을 보호하기 위한 수단으로 코로나19 검사를 찾기 시작했다.

다행히도 그즈음에는 검사 키트를 구하기가 점점 더 쉬워졌다. 그 화요일 오후, 백악관 보좌관이 앤드류에게 이메일을 보내 조 바이든 대통령(당시 취임한 지 두 달도 채 되지 않은 상태)이 다음 날 학교의 대면 수업 복귀를 위한 대규모 검사 시행에 100억 달러를 할당하는 대대적인 계획을 발표할 예정이라고 알렸다.[32] 우리 팀은 2020년 11월 대선 이후, 바이든 인수위를 대상으로 그간의 검사 시행 작업에 대해 브리핑하는 것을 도왔다. 그리고 이제 미국 정부가 마침내 코로나19 검사를 위해 전폭적인 힘을 쏟으려는 참이었다.

이 발표는 1년이 채 안 되는 시간 동안 정부, 국가, 시장, 그리고 코로나19 검사에 대한 미국인들의 인식까지도 얼마나 많이 변했는지 보여주는 추가적인 증거였다. 검사 키트를 구할 수 없던 1년 전과 달리, 이제 미국은 매달 약 4,000만 건의 검사를 시행하고 있었다.[33] 검사 키트는 온라인으로 주문하거나 약국에서 구입할 수 있었다. 뉴욕에서는 거리를 걷다가도 곳곳에서 무료 검사가 가능한 코로나19 진료소를 쉽게 찾을 수 있었다. 심지어 록펠러 재단은 취약 가정에 무료 자가 진단 키트를 제공하기 위해 여러 주와 협력하고 있었다. 이것은 하나의 해결책이었다. 사람들이 일터, 가족 모임, 학교 등으로 돌아가기 위해 필요한 검사를 어디서든 받을 수 있게 된 것이었다.

코로나19의 끔찍한 영향은 과소평가 될 수 없다. 팬데믹 발생 시 가장 잘 대비된 국가로 평가받았던 미국은 다른 많은 선진국보다 더 높은 사망률을 기록했다.[34] 미국에서는 100만 명 이상이 목숨을 잃었다. 계속된 봉쇄 조치는 불평등을 심화시켰고, 한 세대 전체 아이들의 교육이 약화되었으며, 많은 학생이 아예 학교 교육에서 이탈하고 말았다. 정신 건강에 미친 영향은 측정이 불가능할 만큼 엄청났다. 사람들은 일자리를 잃었고, 그중 일부는 노동 시장으로 영영 돌아오지 못했다. 특히 이러한 건강, 교육, 복지에 대한 영향은 소수자 커뮤니티minority communities에서 훨씬 더 심각했다. 그리고 이런 상황은 상당 부분 지도자들이 제 역할을 하지 못했기 때문에 발생했다.

그러나 많은 사람들이 미국이 코로나19에 대해 과연 제대로 된 대응을 할 수 있는지 의문을 품던 시기에 검사 체계의 변화는 가능성을 보여주었다. 특히, 이는 미국 정부의 전폭적인 참여가 있기 전에 시작된 일이었다. 미국에서 생산된 모든 코로나19 항원 검사는 미국 전역에서 사람들이 팀을 만들어 함께 머리를 맞대고 줄곧 이어온 온라인 계획 수립 회의, 연합체 구매 전략 그리고 연방정부와의 옹호 활동에 참여하는 수고와 노력에서 기인한 것이었다. 그렇게 시작된 검사는 봉쇄로 인한 피해를 완전히 해결하지는 못했지만, 일부라도 완화할 수 있었다. 덕분에 기업이 다시 문을 열고, 사람들이 직장에 복귀했으며, 아이들은 학교로 돌아갈 수 있었다.

코로나19 검사 외에도, 팬데믹 위기의 징조에 대응해 나가는 록펠러 재단의 노력은 의미 있었다. 연방 정부가 취약계층 가정에 현금 지급 및 세제 지원 조치를 취한 것은 우리 재단을 비롯한 여러 선구적인 단체들이 이러한 방법으로 아동 빈곤을 실질적으로 줄일 수 있다고 적극 주장했기 때문이었다.[35] 학교가 문을 닫았던 기간 동안, 다양한 프로그램은 가장 필요한 순간에 수천만 가정의 아이들에게 음식을 제공해 주었다.[36] 또한 소수민족 공동체가 검사와 백신에 공평하게 접근할 수 있도록 특별한 협력 체계도 마련했다.

내내 빅벳의 연속이었던 내 경력에서도 코로나19 대응을 위한 록펠러 재단의 방향 전환은 특별했다. 초기 회의에 참여했던 대부분의 사람들에게 코로나19 검사를 확대시킨 작업은 우리 삶에서 가장 의미 있는 일 중 하나가 되었다. 이 모든 경험은 위기가 기존 관행을 개편하고 새로운 변화를 촉진하는 데 얼마나 중요한 역할을 할 수 있는지 다시금 상기시켜 주었다. 초기 몇 달간의 충격은 록펠러 재단에 새로운 긴박감을 불어넣었고, 그 결과 재단은 가장 영향력 있는 한 해를 보냈으며, 앞으로의 더 큰 도전을 준비할 수 있었다.

결정적인 순간에 대응하는 것은 내 경력 동안 배운 거의 모든 것을 필요로 했다. 우리는 단순한 질문을 던지고 거기에 답했다. 먼저 움직여 코로나19 검사에 뛰어들었다. 관심 있는 모든 이에게 협력의 문을 열었다. 문제를 나의 일로 받아들이며 우리 자신만큼이나 두려움을 안고 있던 사람들과 연결되었다. 우리가 함께하고 있는 사람이 누구인지 기억했다. 그리고 필요하다면 통제를 내려놓았다.

하지만 우리는 새로운 방식으로 새로운 파트너들과 함께 새로운 시도를 해야 했다. 보통 록펠러 재단은 사회문제나 잠재적인 해결방안을 향한 이목을 집중시키기 위해 보고서를 작성하거나, 솔루션 개발을 위한 보조금을 지급하되, 정치에는 거리를 두어 철저히 비당파적인 입장을 유지하려고 애써왔다. 그러나 검사 장비 생산을 활성화하려면 이러한 우리의 관행을 과감히 벗어나야 했다. 결국, 우리는 단순히 연방 정부의 역할 일부를 보충하는 데 그치지 않고, 정부의 역할에 대해 공개적으로 질문했다. 이는 위험한 접근이었지만, 우리가 하고자 하는 일의 범위를 바꾸지 않았다면 시장은 결코 큰 규모로 반응하지 않았을 것이다.

결론적으로, 검사 작업은 코로나19와 같은 신사회적 문제에 대응하는 또 다른 방법이었음을 증명했다. 초기에는 록펠러 팀과 줌 회의에 참여한 이들 중 다수가 정부나 기업이 검사 문제를 해결할 것으로 기대했다. 그러나 이번 경우 국가가 혼란에 빠지고 미국 가정들이 고통받는 동안, 공공 부문과 민간 부문 중 어느 쪽도 단독으로 과제를 해결할 준비가 되어 있지 않았다. 코로나19 위기에 대한 우리의 대응은 또 한 번 빅벳이 어떻게 새로운 사고를 이끌어 낼 수 있는지 보여주었으며, 큰 문제를 해결하고 정부와 민간 부문 사이의 공백을 메우기 위해서는 예상 밖의 파트너십이 필요하다는 사실도 확인시켜 주었다.

방향을 전환하는 법

이 혼란스러운 시대에 변화를 이루고 싶다면 방향 전환이 필요하다. 민첩함만이 위험을 뚫고 앞서 나가며, 영향력을 펼칠 기회를 얻을 유일한 방법이다.

지금 내가 채용할 때 찾는 사람은 순간의 요구에 부응할 준비가 되어 있는, 창의적이며 열정적이고 변화를 만들어 내고자 하는 열망만큼 배우고자 하는 의지도 강한 사람들이다. 하지만 가장 원하는 인재상은 바로 현시대의 도전 과제를 직면하기 위해 필요한 일을 마다하지 않는 사람들이다. 오늘날의 도전 과제는 복잡할 뿐 아니라 유동적이어서 개인에게도 또 기관에게도 민첩함을 요구한다. 방향 전환을 하기 위해 필요한 것은 다음과 같다.

- ✓ 선택을 내린 다음 가장 결정적인 행동을 확인하라.
  중요한 변화를 만드는 전장으로 뛰어들 준비가 되어 있어야 한다.
- ✓ 최고의 인재를 모아라.
  서로 간의 대화는 자연스럽게 경쟁과 심지어 대립을 일으킬 수도 있다. 그러나 이는 긍정적인 결과를 낳기도 한다. 완벽하지 않고 거친 합의라도 아예 없는 것보다는 낫다.
- ✓ 솔직함을 바탕으로 새로운 연합을 이루어라.
  오래된 친구를 설득하는 것은 쉽지만, 신뢰를 빠르게 쌓는 법도 알아야 한다. 그러기 위해서는 솔직한 소통이 유일한 방법이다.
- ✓ 필요하기 전에 미리 위험을 감수할 수 있는 절차를 마련하라.
  필요하다면 곧바로 위험을 감수할 수 있어야 한다.
- ✓ 집단적 사고를 벗어날 수 있도록 노력하라.
  특히 가까운 사람들의 가정이나 전제에 의문을 가질 수 있어야 한다.

맺음말

세상을 바꾸는 도전, 빅벳

인류의 역사를 대면하는 과정에서 우리는 가끔 우리 자신의 역사와도 마주하게 된다. 아동기 예방접종, 기아, 에너지 빈곤, 그리고 아이티 구호 활동 및 세계 보건 위기 지원에 대한 대담한 베팅을 감행했던 나는 곧 또 다른 종류의 빅벳에 직면했다. 이번에는 다른 누군가의 베팅이었다.

2017년 록펠러 재단의 회장으로서 처음 방문한 지역 중 하나가 뉴올리언스였다. 회장직을 맡은 지 10주밖에 안 된 때라 대단한 목적으로 방문한 건 아니었다. 허리케인 카트리나Katrina가 휩쓸고 지나간 지 십 년이 조금 지난 뉴올리언스에서 록펠러 재단이 펼쳐온 지원사업을 보다 면밀히 살펴보려는 생각이었다. 첫날에는 습한 날씨 속에서 복지대상자들과 만남의 시간을 갖고 지역 사회의 여러 단체와 대화하며 낯선 동네를 서둘러 둘러보는 빡빡한 일정이 이어졌다.

늦은 저녁 식사 자리에는 2010년부터 뉴올리언스의 시장으로 재임 중이던 미치 란드리우Mitch Landrieu가 함께 했다. 미치는 루이지애나의 정치 명문가 출신이었다. 그의 아버지인 문 란드리우Moon Landrieu는 1970년대에 뉴올리언스 시장으로 일했고 그의 누이인 메리 란드리우Mary Landrieu는 미국 상원의원으로 세 번의 임기를 지낸 정치인이었다. 미치는 그 자체로 뉴올리언스의 상징과도 같은 인물이었다. 도시의 유명한 프렌치 쿼터French Quarter에 위치한 편안한 분위기의 케이준 레스토랑에서 나는 충실히 그의 조언에 따라 아몬드 슬라이스를 곁들인 생선요리를 주문했다.

내가 미치를 신뢰한 데에는 메뉴 선정에 있어서만은 아니었다. 미치는 하루 종일 내가 가는 곳곳마다 모습을 드러냈다. 카페, 공동주택단지, 식당 등에서 마주친 그는 특유의 느긋하고 부드러운 어조로 지역 주민들에게 나를 소개했고, 누굴 만나든 서로 이름을 부를 정도로 친했다. 미치는 주민들의 삶을 뒤흔들었던 총기사고, 살 집이 사라졌던 상황, 또 진학을 원했던 차터스쿨 등 뉴올리언스 지역 내 다양한 화제로 이야기했다. 시민들과 함께한 그에게서는 특별한 유대감을 지닌 리더로서의 모습이 드러났다. 다양한 부류의 협력자와 파트너, 지인들에 둘러싸인 미치는 재산과 인종이라는 벽으로 극심하게 분열된 도시를 하나로 화합시키는 헌신적인 지도자였다.

저녁을 먹으며 미치는 분열을 상징하는 한편 더욱 악화시키는 뉴올리언스 근처의 남부연합Confederacy 기념물들에 관해 설명했다. 남북전쟁Civil War 이후, 재건시대Reconstruction를 거치며 흑인들이 자신들의 입장과 권리를 세워나가기 위해 분투하는 동안 뉴올리언스와 그 근처 남부지역의 백인들은 그들의 패배한 대의명분을 앞세워 수백 개의 기념물들을 세웠다. 이 기념물들은 패장 로버트 리 장군General Robert E. Lee과 남부연합의 대통령이었던 제퍼슨 데이비스Jefferson Davis, 루이지애나 출신 장군인 보르가르P.G.T. Beauregard와 백인 주도의 대정부 반란을 기념하여 일부 백인 주민들에게는 소위 자신들의 영화로운 과거를 상징하는 것이었던 반면, 흑인이나 어두운 피부색의 주민들, 백인 이외의 뉴올리언스인들에게는 구시대의 잔해가 사라지지 않고 언제까지나 계속되리라는 사실을 상기시키는 존재였다. 나중에 미치가 말한 대로 "역사를 기억하는 것과 숭배하는 것 사이에는 분명한 차이가 있었다."[1]

당시 이런 시각은 상대적으로 새롭고 색다른 견해였다. 너무나 오랫동안 구시대적인 동상들은 움직일 수 없는 과거의 잔해로만 여겨졌다. 하지만 돌과 동으로 세운, 과거 남부연합을 향한 찬사가 실은 지역 사회에 해로운 영향을 미치고 있으며 그래서 철거해야 한다는 주장이 점차 많은 지지를 얻기 시작했다. 이 기념비들이 끼치는 해악을 인식하게 된 미치는 여러 해에 걸쳐 광범위한 지역 사회와의 연대를 통해 네 개의 동상 철거 작업을 추진했다. 회의를 거듭하고 청원을 이어 나가는 과정에서 뉴올리언스시의 유력한 사업가와 리더들을 포함시켰으며 예상치 못한 부류의 의견도 듣고 함께 논의에 참여시키며 지지를 얻어냈다.

논의의 모든 진행 단계마다 철벽같고 심지어 폭력적인 반대에 부딪혔다. 동상들의 존치를 주장하는 이들은 시위를 벌이고, 탄원서를 제출하고, 소송을 제기했다. 2015년 12월 시의회가 17만 5,000달러의 예산이 들 것으로 예상한 동상들의 철거를 승인했으나 반대 의견은 계속되었고 심지어 더 극렬해져 갔다. 어느 날 밤, 동상 철거 공사에 참여하기로 계약한 인물의 차가 폭파되는 사고까지 벌어졌다.[2] 차체의 골조만 겨우 남은 상태로 타버린 차량의 사진이 국제 뉴스로 전파를 탔다. 결국 차량 주인인 계약자는 철거 공사에서 빠졌고 안전과 보험 관련 문제들로 인해 공사비는 당초의 예산보다 훨씬 높아졌다.

모든 악재에도 불구하고 철거를 포기하지 않은 미치는 루이지애나주 외부에서 공사 담당자를 찾는 데 성공했다. 문제는 너무 치솟아버린 공사비였다. 계속 증가해 이미 예상치가 60만 달러를 넘긴 공사비를 도대체 누가 감당할 수 있었겠는가? 뉴올리언스시는 예비비로 책정된 예산이 없었고 연방정부 역시 도움을 주기 어려워 보였다. 풀뿌리 모금 방식은 시간이 너무 오래 걸릴 터였다. 하지만 아무도 일부 동상을 남겨두는 어중간한 협상안을 원하지는 않았다.

미치는 직설적으로 물어왔다. "록펠러 재단이 신속하게 나서서 자금을 대주실 수 있습니까?" 그에게는 기다릴 인내심도 별로 없어 보였다. "가능 여부를 내일 말씀해 주시겠습니까?"

이 제안은 록펠러 재단에게는 매우 이례적인 프로젝트였다. 그러나 미치의 절박함이 나를 움직이게 만들었고 동시에 그의 노고에 도움이 될 수 있다는 점이 고무적이었다. 미치와 그의 동료들은 문제를 완전히 해결하는 데 목적이 있었으므로 동상들에 대한 찬반 의견을 인정하는 표지판을 세운다든지 한두 개의 동상만을 철거하는 애매한 절충안으로 마무리하려는 생각은 전혀 없었다. 또한 그들은 문제 해결의 모든 과정을 착실히 밟아나갔다. 단순하고 명확하게 시작해 위험을 감수하며 뛰어들었고, 자기 일로 여기며 임했다. 그들에게 부족한 것은 오로지 돈이었다. 여러 사회적인 제약과 언제나 존재하는 극단주의자들의 충동적인 행동으로 인한 위험 요소를 적절히 통제하기 위해 필요한 비용 말이다. 단지 희망하는 데서 멈추는 덫에 걸리는 대신 그들은 도움을 요청해 왔다.

나는 미치의 요청을 받고 잠자리에 들기 전, 이 사안에 대해 몇 사람과 통화했다. 한결같은 반응은 신중하라는 것이었다. 처음 연락한 록펠러 재단의 동료는 전화기 너머로 한숨 쉬는 것이 느껴졌다. 그는 간단치 않은 문제라고 말했다. 너무 단기간 내 시행되어야 하고 특정한 문화적 상징물이 대상이라 재단이 진행 중인 기존 프로그램들과는 결이 다르다는 것이었다. 또 재단의 안전 문제에 위험을 초래할 수도 있었다. 다음으론 뉴올리언스를 잘 아는 몇몇을 포함해 복지재단과 자선단체 지도자들에게도 연락을 취했다. 결국 기본적으로 모두 같은 의견이었다. "라지브, 좀 천천히 고민해 봐요. 결정을 내리기에는 상황을 충분히 모르잖아요."

신중하라는 말을 너무 많이 듣고 나니 적어도 한 가지에 대해서만큼은 모두 옳다는 생각이 들었다. 이 사안에 관해 내가 충분히 알지 못한다는 것. 그래서 더 자세히 알아보기로 결심했다. 이른 아침 런닝화를 신고 호텔 로비로 내려가는 엘리베이터를 탔다. 호텔 직원에게 리 장군 동상으로 가는 법을 묻자 그는 나를 약간 이상하게 쳐다보며 길을 알려주었다.

리 서클Lee Circle을 찾는 것은 어렵지 않았다. 뉴올리언스에서는 보기 힘든 원형 교차로 중 하나인 그곳은 모든 종류의 교통수단이 통과하는 곳으로, 특히 뉴올리언스의 유명한 마르디그라Mardi Gras* 퍼레이드도 지나는 곳이었다. 하지만 그날 아침 그곳을 거의 독차지한 나는 땀을 흘리며 미국 역사의 기이한 한 장면 속에 서 있었다.

아니, 정확히 말하자면, 나와 로버트 E. 리 장군 둘뿐이었다. 달리기로 약간 숨이 찼던 나는 60피트 위에 우뚝 솟은 길이 16.5피트, 무게 7,500파운드의 청동으로 된 리 장군 동상을 올려다보았다. 장군은 뒤를 돌아보지 않고 있었다. 350파운드나 되는 그의 머리는 북쪽을 향해 단호히 고정되어 있었다. 전설적으로 전해져오는 이야기처럼, 그는 북부연합군Union을 감시하고 있었다.

리 장군의 동상이 드리운 그림자 속에 서서 나는 이 거대한 기념물이 얼마나 위압감을 주도록 의도되었는지 알 수 있었다. 하지만 그와 동시에 우리가 눈앞에 있는 것을 얼마나 쉽게 놓치고 있는지도 깨달았다. 나는 워싱턴 D.C.에 있는 우리 집에서 멀지 않은 리 하이웨이Lee Highway를 정기적으로 운전해 다니곤 했다. 어릴 적에는 듀크 오브 해저드The Dukes of Hazzard라는 프로그램을 무척 좋아했는데 정말 내 사랑이라 할만했다. 보와 루크가 그들의 자동차 제너럴 리General Lee를 타고 모험을 떠나는 이야기에 푹 빠져들었었다. 그 아침 나는 우리가 그런 이름들을 얼마나 아무 생각 없이 받아들이고 있었는지 깨달았다. 무지와 편안함, 그리고 오늘날의 분주한 삶 속에서 그것은 잘못된 상태를 묵인하여 현상을 유지시키는 것이었다.

전날 밤 전화 통화를 마치고 나는 어두운 호텔 방에서 휴대폰 화면의 빛에 의지해 급히 동상의 역사를 찾아 읽었다. 남북전쟁에서 리 장군과 남부 연합이 패배한 지 몇십 년 후, 동상을 건립한 사람들은 이를 명예와 기념이라는 애매한 말로 포장했다. 하지만 리 장군의 강렬한 시선은 진실

---

* 프랑스어로 '기름진 화요일'이라는 뜻으로, 그리스도교에서 금욕과 절제를 지키는 사순절이 시작되기 전 풍성한 음식과 함께 마음껏 먹고 즐기는 축제의 날이다. 프랑스의 영향을 많이 받은 뉴올리언스에서는 해마다 대대적인 퍼레이드가 펼쳐진다.

을 드러내고 있었다. 그것은 사실 과거를 기념하는 것이 아니었다. 리 장군은 뉴올리언스를 몇 번 지나갔을 뿐, 이 도시 역사에서 중요한 인물과는 거리가 멀었다. 이 동상은 미래에 관한 것이었다. 뉴올리언스가 여전히 흑인들을 억압했던 체제를 수호하려 했던 남자의 감시 아래 남아 있을 것임을 상징하는 청동 조각물이었다.

미국의 역사를 돌아보던 중 갑자기 나의 유년시절도 떠올랐다. 세인트 찰스 애비뉴Saint Charles Avenue에서 노란 스쿨버스가 큰 소리로 기어를 낮추며 지나갔다. 이른 시간이니 아마도 학생들을 태우러 가는 길일 것이다. 그 소리는 내 기억 속의 한 장면을 깨웠다. 펜실베이니아의 한 스쿨버스 정류장. 그곳은 열한 살이던 내가 매일 아침 학교 버스를 기다리던 곳이었다. 우리는 당시 필라델피아 외곽, 주민의 대부분이 백인들인 시골 지역에 살고 있었다. 아버지가 한동안 거기서 일하셨다.

특별할 것이 없는 평범한 날들이 대부분이었다. 나는 노란색 스쿨버스에 올라타는 유일한 갈색 피부의 아이였다. 하지만 가끔 우울한 날들도 있었다. 덩치 큰 위 학년 백인 아이들이 나를 노려보며 "기름$_{oil}$"이나 "깜X이$_{n****r}$"라 불렀고, 심지어 주먹질까지 하곤 했다. 그런 날이면 나는 분노와 수치심으로 가득 찬 채 집으로 돌아와, 심지어 어머니에게조차 무슨 일이 있었는지 말하지 않고 싶어 했다.

나는 다시 고개를 들어 그 동상을 바라보았다. 그리고 그 순간 깨달았다. 어떤 아이도, 더군다나 인종차별의 역사로부터 상처받아 온 유색인종 아이들은 로버트 E. 리 장군의 위압적인 동상 아래에서 살아가야 할 이유가 없다는 것을. 그 동상이 그 자리에 서 있다는 사실 자체가, 이 나라가 겪어온 아픈 과거를 모욕하는 일이며, 앞으로 더 나은 미래로 나아가는 데 방해가 된다고 느꼈다.

목을 빼고 마지막으로 한 번 더 동상을 올려다보며, 중요한 행동을 판단할 때 스스로 던지도록 했던 질문들을 되뇌었다. 이것은 명백한 해결책인가? 미치와 그의 동료들은 명백한 해결책을 추구하고 있었다. 나는 그들이 미미한 개선에서 끝나게 되는 이유가 되고 싶지 않았다. 잠재적인 해결책이 위험을 감수할 가치가 있는가? 다시 조깅해 호텔로 돌아가며 나는 '예'라고 답하기에 이미 충분히 많은 걸 알게 되었다고 느꼈다.

그날 오전 나는 미치에게 록펠러 재단이 그와 뉴올리언스의 미래에 투자하겠다고 전했다. 세부 사항들은 조율이 필요했지만, 동상을 철거하는 데 필요한 자금을 신속히 제공할 예정이었다. 다만 안전에 대한 위협 때문에 재단은 익명으로 기부하기로 합의했다. 미치는 안도하는 표정이었다. 그의 도전이 계속될 수 있게 되었다. 우리는 악수를 나누고 다음 행선지로 향했다.

나중에 공항으로 가는 차 안에서, 나는 창밖으로 스쳐 지나가는 동네와 주민들을 바라보았다. 보도에서 엄마를 앞질러 뛰어가는 두 명의 흑인 아이들, 정장을 입고 통화 중인 백인 남성, 흑인 경찰관 등 이 도시의 다양성이 파노라마처럼 펼쳐졌다. 나는 그 자체로 인종차별과 미국의 역사를 상징하는 이 동상들을 철거하는 것이 그들의 삶에 실질적인 변화를 가져올 수 있을지 궁금했다.

한 달 후, 개선에서 끝나게 되는 그 답을 알게 되었다. 25일간, 보호를 위해 마스크를 쓰고 심지어 방탄조끼를 입은 작업팀이 기념물을 철거했다. 리 장군의 동상은 창고로 옮겨졌고, 그가 한때 서 있던 자리의 이름은 하모니 서클Harmony Circle로 변경되었다. 그러나 이야기는 거기서 끝나지 않았다. 빅벳은 연쇄 반응을 불러일으킬 수 있다. 이 경우, 미치의 열망이 피워낸 불씨는 전국적인 불길로 이어졌고 하나의 국가적 운동을 만들어 냈다. 이어진 몇 주와 몇 달에 걸쳐, 지역 사회마다 자신들의 남부연합 기념물을 철거하기 시작했다. 과거의 부도덕한 대의를 150년 넘게 초월해 자리를 지켜온 것들이었다. 이에 대한 반발로, 백인 민족주의자들은 또 다른 리 동상을 지키기 위해 버지니아 샬로츠빌Charlottesville, Virginia에 횃불을 들고 모여들었다.[3] 동시에 '흑인의 생명도 소중하다Black Lives

Matter' 운동과 다른 인종의 권리를 위한 이니셔티브들 또한 더욱 탄력을 받았다. 뉴올리언스와 또 다른 곳에서, 나는 빅벳을 하는 사람들에게 베팅하는 것이 개인적인 일보다 더 보람 있고, 영향력 있으며, 만족감을 준다는 것을 배웠다.

미치의 빅벳이 뉴올리언스나 다른 지역의 인종차별 문제를 해결한 것은 아니었다. 아무도 그것을 기대하지는 않았다. 그것은 이 책에서 소개한 다른 빅벳처럼 기술적 돌파구나 갑작스러운 통찰에 기반한 것도 아니었다. 대신, 그것은 미국인들이 자신의 역사를 더 정직하고 공정한 관점에서 이해하도록 확장시켜 주었다. 그것은 오래되고 해로운 것을 새롭고 희망적인 것으로 대체하는 일이었다.

미치와 그의 동료들은 새로운 사고를 활용하고, 폭넓은 연합을 구축하며, 원하는 결과를 얻을 때까지 끈기 있게 매달렸다. 이러한 과정을 통해, 미치와 여러 뉴올리언스 지역 사회 지도자들은 젊은 뉴올리언스 주민들의 삶에 길고 어두운 그림자를 드리웠던 네 개의 동상 문제를 완전히 해결했고, 동시에 전국적인 성찰을 불러일으키는 데 기여했다.

미치의 이야기가 분명하게 보여주듯이, 빅벳은 그 규모가 작아 보여도 커다란 변화로 이어질 수 있다. 이번 프로젝트에서 나의 역할은 크지 않았다. 록펠러 재단은 작게나마 미치의 탁월한 리더십과 뉴올리언스 지역 사회의 용기 있는 행동력이 실현되도록 도움을 주었고, 우리는 재단의 지원을 몇 년 후 공개적으로 밝혔다. 우리는 정부와 전통적인 자금 지원이 부족해지고 반대와 심지어 폭력 사태까지 발생한 상태에서, 동상 철거 작업을 위한 자원과 역량을 제공하기 위해 모인 지원 체계의 일부였다.

인류를 위한 빅벳은 동시에 인류에 대한 빅벳이기도 하다. 사람들이 더 나은, 더 희망적인 세상에서 살고자 한다는 믿음에 기반한 베팅 말이다. 이 책이 다른 어떤 역할을 하지 못하더라도, 그것이 옳은 선택이라는 것은 다시 확인시켜 주었으면 한다.

뉴올리언스와 다른 곳에서, 나는 빅벳적 사고의 힘을 목격해 왔다. 이 책의 앞선 장들을 통해 당신도 그러했기를 빈다. 지금까지 당신은 나의 경력 가운데 있었던 여러 빅벳에 대해 읽으며, 다양한 장소에서 빅벳적 사고를 가진 사람들을 만났다. 타이거 스타디움과 넬슨 만델라의 로벤섬에서, B. R. 힐스의 초가지붕 오두막 단지와 임시로 개조된 지프 안 수다르션 박사와 함께. 빌 게이츠, 멜린다 게이츠, 패티 스톤사이퍼와 함께한 게이츠 재단의 잘 갖춰진 회의실에서. 프랑스의 궁전과 세네갈의 어두운 마을 회관, 아이티 포르토프랭스의 잔해 속에서, 미국 의회의 홀과 동아프리카의 난민 캠프, 라이베리아의 에볼라 치료소, 그리고 미국 USAID의 대응 센터에서. 파르사 같은 마을에서, 그리고 코로나19 팬데믹 기간 중의 줌 세션에서. 그리고 뉴올리언스의 지역 사회에서.

이 이야기들 속에서 당신도 중요한 문제를 근본적으로 해결하기 위해 대담한 목표를 세우고, 진전을 이끌어 낼 거대한 연대를 형성하고 유지하며, 원하는 결과를 얻을 때까지 끈기 있게 노력하는 것이 가능하다는 것을 보았기 바란다. 이 모든 이야기에서의 핵심은 사람들이 누구인지, 어디에서 일했는지, 혹은 무엇을 바꾸려고 했는지가 아니었다. 이들을 하나로 묶어준 것은 "커다란 변화가 가능하다."라는 흔들림 없는 믿음이었다. 그들은 뿌리 깊은 냉소와 비관주의 앞에서도, 올바른 해답, 충분한 파트너, 그리고 결과를 측정하려는 강력한 의지를 갖춘다면 우리가 이웃으로서, 국가로서, 심지어 한 인류로서 직면한 문제들을 해결할 수 있다고 믿었다.

그 과정에서 그들은 누구나 빅벳적 사고를 가질 수 있다는 것을 보여주었다. 당신이 타인을 위해 봉사하는 직업을 택했든, 당신이 그저 신념 있는 대의를 위해 기부를 하고 있든 상관없이 빅벳적 사고를 가질 수 있다. 당신의 나이가 스물두 살이든, 일흔두 살이든, 민주당원이든, 공화당원이든, 보수당원이든, 아프리카 민족회의 African National Congress의 일원이든, 혹은 정치 자체를 혐오하는 사람이든 상관없다. 당신이 백만 달러를 가진 사람이든, 아니면 학자금 대출로 그만큼의 빚이 있다고 느끼는 사람이든 문제가 되지 않는다. 강렬히 변화시키고 싶은 대상이 자기가 사는 동네거나, 다른 지역이거나, 자기 나라 또는 전 세계라 해도 관계없다.

결국, 빅벳적 사고는 막대한 재산이나 영향력이 큰 방대한 인맥을 요구하지 않는다. 록펠러 재단이 2017년에 뉴올리언스에 대한 약속으로 제공한 지원금은 비교적 소규모의 보조금 중 하나였지만, 그 영향력은 엄청났다. 중요한 것은 돈이 아니라, 해결책이 커다란 변화를 일으킬 것이라는 믿음과 이를 실현하기 위해 폭넓고 다양한 연합을 결성해 나가는 동력이다.

지금도 내가 다뤄온 문제들을 모두 해결하지는 못했다. 나는 오랫동안 데이터를 사용해 진척 상황을 측정해 온 사람으로, 이 책의 앞 페이지들을 넘겨보며 확고하고 지속적인 결과들에 대해 자부심을 느낀다. 하지만 여전히, 우리의 노력이 부족했던 부분들, 그리고 아직도 얼마나 많은 과제가 남아 있는지를 살펴보며 겸허해지기도 한다. 예를 들어, GAVI 출범 이후, 기본 백신을 맞은 아이들의 비율은 2000년의 70퍼센트에서 2019년 85퍼센트로 증가했다.[4] 이런 진전이 극적이고 부정할 수 없다는 건 사실이다. 하지만 여전히 모든 아이들을 예방접종하겠다는 목표는 멀리 있다. 이 책에서 다룬 많은 빅벳들에 대해서도 비슷한 이야기를 할 수 있을 것이다.

그럼에도 불구하고, 빅벳적 사고는 점진적인 개선에 안주하기보다 문제를 해결하려 함으로써 훨씬 더 큰 발전을 이루게 해주었다. 내가 포부의 함정에 빠져드는 것 같은 순간마다, 문제가 얼마나 복잡한지, 또는 해결책이 얼마나 위험할지에 대해 걱정할 때마다 나는 이전의 빅벳들이 어떻게 큰 성과를 이루었는지 기억했다. 그건 그 과정에서, 나 역시 큰 문제를 해결할 수 있다고 믿고 이를 시도하고자 마음을 움직인 많은 이들(여기 언급된 몇몇과, 지면의 제약 때문에 이름을 밝히지 못한 더 많은 사람들)과 함께 했기 때문이었다.

이러한 도전은 당신에게 성인이 되거나 대단한 희생의 삶을 살라고 요구하지 않는다. 나는 당신이 현재의 삶을 포기하고 B. R. 힐스로 이주하기를 바라는 것도 아니다. 심지어 인류를 위해 봉사하는 직업을 택해 전념해 주기를 부탁하는 것도 아니다. 하지만 나는 이 이야기를 읽고, 빅벳이 가능하다는 것, 그리고 우리 안에 가장 시급한 문제를 해결할 능력이 있다는 것을 믿어달라고 부탁하고 싶다. 오늘날 우리가 직면한 과제에 맞서는 우리의 역량에 대해 냉소적이고, 무관심하며, 비관적으로 생각하기는 너무 쉽다. 그러나 이 책에 나오는 사람들과 그들의 이야기는 더 희망적인 선택이 가능하다는 것을 증명한다.

당신도 그 선택을 할 수 있다. 빅벳적 사고의 힘을 받아들이고, 21세기의 우리가 직면하고 있는 도전에 대해 낙관적일 수 있다. 사실, 당신은 이를 실현할 전례 없는 힘을 가지고 있다.

우리는 이미 가장 큰 도전을 해결할 방법을 알고 있거나, 곧 알게 될 것이다. 우리는 역사상 가장 혁신적인 시대를 살아가고 있다. 매일 같이 과학, 기술, 사회적 이해, 심리학 등 여러 분야에서 획기적인 발전들이 이뤄지고 있다. 지난 몇 년간, 사람들은 새로운 예방접종 방법에 대한 가능성을 열었고, 인공지능AI의 비약적인 발전을 통해 ChatGPT와 같은 인공지능 기술을 활용하게 되었으며, 바이오테크놀로지의 발전으로 건강 수명을 연장하며 더 영양가 있고 회복력이 뛰어난 작물의 재배를 가능하게 만들었다.

우리가 직면한 도전과 문제들은 답이 없거나 해결책을 찾아낼 능력이 부족해서 지속되는 것이 아니다. 또한 이러한 도전들이 극복할 수 없는 문제들이라서 계속되는 것도 아니다. 이 책은 예방 가능한 질병, 취약한 지역 사회나 국가의 비상 상황, 기아, 에너지 빈곤, 그리고 에볼라나 코로나19 발병과 같은 어려운 문제들도 대처가 가능하다는 것을 분명히 보여준다. 문제들이 지속되는 이유는 우리가 자주 시도하지 않기 때문이다. 너무 많은 사람들이 뒤로 물러난 채 정부나 기업이 우리의 문제를 해결해 주기를 기대한다. 물론, 정부나 기업이 문제 해결이라는 과업에 있어 없어서는 안 될 존재이기는 하지만 그들의 방식에만 맡겨진다면, 모두에게 혜택을 주는 방향으로 혁신을 이루기가 종종 어려워진다. 오늘날의 정치 체제는 우리가 직면한 가장 큰 도전들을 해결해 나갈 준비가 되어 있지 않은 듯하고, 혁신의 대명사로 여겨지는 기업들조차 그 책임을 큰 규모로 감당하려는 의지를 보이지는 않는다.

정부가 인류를 위해 크고 대담한 목표를 설정하고 그것을 이루기 위해 오랜 기간 노력을 기울여온 사례는 아주 드물다. 특히 관료 조직은 불신으로 약화되고 자금 부족을 겪는 경우 변화의 동력으로 작동하기 어렵다. 또한 정파에 따른 관료적 이해관계는 연합을 형성하는 데 방해가 되어왔으며, 정부는 실질적 결과를 제공할 만한 지속적인 능력을 잃어버렸다. 이런 맥락에서 많은 사람들이 정부에 회의적인 태도를 보이는 것은 놀라운 일이 아니다. 최근 한 여론조사에 따르면, 많은 미국인들이 정부를 문제로 보는 것을 넘어, 현재 이 나라에서 가장 큰 문제로 인식하고 있었다.[5]

한편, 기업은 이윤과 목적이 조화를 이룰 때 최고의 성과를 내지만, 많은 경영진이 너무 자주 이윤에만 초점을 맞춘다. 기업의 지도자들은 종종 혁신적인 아이디어로 찬사를 받지만, 민간 부문의 방대한 연구개발 예산은 인류의 이익을 위한 아이디어보다는 매출 증대와 기업 수익 개선에 할애된다. 때로는 두 가지 지표가 일치할 수 있지만, 대부분 그렇지 않다. 수십 년 동안 이어져 온 주주 이익 우선주의는 단기적으로 투자 수익을 극대화할 수 없는 협력에 대한 관심을 제한시켰다. 이는 현대의 기업들이 직원과 지역 사회, 그리고 지구에 장기적인 혜택을 제공하는 데 집중할 수 있는 능력을 저해하는 결과를 초래했다. 또한 기업은 데이터를 추적하는 데 있어 전문가지만, 그런 훌륭한 역량은 종종 자신들의 이익과 손실에 관련된 사안에만 초점을 맞춘다.

빅벳은 정부나 기업을 대체하는 것이 아니라는 점을 분명히 할 필요가 있다. 그러나 빅벳은 공공 및 민간 부문에서 사람들을 한데 모아 도전에 맞서고 정의를 향해 나아가도록 만들 수 있다. 사람들은 어디에 있든, 무슨 일을 하든, 어떤 종류의 기관에서 일하든 상관없이 누구나 세상에 변화를 만들고 싶어 한다.

지난 20여 년 동안, 나는 사람들에게서 최선을 이끌어 내는 빅벳의 힘을 목격해 왔다. 양극화된 워싱턴에서도, 극도로 경쟁적인 경제 부문에서도 마찬가지였다. 많은 사람들이 관료라고 폄하하는 공직자들이 손을 들고 자원해 지진 이후의 아이티로 갔다. 기근이 닥쳤을 때, 기업들은 사람들을 먹이기 위해 쌀 한 배 전체를 기부했다. 투자 은행가들은 백신으로 예방할 수 있는 질병으로부터 아이들을 구할 수 있는 금융 수단을 설계하는 데 시간을 쏟았다.

그럼에도 불구하고 정부, 기업, 그리고 기관들은 스스로 변하지 않는다. 우리가 이들을 빅벳으로 끌어들여야 한다. 그들이 빅벳적 사고를 택하도록 격려하고, 심지어 강요해야 한다. 당신은 선거일에 빅벳적 사고를 가진 사람에게 투표할 수 있다. 자유 시장과 주식 시장에서 인류의 문제에 대응하고자 노력하는 기업들을 선호할 수 있다. 우리는 사회적으로 의식 있는 혁신가들을 요란한 파괴적 혁신가들disrupters만큼이나 인정해줄 수 있다. 그리고 기회가 있을 때, 어디든 당신이 일하는 곳에서 손을 들고, 다른 이들도 빅벳에 동참하도록 격려할 수 있다. 우리 모두가 그렇게 한다면, 오늘날 인류가 직면한 큰 문제들을 해결할 수 있을 것이다.

산업 혁명 이후, 혁신은 많은 사람들에게 엄청난 기회를 제공해 왔지만, 그 도약의 순간마다 너무나 많은 사람들이 뒤처졌다. 오늘날 불평등은 누가 제대로 먹고, 건강함을 누리며, 안전한 동네에서 살고, 양질의 교육을 받으면서, 더 나은 미래를 꿈꿀 수 있는지 결정하고 있다. 우리는 재생 가능 에너지, 인공지능, 머신러닝machine learning과 같은 다음 세대의 기술 혁명을 수용하면서, 지구상의 모든 사람들에게 기회와 존엄을 선사할 수 있는 유의미한 방법을 찾아야 한다.

우리는 여러 지표에서 21세기 초반에 비해 덜 자유로운 상황에 처해 있다. 필연적이지는 않더라도 인간의 권리와 자기결정권을 더 존중하는 방향으로 나아가던 강력한 행보는 분명 둔화되었고, 심지어 많은 나라에서 후퇴했다. 새로운 기술들은 지속 가능한 권위주의의 새로운 모델을 가능하게 만들었다. 이코노미스트 인텔리전스 유닛Economist Intelligence Unit의 글로벌 민주주의 지수Global Democracy Index는 최근 역대 최저치를 기록했다. 이 지수에 따르면, 세계 인구의 3분의 1이 어떤 형태로든 권위주의 체제 아래 살고 있으며, 7퍼센트 미만만이 완전한 민주주의 국가에 속해 있다.[6] 더 이상의 후퇴를 막기 위해, 우리는 새로운 혁신을 일으켜 민주주의와 자기결정권의 또 다른 물결을 일으켜야 한다.

그리고 우리의 존재 자체가 위태로운 상황에 처해 있는 것이 사실이다. 기후 변화가 계속해서 지구를 뜨겁게 만들고 수많은 지역의 삶을 극적으로 변화시키고 있기 때문이다. 지난 세기 동안 단 1.1도의 온난화만으로도, 그 영향으로 인한 인류의 피해는 이미 엄청나게 불평등한 양상을 보이고 있다.[7] 결정적인 행동에 실패한다면, 우리는 3도 이상의 기온 상승이라는 돌이킬 수 없는 경로에 접어들게 될 것이다. 그 시점에 이르면 우리 모두가, 특히 지구상의 더 취약한 지역들의 경우 너무 늦고 말 것이다. 빅벳적 사고를 통해 우리는 이러한 도전 과제와 그 너머의 문제들을 마주해 해결해 나갈 수 있다.

빅벳은 진정한 기회의 요소를 흔들어 깨우는 데 도움이 될 수 있다. 나는 그것이 재생 가능 에너지와 재생 농업regenerative agriculture을 확장시켜, 기후변화에 맞서는 과정 자체가 그동안 소외되어 온 이들을 포함한 모두에게 막대한 기회를 제공하는 방식으로 작동할 수 있을 것이라 믿는다. 어떤 빅벳은 지역 은행들이 자본을 확보해 새로운 사업을 지원하고, 주거권 보장 기회를 넓혀 미국의 유색인종과 그들의 지역 사회가 21세기 인간으로서 자신의 존엄을 지키기 위해 필요한 재산을 갖도록 도울 수 있다. 어떤 경우, 빅벳은 건강에 좋고 영양가 있는 음식, 즉 그 자체로 약이 되는 음식을 저렴하고 쉽게 구할 수 있도록 보장함으로써 만성 질환의 부담을 대폭 줄이는 데 기여할 수 있다. 그리고 빅벳은 일부 특권층뿐 아니라 모든 사람이, 건강과 장수에 대한 연구결과로 얻어진 기대 수명을 누리도록 기여할 수도 있다.

빅벳은 오늘날 민주주의와 자유에 대한 위협에도 대응할 수 있다. 세계 곳곳에서 민주주의를 둘러싼 싸움의 최전선인 선거 캠페인을 사이버 공격 및 기타 방해 행위로부터 보호해줄 수 있다. 안전하고 신뢰할 수 있는 전자 투표를 통해 더 쉽고 포괄적인 투표를 가능하게 만듦으로써 역사상 가장 위대한 대의 민주주의의 진보를 가져올 수 있다. 또한 빅벳은 소셜 미디어를 재구성해, 인류의 최악이 아닌 최선에 영감을 주도록 할 수 있다.

빅벳은 기후 변화라는 실존적 위협에 대응하고, 그 대응을 불평등이 아닌 기회의 수단으로 삼는 데에도 필수적일 것이다. 가난한 나라들이 재생 가능한 전기로 생활하는 데 빅벳이 도움을 줄 수 있다. 사람에게나 지구에게도 좋은 음식을 재배할 수 있는 농업 기술을 확장하는 역할도 할 수 있다. 그리고 어떤 빅벳은 뜨거워진 지구에서 수작업으로 이뤄지는 노동을 덜 고되고 위험하게 만드는 데에도 도움이 될 수 있다.

이 목록이 결코 모든 종류의 빅벳을 담고 있는 것은 아니지만, 인류가 이러한 도전에 대응할 수 있는 역량 또한 무한하다. 나는 이 중 몇 가지 도전 과제에 대해 지금까지 폭넓고 예상치 못했던 사람들과 함께 일하고 있기에 낙관적일 뿐 아니라, 독자인 당신으로 인해 낙관적이기도 하다. 당신은 자신의 독특한 열정과 야망을 선택해 이 전략서를 활용하거나, 아니면 새로운 전략서를 쓰거나, 아니면 당신만의 빅벳을 만들거나 하여 다른 이들의 빅벳에 기여할 수 있다.

당신이 그렇게 한다면, 나는 당신이 우리 모두에게 필요한 큰 변화를 분명히 이루어 낼 것이라고 확신한다. 당신이 앞으로 어떤 일을 해낼지 정말 기대된다.

나는 당신에게 기대를 건다. 단지 내 삶과 내 아이들의 삶이 당신에게 달려 있을지도 모르기 때문만은 아니다. 나는 더 공정하고, 더 자유롭고, 더 번영하는 세상에서 살고 싶기 때문이다.

현 상태status quo는 인식의 문제이다. 세상이 지금의 모습인 것은 우리가 그렇게 받아들이기 때문이다. 변화는 위험하고, 복잡하고, 어려워 보인다. 그것은 우리 스스로 인류가 직면한 도전 앞에 압도당하는 것을 용인하기 때문이다.

그러나 빅벳적 사고를 가질 때, 그리고 더 나아가 자신만의 빅벳을 착수해 성공시킬 때, 세상은 다르게 느껴진다. 너무 크고 경직되어 있으며 제약이 많아 보였던 세상은 이제 더 작고, 더 유연하며, 덜 제한적인 곳으로 느껴질 것이다. 냉소적이고 무관심하며 비관적으로 느끼는 순간들이 줄어들게 될 것이다.

그 결과 당신은 훨씬 더 혁신적인 무언가를 이룰 수 있다. 당신은 주변 사람들로 하여금 가능성의 범위를 새롭게 그려내도록 돕게 될 것이다. 그들 또한 현 상태를 새로운 방식으로 보게 될 것이다. 어제는 더 이상 내일을 정의하지 못할 것이다. 도전은 더 많은 기회로 보일 것이며 어려운 시기는 변화를 꿈꾸는 열망의 시간이 되어줄 것이다. 있는 그대로의 세상은 당신이 만들어 갈 모습의 전제에 불과할 뿐이다.

빅벳적 사고는 혁명적이다. 우리가 세상을 만들어 가는 것이라면, 당신은 무엇을 기다리고 있는가?

감사의 글

이 책을 쓰는 동안 나는 이 책과 또 나를 형성하는 데 도움을 준 다섯 사람을 잃었다. 폴 파머, 나에게는 영웅이고 친구였으며 아이티 지진과 에볼라 사태에서 동료였던 그가 2022년 2월 갑자기 세상을 떠났다. 우리는 함께 위대한 일을 할 수 있다고 언제나 믿었던 멘토 겸 친구 딕 블룸Dick Bloom 역시 2022년 2월에 우리 곁을 떠났다. 내가 그의 딸인 앨리스와 함께 백신 관련 일을 할 때부터 협력자 겸 동료가 되어준 매들린 울브라이트는 2022년 3월에 돌아가셨다. 몇 번 나와 같이 칼럼을 쓰고 더 나은 세상을 만들 수 있는 미국의 힘에 대해 깊은 신념을 공유했던 마이클 거슨Michael Gerson은 2022년 11월에 고인이 되었다. 그리고 무엇보다 가족 중에서는 언제나 나를 사랑으로 받아주시고 시밤과 함께 추구하는 삶의 여정을 뜨겁게 지지해 주었던 장인어른, 카말 키쇼어 말릭Kamal Kishore Mallick이 2021년 12월 팔십일 세의 연세로 세상을 떠나셨다.

고인들을 기리는 장례식 때마다 나는 그들 모두 자신보다 큰 대의를 위해 삶을 바쳤다는 사실을 깨달으며 마음 깊이 감동을 받았다. 세상의 가장 가난한 사람들에게 평등과 존엄을 선사하는 일이든, 자기 결정권과 민주주의를 위해 싸우는 것이든, 가족과 지역 사회가 이전보다 더 좋은 기회를 얻을 수 있게 보장하는 것이든, 그들은 모두 각자 자신만의 강력한 방식으로 자기의 삶을 타인들을 위한 봉사로 채워갔다.

이 책에서 소개한 일들은 다양한 면에서 나를 바꾸어 놓았다. 나를 계속 바쁘게 만들고 성취감을 주었으며 또 끊임없이 미래에 대한 희망과 낙관을 불어넣어 주었다. 이 모든 변화는 나와 함께 길을 걷고 함께 일해 온 사람들 덕분이다. 폴, 올브라이트 국무장관, 딕, 마이클, 그리고 나나(우리 아이들이 부른대로)는 평생 받은 것보다 더 많이 자신을 내어준, 그런 사람들에 속하는 다섯 명이었다. 그들은 각자의 방식으로 내가 존경하고 배운 섬김의 리더십을 보여주었고, 나는 그들에게 빚을 졌다. 이 책이 그들이 내게 주었던 시간과 관심, 그리고 조언을 다른 이들과도 나누는 기회가 되기를 바란다. 앞장에서 다룬 다양한 빅벳, 그리고 '나'라는 개인도 많은 이들의 노력이 만들어 낸 결과물이었으며, 그건 이 책도 마찬가지이다.

『빅벳: 어떻게 세상을 바꾸는가』를 쓰는 데 있어 나의 가장 주된 파트너는 뛰어난 작가이자 공직자, 외교 정책 전문가인 존 간스John Gans였다. 존의 지성, 호기심, 그리고 헌신적인 노력은 정말 특별한 것으로 이 책은 그의 도움 없이는 존재하지 않았을 것이다. 몇 년 전 코로나19 팬데믹에 대응하는 와중에 이 책에 관한 아이디어를 제안한 사람은 아일린 오코너Eileen O'Connor였다. 그녀는 늘 그러했듯 지성 있고 활기 넘치는 성격으로, 몇 차례의 마감 알리미 역할을 통해 이 책을 쓰는 과정을 지원했다. 닐 킹 주니어Neil King Jr.는 뛰어난 사상가이자 글쓰기 파트너였으며, 라페 사갈린Rafe Sagalyn은 탁월한 조언자이자 대리인 역할을 했다. 앤드루 생거Andrew Sanger는 성실한 자료 조사로 우리의 이야기를 명확하게 만드는 데 기여했다. 오랜 친구 제프 누스바움은 예전에도 늘 그랬듯이 이번에도 따듯하고 사려 깊으며 중요한 조언들을 아끼지 않았다. 이 자리를 빌려 모두에게 깊은 감사를 전한다.

또한 이 책을 세상에 내놓는 데 힘써 준 사이먼 엘리먼트Simon Element 출판사 팀에게 감사하다. 리처드 로러Richard Rhorer와 도리스 쿠퍼Doris Cooper는 이 여정을 이끌어 주었다. 레아 밀러Leah Miller는 내가 아주 필요로 하고, 소중히 여긴 파트너이자 편집자였다. 엠마 타우시그Emma Taussig와 레아 트루보르스트Leah Trouwborst도 귀중한 조언을 제공했다.

이 책은 회고록을 의도하지는 않았지만, 특히 나의 어린 시절과 경력 초기의 삶에서 깊은 감사를 느끼는 분들을 떠올리게 했다. 고등학교 토론 코치였던 존 로슨과 팀원들, 대학 동기 진 리Gene Lee, 제스 브로하드Jesse Brouhard, 칼 스타인Karl Stein, 대학원 시절의 멘토이자 조언자, 그리고 친구였던 고故 J. 샌퍼드 슈워츠 박사Dr. J. Sanford Schwartz, 프로젝트 임팩트Project Impact의 공동 설립자 미카 라오 칼라파타푸Mika Rao Kalapatapu, 고어 2000 대선 캠페인에서 함께했던 친구들, 특히 내슈빌의 '케이지'를 공유했던 필립 레인스와 많은 동료들, 그리고 늘 새로운 모험을 준비하는 휘트니 윌리엄스. 이들은 모두 내가 공공 서비스의 길을 추구할 수 있게 해준 강력한 본보기 같은 인물들이었으며, 특히 그 길을 어떻게 걸어가야 할지 몰랐던 시절의 내게 자신감을 불어넣어 주었다. 우리의 우정과 함께 만들어온 공동체야말로 내가 오늘날 무엇보다 감사히 여기는 것이다.

게이츠 재단에서 보낸 시간은 내가 세상을 다르게 보고 가능성을 상상할 수 있도록 도와주었다. 데이비드 레인은 22년 전 나에게 전화를 걸어 내 직함을 스스로 고르게 해준 장본인이다. 빌과 멜린다는 이미 세상을 바꿔놓았고 앞으로도 계속해서 세상을 변화시킬 재단을 설립했다. 그들은 변화를 만들겠다는 결단력과 끊임없이 듣고 배우려는 깊은 열정을 겸비한 자세를 갖추었다. 빌 시니어, 패티 스톤사이퍼, 실비아 버웰, 릭 클라우스너, 헬렌 게일, 조 세렐Joe Cerrell, 마크 수즈만Mark Suzman, 제프 레이크스Jeff Raikes, 캐서린 버티니Catherine Bertini, 로이 스타이너Roy Steiner 그리고 그 외 많은 이들과 같이 일했던 시간은 내 인생에서 놀랍도록 흥미로운 한 장章이었다. 오늘날까지도 소중한 친구로 남아준 모두에게 감사드린다.

오바마 행정부에서 일하는 동안 나는 농무부, USAID, 국무부, 그리고 백악관과 의회에서 놀라운 파트너들과 함께했다. 이 책에서 모든 협력자를 나열하거나 내가 가진 깊은 감사의 마음을 전하지 못한 점이 아쉽지만, 특히 버락 오바마 대통령, 힐러리 클린턴 국무장관, 그리고 톰 빌섹Tom Vilsack 농무장관에게 감사를 표하고 싶다. 그들은 나를 팀의 온전한 일원으로 맞아주었고, 봉사할 기회를 주었으며, 멘토와 친구로서 귀한 인연을 허락해 주었다. 또한 우리의 작지만 강력하고 열정적으로 활동하는 개발 및 외교 정책 옹호자 그룹에 속한 많은 이들이 있다. 셰릴 밀스Cheryl Mills, 잭 루Jack Lew, 마이크 프로먼Mike Froman, 게일 스미스Gayle Smith, 스티브 라들렛Steve Radelet, 마지 설리번Margie Sullivan, 니샨트 로이Nishant Roy, 안나 고만Anna Gohmann, 돈 스타인버그Don Steinberg, 마크 페이어스타인Mark Feierstein, 수잔 라이클Susan Reichle, 그리고 그 외에도 여러 명에게 나의 감사를 전한다.

현재 나는 록펠러 재단에서 최고의 이사회와 더불어 일하고 있다. 정부에서 같이 일한 적 있는 짐 스타브리디스 제독Admiral Jim Stavridis과는 이제 재단에서도 함께하고 있다. 짐은 위대한 미국인이자 뛰어난 의장으로, 그의 존재와 조언이 나를 더 나은 지도자로 만들어 준다. 이사회의 동료들인 아그네스 비나과호Agnes Binagwaho, 멜로디 홉슨Mellody Hobson, 도널드 카베루카Donald Kaberuka, 이페이 리Yifei Li, 아프사네 마샤예키 베슐로스Afsaneh Mashayekhi Beschloss, 은디디 오콘코 누넬리Ndidi Okonkwo Nwuneli, 폴 폴먼Paul Polman, 샤론 퍼시 록펠러Sharon Percy Rockefeller, 후안 마누엘 산토스Juan Manuel Santos, 아담 실버Adam Silver, 패티 스톤사이퍼, 그리고 라비 벤카테산Ravi Venkatesan. 이들은 모두 미래에 대한 약속과 희망으로 가득 찬 이 시기에 빅벳이 인류를 도울 수 있다는 것을 보여준다.

록펠러 재단에는 훌륭한 풀타임 직원들도 함께하고 있다. 리즈 이Liz Yee와 마이크 멀둔Mike Muldoon은 내 사무실의 운영을 도우며, 이 책을 쓸 시간을 일정에 마련해 주었다. 무엇보다 새로운 빅벳들을 구상하고 실행하는 그들의 일상적인 업무가 나에게 계속해서 영감이 되어준다. 후안 로페즈Juan Lopez, 에리카 가이어Erica Guyer, 도미닉 임펨바Dominick Impemba, 필라르 팔라시아Pilar Palacia, 다니 지아나코풀로스Dani Geanacopoulos, 그리고 전 세계에 있는 팀들이 이 프로젝트를 지원하며, 이 책의 수익금이 재단의 활동을 지원할 수 있도록 도와주었다. 모두의 헌신적인 노력에 감사를 표한다. 당신들과 함께 세상을 더 나은 곳으로 만들기 위해 일할 수 있어 영광이다.

이 책을 읽고, 검토하며, 내용을 풍부하게 만드는 데 도움을 준 이들도 많다. 게이츠 재단의 마크 수즈만Mark Suzman은 재단의 아카이브 자료를 아낌없이 제공해 주었다. USAID의 사만다 파워Samantha Power 행정관 팀은 내가 그곳에서 보낸 시절에 관한 내용을 검토해 주었다. 좋은 친구들 여러 명도 이 책의 원고를 읽어봐 주었다. 하누마파 수다르샨 박사는 원고를 검토할 시간을 내주셨다. 릭, 패티, 앨리스, 몰리 멜칭, 에이미 뱃슨, 마이클 콘웨이Michael Conway, 니샨트 로이, 마지 설리번, 레슬리 닥Leslie Dach, 미셸 수밀라스Michele Sumilas, 앤드루 스위트, 아시빈 다얄Ashvin Dayal, 지아 칸, 조노 퀵, 테일러 덴슨Taylor Denson 그리고 많은 이들이 시간을 내어 조언을 해주고 이 책의 일부 또는 전부를 읽어주었다. 모두의 덕으로 이 책이 더 나은 결과물이 되었다. 감사드린다. 실수가 있다면 전적으로 나의 책임이다.

그리고 물론 아주 처음부터 나와 함께 해준 이들이 있다. 어머니 리나Reena, 아버지 자나르단, 그리고 여동생 아미. 내가 원하는 일들을 시도해볼 용기를 주고 어떤 일이 일어나든 늘 같은 곳에서 사랑과 지지를 보내고 있다는 사실을 깊이 일깨워 준 어머니, 아버지, 그리고 아미와 엘라Ella 모두에게 감사 인사를 전한다.

마지막으로, 그리고 누구보다도, 이 책을 나의 아내인 시밤과 세 아이 사잔, 암나, 자이살에게 바친다. 나와 시밤은 우리를 아는 누구라도 인정하듯 한 팀이다. 시밤, 당신은 이미 알고 있겠지만 그래도 다시 말하고 싶다. 당신 없이는 이 책도, 많은 배움을 허락한 일련의 빅벳들도 없었을 거라는 사실을. 꼼꼼히 이 책을 읽고 살펴봐 준 것에도 고마움을 표한다. 우리가 함께 이루어 온 일들의 목록에 이제 이 책도 더해졌다. 사잔, 암나, 자이샬은 이 책의 표지, 제목, 그리고 이야기들에 대해 내게 조언을 건넸다. 물론 그 와중에 도대체 누가 내 책을 읽겠느냐고 묻기도 했다. 언젠가 그들이 이 책을 읽었으면 좋겠다. 결국, 내가 이 책을 쓴 것은 아이들과 그들의 친구들, 그리고 그들의 세대를 위해서였다. 이 책이 그들의 여정에 조금이나마 도움이 되기를 바라는 마음으로.

참고문헌

본 QR 코드를 스캔하시면
이 책의 참고문헌을 확인하실 수 있습니다.

지은이 라지브 샤 Rajiv Shah

인류의 복지 증진을 사명으로 하는 세계적인 기관인 록펠러 재단의 회장이다. 100년 이상의 역사를 가진 록펠러 재단은 과학, 기술, 혁신을 활용하여 인류의 기회를 확대하고, 동시에 기후 변화에 대응하는 새로운 방식을 개척해 왔다. 또한 그는 2009년부터 2015년까지 미국 국제개발처 USAID의 처장을 역임하였으며, 미시간대학교에서 경제학 학사 학위를 받았다. 이후 펜실베이니아대학교 와튼 경영대학원에서 보건경제학 석사 학위를, 펜실베이니아대학교 페렐만 의과대학에서 의학 박사 학위를 취득하였다. 이 외에도 다수의 명예 학위를 받았고 미국 국무부장관 공로상, 미국 글로벌 리더십 상을 수상한 바 있으며, 아내인 시밤 말릭 샤 Shivam Mallick Shah와 결혼하여 세 자녀를 두고 있다.

옮긴이 이시내

연세대학교 불어불문학과와 동 대학원을 졸업하였으며, 프랑스 문화원에서 근무한 바 있다. 전문 잡지부터 어린이·청소년 문학, 실용서에 이르기까지 다양한 분야의 도서들을 영어와 프랑스어로 번역해 왔다. 저자의 '빅벳'에 대한 깊은 열정이 이 책을 통해 더 많은 이들에게 진심으로 전해지기를 바란다.

BIG BETS: HOW LARGE-SCALE CHANGE REALLY HAPPENS by Rajiv Shah
Copyright © 2023 by The Rockefeller Foundation
All rights reserved.
This Korean edition was published by Childfund Korea in 2025
by arrangement with The Rockefeller Foundation c/o Creative Artists Agency
through KCC(Korea Copyright Center Inc.), Seoul.

이 책은 (주)한국저작권센터(KCC)를 통한 저작권자와의 독점계약으로
사회복지법인 어린이재단에서 출간되었습니다. 저작권법에 의해 한국 내에서
보호를 받는 저작물이므로 무단전재와 복제를 금합니다.

빅벳: 어떻게 세상을 바꾸는가

초판발행	2025년 5월 5일
지은이	Rajiv Shah(록펠러 재단 회장)
옮긴이	이시내
발행인	황영기
발행처	🌳 초록우산 서울특별시 중구 무교로 20 어린이재단빌딩
편집·인쇄	㈜피와이메이트 서울특별시 금천구 가산디지털2로 53, 210호(가산동, 한라시그마밸리)
전 화	02)1588-1940
f a x	02)756-4256
e-mail	childwelfare@childfund.or.kr
homepage	www.childfund.or.kr
ISBN	979-11-7279-102-5 03330

*파본은 구입하신 곳에서 교환해 드립니다. 본서의 무단복제행위를 금합니다.

정 가   16,800원

박영스토리는 박영사와 함께하는 브랜드입니다.